Cálmese, son sus nervios, tómese un tecito...

La salud mental de las mujeres mexicanas

María Asunción Lara
V. Nelly Salgado de Snyder

EDITORIAL PAX MÉXICO

EL LIBRO MUERE CUANDO LO FOTOCOPIAN

Amigo lector:

La obra que usted tiene en sus manos es muy valiosa, pues el autor vertió en ella conocimientos, experiencia y años de trabajo. El editor ha procurado dar una presentación digna a su contenido y pone su empeño y recursos para difundirla ampliamente, por medio de su red de comercialización.

Cuando usted fotocopia este libro, o adquiere una copia "pirata", el autor y el editor dejan de percibir lo que les permite recuperar la inversión que han realizado, y ello fomenta el desaliento de la creación de nuevas obras.

La reproducción no autorizada de obras protegidas por el derecho de autor, además de ser un delito, daña la creatividad y limita la difusión de la cultura.

Si usted necesita un ejemplar del libro y no le es posible conseguirlo, le rogamos hacérnoslo saber. No dude en comunicarse con nosotros.

Editorial Pax México

ARTE DE PORTADA: Izabela Rostkowska

Av. Cuauhtémoc 1430
Col. Santa Cruz Atoyac
México D.F. 03310
Teléfono: 5605 7677
Fax: 5605 7600
Correo electrónico: editorialpax@editorialpax.com
Página web: www.editorialpax.com

Primera edición, 2002
ISBN 968-860-581-6

Impreso en Colombia - Printed in Colombia

Índice

Introducción

La frase *Cálmese, son sus nervios, tómese un tecito...* hace alusión a la manera como las mujeres son vistas por el modelo hegemónico de salud mental cuando presentan síntomas emocionales, en palabras de ellas. Desde esta visión, que se gesta en la cultura patriarcal, se considera que las mujeres son de naturaleza débil, vulnerables y con carencias y su psicopatología es reducida a problemas relacionados con su funcionamiento reproductivo: síndrome premenstrual, depresión posparto, climaterio, esterilidad, etcétera. Esta visión trivializa las quejas de las mujeres e interpreta, lo que Burín y cols. (1990) prefieren llamar *malestar*, como enfermedades de origen biológico, las cuales proponen sean tratadas con medicamentos, y dan poca importancia a los factores socioculturales que las originan.

El presente volumen tiene como objetivo analizar los principales problemas de salud mental que afectan a las mujeres, desde una perspectiva que tiene en cuenta la construcción social de salud mental. Asimismo, da primordial importancia al contexto social en el que se desenvuelven las mujeres, así como a las vicisitudes de sus vidas cotidianas. La finalidad de la obra es proporcionar tanto datos empíricos que permitan reflexionar sobre estos problemas, como sugerencias para orientar las políticas públicas y las acciones en favor de las mujeres.

En primer lugar, es importante situar el tema que abordamos en el marco de la salud mental a nivel internacional. A este respecto, los datos que presenta el Banco Mundial a principios de la década de 1990, muestran que los padecimientos clasificados como mentales son, en su conjunto, una de las fuentes más importantes de pérdida de años de vida saludable al considerar los problemas de salud, y son responsables de 8.1% de los años de vida perdidos (World Bank, 1990, en Desjarlais y cols., 1995). Este informe señala que, en general, las patologías sociales (abuso de sustancia, violencia, etcétera), aunadas a los cambios recientes a nivel global (desempleo, pobreza, etcétera) y a las nuevas morbilidades (padecimientos cardiacos, depresión, etcétera), interactúan recíprocamente intensificando sus efectos en el bienestar y el comportamiento de las personas (cuadro 1). Como se observa en el cuadro 1, algunos de los problemas señalados afectan particularmente a las mujeres, como es el caso de la violencia, la depresión, la pobreza y la discriminación de género. Las extrapolaciones para el futuro no son mejores, pues varios informes coinciden en que estos problemas tenderán a incrementarse en los próximos años (Levav y cols., 1989; Desjarlais y cols., 1995).

CUADRO 1. MODELO DE GRUPOS DE PROBLEMAS QUE SE TRASLAPAN

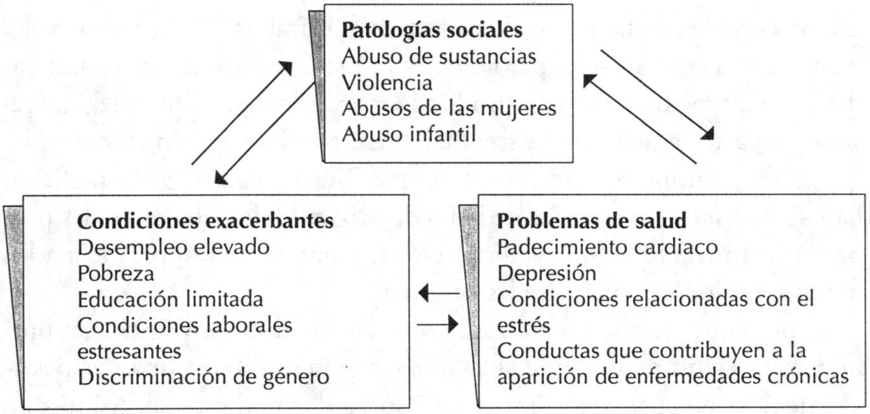

Fuente: Desjarlais y cols. 1995.

La depresión es el problema de salud mental que más afecta a las mujeres, independientemente de la cultura y el nivel socioeconómico. Los datos epidemiológicos nacionales e internacionales coinciden en una prevalencia de depresión de dos mujeres por cada hombre, la cual explica cerca de 30% de la discapacidad producida por los desórdenes neurofisiológicos en las mujeres, mientras que sólo llega a 12% en los varones (Desjarlais y cols, 1995). Con el fin de mostrar la magnitud en la que los trastornos mentales afectan la calidad de vida de hombres y mujeres, el cuadro 2 revela los años de vida saludable perdidos a causa de los diferentes trastornos mentales. Como puede observarse, hay diferencias importantes entre los sexos que se relacionan con diferencias en la prevalencia de los diferentes trastornos, como la dependencia al alcohol y las drogas, los daños autoinfligidos y el síndrome de estrés postraumático.

CUADRO 2. PROBLEMAS DE SALUD MENTAL EN HOMBRES Y MUJERES A NIVEL MUNDIAL (Porcentaje de años saludables de vida perdidos)*

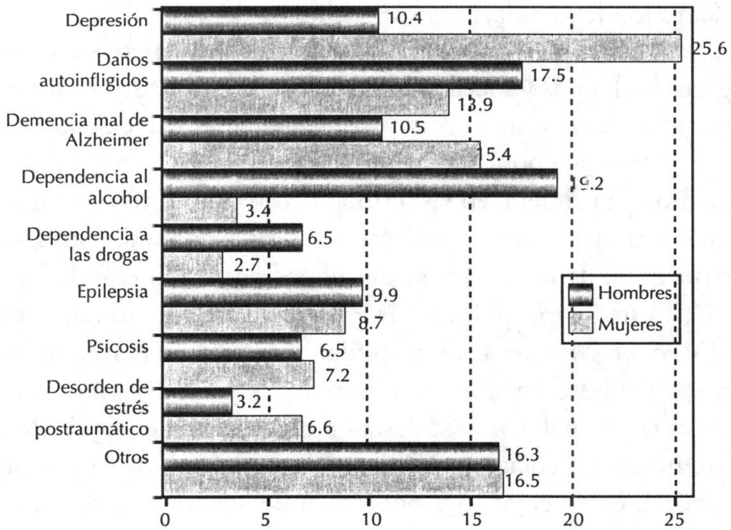

*DALY por sus siglas en inglés: Disability Adjusted Life Years.
Fuente: Adaptado del Banco Mundial 1993. En Desjarlais y cols., 1995.

En México se han llevado a cabo algunos estudios que muestran la proporción de mujeres y hombres afectados por diversos trastornos mentales. Algunos de los que destacan por su prevalencia en la población adulta en zonas urbanas son: la depresión neurótica (1.6% en hombres y 5.0% en mujeres), la epilepsia (3.4% en hombres y 3.9% en mujeres), probable psicosis (3.2% en hombres y 2.6% en mujeres) y el trastorno obsesivo (1.6 en hombres y 3.0% en mujeres) (Caraveo y cols., 1994). Datos epidemiológicos recientes de la ciudad de México muestran una prevalencia de depresión durante la vida, de 10% en las mujeres y de 5.2% en los hombres (Caraveo y cols., 1999), y una prevalencia actual de 4.1% en las mujeres en comparación con 1.6% en los varones (Berenzon y cols., 1997). Por otro lado, la presencia de síntomas depresivos severos se reporta en 17% de las mujeres en comparación con 8.5% de los varones (Medina Mora y cols., 1992). Respecto al uso de sustancias, la Encuesta Nacional de Adicciones (1993) informa que 19.5% de los varones y 1.2% de las mujeres fueron clasificados como bebedores excesivos (Secretaría de Salud, 1993), mientras que el consumo *alguna vez en la vida* de drogas corresponde a 0.87% de las mujeres y a 11.09% de los varones (SSA, CONADIC, IMP, 1998*).

En cuanto a las causas de dichos trastornos emocionales y en particular a la depresión femenina, la investigación ha demostrado que a múltiples factores se atribuye su aparición, los cuales se refieren a variables psicológicas, biológicas y sociales. Los problemas estudiados en los trabajos de este libro se centran en el análisis del papel de dos de ellos: la inequidad de género y la pobreza.

En cuanto a la primera, en las últimas décadas se ha reconocido cada vez más que gran parte del sufrimiento (y las situaciones de estrés) de las mujeres proviene de la condición de subordinación, inequidad y falta de poder de este grupo poblacional, prevaleciente en muchos países y, desde luego, en México. Esta inequidad se refleja, en el interior de las familias, en la subordinación y opresión de las mujeres como hijas, esposas y madres, lo cual, como se describe en los capítulos siguientes, llega al extremo de violencia psicológica, física y sexual, mientras que en el área laboral, en trabajos más pobremente pagados y con frecuencia en condiciones insalubres y dañinas. A las mujeres se les hace responsables de las relaciones afectivas dentro de la familia, se les encarga el cuidado de los enfermos y se espera que lleven a cabo acciones para resolver diversos conflictos, como el abuso de sustancias de algún miembro de la familia o problemas de conducta y escolares, situaciones que les imponen una carga excesiva en detrimento de su salud mental.

* Secretaría de Salud, Consejo Nacional contra las Adicciones, Instituto Mexicano de Psiquiatría.

Las expectativas de género sobre comportamientos como el consumo de alcohol y drogas, así como de conductas sexuales reflejan menos tolerancia e imponen mayores sanciones en el caso de las mujeres, lo cual aumenta el riesgo de que haya problemas adicionales cuando dichas normas son "transgredidas", a la vez que dificultan y limitan la intervención adecuada.

Por otra parte, la pobreza ha sido señalada como un elemento determinante en la salud de las personas y, como se ha documentado, recae mayoritariamente en las mujeres. A la vez, las mujeres pobres son quienes más padecen de violencia doméstica, abuso de sustancias por parte de miembros de la familia y la presencia de ancianos y enfermos crónicos. Adicionalmente, muchas mujeres son el sostén de la familia lo que las lleva a realizar una doble jornada, a la vez que carecen de servicios de salud, entre otros elementos que aumentan los riesgos de patología mental. La mayor influencia en la salud emocional de las mujeres pobres proviene, según algunos estudios, de los limitados recursos y estrategias con que cuentan para enfrentar estas situaciones (Ortega y Corzine, 1990), así como de la dependencia de las instituciones sociales a que se ven sometidas. Esto les impide ejercer un control directo en los medios para satisfacer sus deseos y necesidades (Fried, 1975).

Se ha observado que el ajuste económico estructural de los últimos años ha empeorado las condiciones de vida de las mujeres pobres, ya que los programas de reformas económicas han limitado los subsidios en comida y otros satisfactores básicos han disminuido la inversión en gasto social (como son salud y educación) y han privatizado las actividades productivas subsidiadas por el Estado. Esto ha dado como resultado que las mujeres cuenten con menos ingresos, lo que las lleva a vivir día a día, a realizar mayor reparación de ropa y artículos domésticos, que los servicios sean provistos por ellas en sus hogares, que cuenten con menos satisfactores, que deban emplearse sin importar las condiciones laborales o migrar en busca de trabajo. Todas ellas afectan de manera negativa su salud mental (Desjarlais y cols., 1995).

La pobreza es el elemento central en la vida de las mujeres rurales, en las niñas de la calle y en las prostitutas, según es referido a lo largo de estos capítulos, y lesiona, por muy diversas vías, la salud mental de estos grupos.

Por otra parte, es importante destacar que en lo referente a la atención de la salud mental, en casi todos los países pero sobre todo en los menos desarrollados, como México, se ha dado poca importancia a estos problemas, según puede constatarse por los bajos presupuestos asignados, y esta postura es justificada con el argumento de que existen otros problemas más apremiantes. Este desinterés incide en que la investigación sobre estos problemas sea escasa, así como en grandes limitaciones en los servicios, y especialmente, en una práctica ausencia de programas específicos de salud mental dirigidos a la población femenina. Como bien mencionan Desjarlais y cols. (1995), estas políticas reflejan una falta de reconocimiento de que la salud mental es parte integral de la salud pública y no un lujo que puede esperar hasta que los recursos económicos permitan costearla.

Los temas tratados en este libro no abordan de manera exhaustiva los problemas de salud mental de relevancia en la población femenina, ya que sólo se han incluido trabajos realizados por investigadoras e investigadores de la División de Investigaciones Epidemiológicas y Sociales del Instituto Nacional de Psiquiatría Ramón de la Fuente. Entre los aspectos no tratados pero que es importante destacar, se encuentran los siguientes: problemas específicos durante el ciclo vital de las mujeres –ya que este texto aborda de manera más amplia la edad adulta y no los problemas en la infancia, adolescencia y tercera edad; la situación de las mujeres minusválidas y de aquéllas con trastornos psiquiátricos severos, así como los desórdenes de la alimentación y los problemas relacionados con el ciclo reproductivo: depresión posparto, climaterio e infertilidad, entre otros.

Luciana Ramos, María Teresa Saltijeral y Miguel Ángel Caballero analizan el problema de la violencia contra las mujeres no sólo como un problema de salud, sino también como un fenómeno de relación entre los géneros que trasciende los campos médico y legal. Dichos autores centran su estudio en dos aspectos: la violación y la violencia hacia las mujeres por parte de la pareja masculina; además, enmarcan el problema dentro del contexto de desigualdad entre hombres y mujeres, en el cual las estructuras culturales –que toman la forma de mitos y estereotipos– ubican a las mujeres en una posición de vulnerabilidad al mantener imágenes negativas sobre ellas, justificar la violencia del varón y perpetuar no sólo un sistema legal ineficaz, sino también un personal médico inadecuadamente entrenado para detectar y canalizar el problema.

De acuerdo con los autores, pese a las dificultades para cuantificar adecuadamente el problema, la cifra de violación se ubica alrededor de 2.8%, mientras que el maltrato por parte de la pareja se halla entre 14 y 35%. En lo que se refiere a las consecuencias físicas, mencionan que son una causa significativa de discapacidad y muerte entre las mujeres. En cuanto a la salud mental, hacen hincapié en el enorme malestar emocional al que conllevan; en el caso de la violación, a sentimientos de enojo, shock postraumático, incredulidad, confusión, miedo, ansiedad, culpa e inseguridad. Además de estos síntomas, la violencia repetida por parte de la pareja lleva a las mujeres a un círculo vicioso en el que tienen una percepción distorsionada de *entrampamiento*, cuya violencia, baja autoestima y desesperanza y, de nuevo, violencia integran una secuencia. Esta situación se ve reforzada por las dificultades para acceder a los recursos médicos y legales, las cuales refuerzan las relaciones desiguales de poder entre los géneros en el contexto más amplio.

Por su parte, Leticia Vega, Rafael Gutiérrez, Eva Rodríguez y Jorge Galván tratan el problema de las niñas "de la calle", para lo cual revisan la condición de los menores de ambos sexos, ya que en muchos aspectos comparten problemas comunes. Abordan el tema con base en el Modelo Modificado de Estrés, el cual consta de tres elementos: las fuentes de estrés, el consumo de sustancias y los factores protectores. Entre las fuentes de estrés que examinan, mencionan que los niños y las niñas "callejeros" padecen una serie de vicisitudes graves, incluso antes de salir del hogar, como la violencia y el abuso sexual. En sus vidas cotidianas se presentan problemas (como disputas, conflictos y presiones) derivados de vivir en la calle, así como tensiones por la falta de alimento, carencia de un lugar seguro para dormir, problemas de salud y falta de atención médica. En el área de la salud reproductiva, las niñas presentan tensiones adicionales, por la falta de información y de medios económicos para su cuidado durante la menstruación y sufren tensión para limitar el riesgo de embarazos no deseados y de enfermedades de transmisión sexual; además, en los casos de embarazo, por no contar con los medios para cuidar a sus hijos y proveerlos de alimentación, salud y vivienda.

En cuanto al consumo de sustancias, dichos autores reportan la frecuente presencia de los solventes inhalables, con sus consecuencias negativas para la salud física y mental, además de exponerlos a otros riesgos y accidentes. Sin embargo, los autores mencionan que estos menores no son sólo víctimas inermes, sino también cuentan con elementos que los protegen de presentar mayores daños emocionales, como habilidades para establecer diversas formas de vínculos sociales y destrezas relacionadas con el trabajo. Finalmente, revisan las deformaciones, limitaciones y aciertos de los programas diseñados a favor de esta población.

Eva Rodríguez, Jorge Galván, Leticia Vega y Rafael Gutiérrez estudian los problemas a que se enfrentan las mujeres pobres que se dedican a la prostitución y sus consecuencias en su salud física y mental. Dichos autores demuestran cómo estos problemas se derivan, en gran medida, de la conceptualización de la prostituta como una mujer pecadora, criminal y transmisora de infecciones. En la población que describen, mencionan que la pobreza es la causa más evidente de la prostitución; en la pobreza influyen la carencia de educación, el desengaño, los conflictos familiares, la violación y el incesto, y como causa menos reconocida, pero quizá en el origen histórico de esta actividad, la demanda masculina. Los autores señalan que las mujeres dedicadas a esta actividad son víctimas del rechazo social y de la explotación y violencia por parte de sus familiares, los clientes, las lideresas, los padrotes y la policía, entre otros. Este rechazo social es resultado de que su actividad es considerada fuente de placer y no aunada al sacrificio, como de hecho lo es; tal sacrificio es derivado tanto de la violencia (que llega incluso al maltrato físico) como de la explotación, ya que otros son los que se benefician de su trabajo.

En cuanto a su salud física, los problemas más importantes son los derivados de su ocupación, como las enfermedades sexualmente transmisibles y el VIH/sida. Pese a esto, la preocupación de las autoridades sanitarias está puesta en su condición de transmisoras de enfermedades y no en la salud de las prostitutas. Por el lado emocional, estas mujeres de "mala vida" son un grupo particularmente vulnerable de padecer problemas mentales debido a las condiciones que enfrentan, las cuales las llevan a tener comportamientos agresivos y estados depresivos, en los que son notorios los sentimientos de soledad, impotencia, baja autoestima y necesidad de afecto, así como a estados de ansiedad producto del rechazo social y a problemas de adicción a diversas sustancias, como los solventes inhalables, el alcohol y las pastillas. Entre otros factores, al estigma social se atribuye a que no existan servicios integrales de salud para estas mujeres.

El problema del abuso de bebidas alcohólicas por parte de las mujeres es tratado por María Elena Medina-Mora. En primer término, esta autora presenta datos epidemiológicos sobre las diferencias en el consumo de alcohol entre hombres y mujeres, que revelan que las segundas incurren en el abuso de alcohol en menor proporción que los primeros. Sin embargo, la autora hace notar que las mujeres se encuentran en mayor riesgo de desarrollar problemas derivados de este abuso, relacionado, por una parte, con factores biológicos y psicológicos que las hacen más vulnerables a los efectos del alcohol y, por otro, derivados de las normas socioculturales que establecen marcadas diferencias en las expectativas de género respecto al consumo y abuso del alcohol y que se manifiestan en mayor tolerancia hacia los varones y sanciones más severas para las mujeres. Esta situación lleva a que las mujeres oculten sus problemas por temor al rechazo, lo cual dificulta su detección e intervención tempranas.

Otro problema que menciona la autora se refiere a que, pese a las diferencias tan importantes que existen entre los géneros en cuanto a las prácticas de consumo y a las necesidades de atención, se han diseñado pocos programas para atender las necesidades específicas de las mujeres. María Elena Medina-Mora concluye, con base en datos internacionales, que la mayor parte de los programas de tratamiento están basados en las necesidades de los hombres y cuentan con escasos recursos en el rubro de la prevención.

El problema del abuso de sustancias por parte de las mujeres es también analizado por Martha Romero y Alejandro Díaz, pero esta vez para referirse tanto al alcohol como a las drogas y su relación con el ciclo vital de la mujer. En cuanto a las niñas, dichos autores hacen notar el gran vacío informativo que existe respecto a este grupo poblacional en general. Las cifras acerca del abuso de sustancias en menores de 12 años sólo se tienen en cuanto a las denominadas "niñas de la calle" y las menores trabajadoras. Entre los y las adolescentes, las encuestas en estudiantes revelan mayor consumo de sustancias psicoactivas entre los varones, con excepción de los tranquilizantes, que son más utilizados por las mujeres. En la población de mujeres adultas, Romero y Díaz revisan la situación de tres grupos en los que el abuso de alcohol y drogas adquiere gran relevancia por las características de cada uno, que son: las mujeres gestantes, las lesbianas y las de la tercera edad.

Los autores mencionados analizan las barreras para la atención que enfrentan las mujeres con problema de adicción y que tienen su origen en la percepción social de que son menos "aceptables" que su contraparte masculina y a que a menudo son consideradas más promiscuas y de carácter débil, aspectos que les impide mostrar la necesidad de someterse a un tratamiento. Otros factores que dificultan su atención son que los familiares y amigos suelen negar el problema o lo minimizan cuando la consumidora es mujer, o que a menudo están a cargo de algún miembro de la familia; por ello, tienen pocas oportunidades para buscar un tratamiento, o temen perder la custodia de sus hijos debido a su consumo, o no hay, a nivel institucional, mecanismos para su detección.

Por su parte, Guillermina Natera, Jazmín Mora y Marcela Tiburcio proporcionan datos de una investigación acerca de las repercusiones que tiene para las mujeres el consumo de alcohol y drogas por algún miembro de la familia. Mencionan que, debido a las diferencias en las expectativas de género, las mujeres se sienten más responsables de buscar soluciones en relación con el consumo excesivo de su pareja o de sus hijos. La convivencia con un consumidor constituye una experiencia estresante que afecta negativamente la salud, debido a que genera problemas asociados con el trastorno de las rutinas cotidianas, discusiones continuas, mala comunicación y sentimientos de preocupación, impotencia e incertidumbre. También constituyen fuentes de estrés el comportamiento impredecible del consumidor, que va desde irritabilidad, violencia verbal o cualquier otra forma de abuso (incluido el físico) hasta los efectos negativos en la economía y problemas de robo y con la policía en el caso de consumo de drogas ilegales.

Las autoras tratan el aspecto de las diversas estrategias de enfrentamiento utilizadas por las mujeres ante este problema y que influyen en el impacto sobre la salud emocional. Por ejemplo, Natera, Mora y Tiburcio observan que las mujeres mexicanas utilizan mecanismos de enfrentamiento caracterizados por tolerancia e inacción, los cuales se relacionan con mayor presencia de malestar emocional. También mencionan el apoyo social, como una factor que previene los efectos nocivos sobre la salud. En este sentido, el papel que desempeñan las instituciones de ayuda es muy limitado, debido a la falta de información por parte de la población respecto a los servicios que prestan, a que se basan en aproximaciones parciales o a que mantienen estereotipos acerca del problema del consumo; a la pobreza frecuente de amplios sectores de la población y al temor a sufrir las sanciones sociales por tener un familiar adicto. Como consecuencia de estos factores, las mujeres sólo solicitan ayuda cuando ocurre un suceso que rebasa sus posibilidades y, cuando esto sucede, su salud ya se ha visto afectada. Hacen ver que el Estado cada vez más deja a la familia la responsabilidad de prevenir, atender y resolver el problema de las adicciones, no obstante que ésta no cuenta con los recursos, en el amplio sentido, para enfrentarlo.

El tema de las mujeres que trabajan fuera del hogar y la influencia que ejerce en su salud es tratado por Maricarmen Acevedo y María Asunción Lara. En primer término, estas autoras mencionan las condiciones laborales en que trabajan generalmente las mujeres, como lugares inadecuados y nocivos, políticas económicas que exigen altas cuotas de productividad junto con reducciones en las prestaciones sociales y la presencia de discriminación de las mujeres en el espacio laboral en cuanto a políticas de contratación, ascenso, sueldos, capacitación y oportunidades en general. Por otro lado, las mujeres trabajadoras se ven afectadas por una doble jornada laboral, ya que su mayor participación productiva no ha sido acompañada de una redefinición de los roles familiares ni de un mayor apoyo social para el cuidado de los hijos y las tareas domésticas.

Las autoras mencionadas hacen notar que si bien estas condiciones adversas ejercen efectos negativos en su salud física (frecuentes traumatismos, enfermedades de índole reumático, patología respiratoria y ginecobstétrica), reproductiva (exposición de la madre y el producto a sustancias tóxicas, así como bajo peso al nacer) y mental (nerviosismo y agotamiento), el ingreso al mercado laboral también ha tenido ventajas importantes para las mujeres en lo psicológico, social y económico. Debido a una serie de factores que mencionan, las autoras afirman que con frecuencia las mujeres empleadas, en comparación con las amas de casa, reportan mayor satisfacción con la vida, menos síntomas de depresión y mayor autoaceptación. Desde luego, esto varía según el tipo de ocupación y el estatus socioeconómico de las mujeres.

Los problemas de la salud mental de las mujeres en el medio rural son estudiados por Nelly Salgado y María de Jesús Díaz. En su exposición, destacan la pobreza como el factor social más importante en este grupo poblacional; a su vez, en el caso de las mujeres, a ésta se aúnan mayor discriminación de género, marginación por pertenecer a los sectores más desposeídos y opresión cultural por formar parte de una minoría étnica, en el caso de las indígenas. Tales factores contribuyen a que éste sea un grupo muy vulnerable.

Las autoras mencionadas señalan diversos factores de riesgo de padecimientos mentales que se encuentran presentes en la vida cotidiana de las mujeres, como mayor presencia de papeles de género tradicionales, cargas de trabajo excesivas, bajo nivel de educación, altas tasas de fecundidad, frecuente alcoholismo del cónyuge, alta migración masculina, violencia doméstica y grandes responsabilidades derivadas del cuidado de enfermos y la atención de problemas en la familia. De acuerdo con Salgado y Díaz, es importante reconocer el contexto cultural en que se dan los problemas mentales. En este sentido, indican que si bien los trastornos afectivos son comunes entre las mujeres rurales, el padecimiento más prevaleciente es el de *los nervios.* Asimismo, proporcionan datos sobre la prevalencia de este trastorno en el medio rural y reconocen que esta enfermedad popular es un ejemplo del impacto cultural en la expresión e interpretación del malestar emocional. Finalmente, dichas autoras hacen hincapié en la falta de atención a los problemas de la población rural, sobre todo a la salud mental por parte de investigadores y de prestadores de servicios.

Finalmente, Shoshana Berenzon y María Elena Medina-Mora analizan los servicios de salud mental en general, y en particular la manera como éstos responden a las necesidades de las mujeres y cómo son utilizados por ellas. En una breve descripción de las diferencias entre los padecimientos que presentan hombres y mujeres, tales autoras señalan que los trastornos depresivos, de angustia y de la alimentación son los más prevalecientes entre las mujeres, mientras que el consumo de alcohol y drogas, la violencia y las conductas antisociales son más comunes entre los varones. Además, dichas autoras presentan algunas de las diferencias entre las opciones de servicios que existen para la atención de la salud mental en México (los públicos y los privados) y destacan la importancia de la medicina alternativa para la atención de estos problemas. En su estudio mencionan que las tasas estimadas de utilización de servicios de salud por parte de la población son muy bajas, sobre todo cuando se trata de trastornos neuróticos como la depresión y la ansiedad.

Las autoras citadas agrupan los problemas de los servicios de salud en tres: los relacionados con la organización del servicio, los asociados con el personal que labora en la institución y los vinculados con la búsqueda de atención. Al analizar las diferencias entre hombres y mujeres en la utilización de servicios de salud mental, describen diferencias en las razones para solicitar ayuda, así como en el tipo de ayuda solicitado. Los familiares y amigos constituyen el principal recurso cuando se padecen problemas emocionales. Las principales razones por las que las mujeres no acuden a los servicios son: por vergüenza de hablar de sus problemas, por no saber a dónde ir, por no contar con alguien que cuide a sus hijos mientras asisten a consulta y por pensar que el tratamiento puede ser costoso. Al igual que en los trabajos anteriores, se subrayan limitaciones en los recursos asignados a la atención de la salud mental, lo que redunda en grandes deficiencias.

Cada uno de estos capítulos concluye con una serie de propuestas para guiar el diseño de políticas públicas y acciones que favorezcan el mejoramiento de la salud mental de las mujeres mexicanas. Nelly Salgado en el último capítulo presenta algunos comentarios sobre cada tema tratado.

MARÍA ASUNCIÓN LARA

Referencias bibliográficas

Berenzon, S., M. E. Medina-Mora, E. K. López y J. González, "Prevalencia de trastornos mentales y variables asociadas en cuatro comunidades del sur de la ciudad de México", reporte interno, Instituto Mexicano de Psiquiatría, 1997.

Burin, M., E. Moncarz y S. Velázquez, *El malestar de las mujeres*, Paidós, Buenos Aires,1990.

Caraveo, A. J., M. E. Medina-Mora, M. L. Rascón, J. Villatoro, E. K. López, F. Juárez, E. M. Gómez y N. A. Martínez, "Características psicopatológicas en la población urbana adulta en México. Resultados de una encuesta nacional en hogares". *Anales del Instituto Mexicano de Psiquiatría* 5, 1994, 22-42.

Caraveo, J., E. Colmenares y G. Saldívar, "Estudio epidemiológico de los trastornos depresivos", en *Salud Mental*, 22 (2), 1999, 7-17.

Desjarlais, R., L. Eisenberg, B. Good y A. Kleinman, *World Mental Health. Problems and Priorities in Low-income Countries*, Oxford University Press, Nueva York, 1995.

Levav, I., B. Lima, M. Somoza, M. Ktamer, y R. González, "Salud mental para todos en América Latina y el caribe. Bases epidemiológicas para la acción", *Boletín de la Oficina Sanitaria Panamericana*, 3(107), 1989,196-219.

Medina-Mora, M. E., R. Tapia, M. C. Mariño, F. Juárez, J. Villatoro, J. Caraveo y M. Gómez, "Trastornos emocionales en una población urbana mexicana, resultados de un estudio nacional", *Anales del Instituto Mexicano de Psiquiatría* 3, 1992,48-55.

Secretaría de Salud, *Encuesta nacional de adicciones. Alcohol*, Secretaría de Salud, México, 1993.

_____, Consejo Nacional contra las Adicciones, Instituto Mexicano de Psiquiatría, *El consumo de drogas iegales en México*, Secretaría de Salud, México, 1998.

1

Violencia contra la mujer, salud mental y necesidades de atención

Luciana Ramos Lira,
María Teresa Saltijeral,
Miguel Ángel Caballero

Introducción

La violencia contra la mujer es un problema que suele presentarse en todo tipo de sociedades y culturas. La Cuarta Conferencia sobre la Mujer, realizada en 1995, la conceptualiza como "una manifestación de las relaciones de poder históricamente desiguales entre mujeres y hombres, que han conducido a la dominación de la mujer por el hombre, la discriminación contra la mujer y a la interposición de obstáculos contra su pleno desarrollo" (Naciones Unidas, 1995, pág. 63). Por ello, si bien estudiaremos a esta violencia como problema de salud, es necesario comprenderla como un fenómeno de relación intergenérica que trasciende los campos médico y legal.

Más específicamente, Koss, Goodman, Brown y cols. (1995) definen a la violencia masculina hacia la mujer como "aquellos actos físicos, visuales, verbales, o sexuales que son experimentados por una mujer o una niña como amenaza, invasión o ataque, y que tienen el efecto de herirla o degradarla y/o quitarle su habilidad para controlar el contacto (íntimo o de otro tipo) con otro individuo" (pág. xvi).

En este capítulo, analizaremos dos expresiones de esa violencia: la violación y la violencia hacia las mujeres por parte de la pareja masculina, las cuales –cabe destacar– no siempre son independientes, pero que, para fines de la exposición, hemos dividido de tal forma. Éstas serán revisadas desde el punto de vista de la salud, a fin de conocer sus características, frecuencia e impacto en la salud física y mental, para finalmente plantear algunas propuestas en términos de políticas[1].

En ese sentido –aunque más adelante las definiremos más específicamente–, consideramos que la violación es una violencia sexual ejercida a una mujer por un hombre –familiar, conocido o desconocido–, pero que no es la pareja; mientras que en la violencia hacia la mujer cometida por la pareja se incluye una gama de actos, entre los cuales la violencia sexual es una de las formas de violencia posibles. Es importante tener en cuenta que mientras la violación es considerada un delito en México, la violencia contra la mujer por parte de su pareja no se constituye como tal, de manera que las sanciones para el agresor son establecidas en términos de la severidad de las lesiones infligidas, como ocurre con cualquier otro acto violento.

Ambos sucesos comparten la característica de que si bien evidencian un sistema de dominación patriarcal, "la elaboración ideológica que justifica u otorga el consentimiento silencioso convierte estos hechos en fenómenos aislados, esporádicos y producto de situaciones individuales específicas" (Maquieira y Sánchez, 1990, pág. VIII). De aquí que sea importante destacar el carácter social de estos problemas y su contextualización en el marco de las desigualdades entre los géneros.

Violencia contra la mujer como violencia de género

Según Desjarlais, Eisenberg, Good y Kleinman (1995), las raíces sociales de los problemas de salud física y mental que afectan a las mujeres en los países de bajos ingresos como México son la discriminación de género en el empleo, la educación, la distribución alimentaria, el cuidado de la salud y los recursos para el desarrollo económico. La relativa falta de poder de las mujeres también las hace vulnerables a la explotación de muchas maneras, desde la violencia física y sexual, hasta el asesinato.

---

[1] Vale la pena subrayar que es importante incluir a los hombres en el análisis de esta violencia; sin embargo, por cuestiones de espacio y objetivos de este libro, sólo estudiaremos el caso de las mujeres.

Estudios en México realizados desde hace varios años apuntan a una situación desventajosa de la mujer en aspectos como el trabajo (salarios más bajos, empleos de menor estatus, condiciones laborales desfavorables), el hogar (la devaluación del trabajo doméstico) y en cuanto a su propia sexualidad (el control de su cuerpo en términos de placer y reproducción) (Barquet, 1994; García y de Oliveira, 1994; Lagarde, 1990; Ravelo, 1995).

En ese orden de ideas, el género se convierte en un concepto necesario de abordar brevemente, pues hace referencia a una construcción simbólica mediante la cual se considera que ciertas características pertenecen a uno y otro sexo[2]; estas características son "naturalizadas", como por mucho tiempo funcionaron las conceptualizaciones sobre los roles sexuales: patrones rígidos respecto a 'qué debe ser una mujer' y 'qué debe ser un hombre'. "A partir del momento de ser nombrado, el cuerpo recibe una significación sexual que lo define como referencia normativa inmediata para la construcción en cada sujeto de su masculinidad o de su feminidad, y perdura como norma permanente en el desarrollo de su historia personal, que es siempre historia social" (Lagarde, 1996, pág. 27).

El concepto remite inevitablemente a la desigualdad, pues estos "atributos naturales" de lo que es una mujer y un hombre han sido valorados de modo diferente. Tal situación ubica a las mujeres en una posición de vulnerabilidad, debido a que el poder, en términos de Kelly (1988), se establece como una relación que estructura las interacciones entre hombres y mujeres en todas las áreas de la vida social. Radford (1992) agrega que estas relaciones son definidas estructuralmente por la construcción social de la masculinidad como activa y agresiva, además de la construcción social de la feminidad como receptiva y pasiva.

---

[2] Los elementos que integran este concepto pueden dividirse en tres grandes aspectos:

a. La asignación o rotulación que médicos y familiares realizan del recién nacido, que es el primer criterio de identificación de un sujeto y determinará el núcleo de su identidad de género. A partir del nacimiento, la familia se ubicará respecto a este dato, será emisora de un discurso cultural que reflejará los estereotipos de la masculinidad-femineidad que se sustenta para la crianza adecuada de ese cuerpo.

b. La identidad de género que se presenta a partir del descubrimiento de los genitales: el pene en el varón y la falta en la niña. Inicia con el nacimiento, pero en el curso del desarrollo a veces se complejiza.

c. El rol de género se refiere al conjunto de expectativas acerca de los comportamientos sociales apropiados para las personas (vea Dio Bleichmar, 1989).

Si falta poder real en las mujeres en términos económicos, educativos y en su acceso a la salud, y si se sostienen creencias culturales que impiden que las mujeres alcancen estos recursos, deberemos reconocer que el problema de la violencia no puede reducirse solamente al ámbito individual.

Alrededor de la violación y el maltrato a la mujer giran construcciones culturales que toman la forma de mitos y estereotipos. En el caso de la violación, tales construcciones afectan gravemente el miedo que tienen las mujeres de sufrir esta agresión; cómo definen, resisten, enfrentan y sobreviven a esta experiencia cuando la sufren, y las respuestas institucionales que se dan a las mujeres víctimas de este tipo de abusos.

Algunos de los mitos siguientes son comunes de escuchar: "las mujeres lo disfrutan", "sólo les pasa a cierto tipo de mujeres", "si se hubiera defendido adecuadamente lo hubiera evitado", "cuando una mujer viste ropa corta o pegada al cuerpo, está provocando que la molesten", etcétera (vea Saldívar, 1995). El resultado de éstos es la culpabilización de las víctimas, que influye en sus percepciones acerca del suceso, así como en las que sostienen los prestadores de servicios asistenciales.

González (1993) encontró en agentes del Ministerio Público del Distrito Federal la prevalencia de ciertas actitudes que pueden revictimizar a las mujeres, pues sostienen creencias de que hay violaciones "reales" y violaciones "ficticias": 63% señaló que las víctimas deben mostrar ciertas características y conductas (lesiones, ropa desgarrada, actuar "histéricamente") si realmente fueron violadas; 27% consideró que las víctimas que denuncian con rapidez son las que realmente fueron violadas; 47% estimó importante realizar preguntas sobre la vida íntima de las mujeres (su vida sexual, qué tipo de persona es, etcétera) y 64% sostuvo que a veces las mujeres acusan de violación a un hombre para ocultar un embarazo no deseado, especialmente adolescentes, esposas o sirvientas.

En el caso de la violencia hacia la mujer por parte de a pareja masculina, como menciona Shrader Cox (1990): "las imágenes negativas sobre las mujeres, un sistema legal poco apoyador, un personal médico entrenado inadecuadamente y la limitada disponibilidad de servicios apoyan la creencia prevalente de que el maltrato a la mujer no existe o no es un problema" (pág. 2). Esto es evidente también en ciertos mitos y estereotipos que tienden a perpetuar este problema. La violencia contra la mujer se torna "permitida" bajo ciertas justificaciones, como "a las mujeres les gusta que las maltraten", "no hay que meterse en la vida privada de la pareja", "la mujer debe soportar lo que sea para conservar unida a la familia", etcétera.

Díaz Olavarrieta y Sotelo (1996), en su revisión sobre estudios en México, destacan cómo esta situación es particularmente severa en algunas zonas rurales, en las que "las mujeres son golpeadas como una medida correctiva dirigida a imponer la autoridad masculina y para disuadir conductas que cuestionen el principio de que las mujeres son posesiones y, por tanto, sujetas a medidas disciplinarias por medio de la fuerza física" (pág. 1938). En el ámbito urbano también se ha documentado, por ejemplo que, aunque las mujeres en estratos pobres han incrementado su participación en el mercado laboral y aportan significativamente al gasto familiar, las formas de violencia doméstica más severas ocurren en las familias en las que las mujeres se encargan, de hecho, de su mantenimiento económico (García y de Oliveira, 1994).

Violencia contra la mujer como problema de salud

En la actualidad se considera que las condiciones de vida en general de las mujeres afectan su salud física y mental de forma importante; asimismo, la violencia es un aspecto de gran influencia en estas áreas. Por ello, es importante conocer sus características, su prevalencia y las consecuencias directas que tienen en la salud física y mental de las mujeres.

Prevalencia y características

Hablar de la prevalencia y características de estos problemas no es fácil. Como mencionan Ramírez-Rodríguez y Uribe-Vázquez (1993), la violencia contra la mujer no se ha considerado un tema importante de investigación en el campo médico en México, y es "vista más como un fenómeno anecdótico y nota policiaca, que como un problema de salud" (pág. 149). Por un lado, en el sistema de salud existe una subdetección de estos problemas por motivos, como la vergüenza y/o el temor que tienen las mujeres de reportarlos cuando acuden a un servicio, la falta de capacitación de los prestadores de salud para identificarlos y en su caso canalizarlos, y por las deficiencias que hay en el sistema mismo de registro cuando son detectados (Meneses-González y cols., 1993), ya sea en términos de morbilidad o mortalidad. Por otro lado, en cuanto a los estudios específicos concernientes a estos temas, las diferencias conceptuales y operacionales en su medición dificultan la comparación. Con estas reservas habrán de tomarse los datos que se presentan en seguida.

Violación

La violación es expresión de las desigualdades de poder entre hombres y mujeres y se relaciona con las construcciones sociales de la femineidad y la masculinidad, las cuales se verán reflejadas en los procesos ideológicos mediante los cuales las mujeres son culpadas por la violencia de los hombres. Para Barry (1979), es uno de los actos de poder que se dirigen a las mujeres por simplemente serlo y busca la satisfacción del agresor, "quien une el sexo con la violencia para subyugar, humillar, degradar y aterrorizar a su víctima femenina" (pág. 40, citada por Kelly, 1988).

Como mencionan Koss, Heise y Russo (1997), medir la prevalencia de violación implica un desafío metodológico esencial: superar la tendencia histórica de las mujeres a callarla. Asimismo, la revisión de estudios internacionales hace evidente que las definiciones y metodologías dificultan comparar los datos obtenidos.[3] Sin embargo, dichas autoras señalan que se calcula una prevalencia estimada de violación o ataque sexual de 14 a 25% en la mayoría de las fuentes, dato que varía bastante de lo encontrado en encuestas de tipo delictivo. Por ejemplo, en la Encuesta Internacional Delictiva (International Crime Survey) (citada por Koss y cols., 1997) se ha encontrado una prevalencia de violación de 5.6% en Australia, de 4.1% en Canadá y de 3.7% en Estados Unidos.

[3] Existe una fuerte discusión en torno a la violación, la cual O'Toole y Schifman (1997) documentan, y que en particular es evidente entre quienes consideran que las feministas oscurecen las violaciones "reales" por hacer definiciones demasiado amplias, mientras que muchas feministas consideran que la definición tradicional (que incluye específicamente la relación sexual forzada) es demasiado estrecha.

En México, no existen muchos estudios en comunidad acerca del problema, y los que hay probablemente presentan las dificultades señaladas. Como muestra el cuadro 1, las investigaciones realizadas por Muñoz (1984) y Ramos (1991) revelan una prevalencia de 2.8% de violación.

CUADRO 1. PREVALENCIA Y CARACTERÍSTICAS DE VIOLACIÓN EN MÉXICO

AUTORES	POBLACIÓN/ FUENTE	PREVALENCIA	RELACIÓN CON EL AGRESOR	CARACTERÍSTICAS DE LAS VÍCTIMAS	COMENTARIOS
Muñoz, 1984	Muestreo aleatorio en una comunidad, Ciudd de México	2.8%	No se reporta	Mujeres: 90.9%	
Ramos, 1991	Muestreo no aleatorio (cuotas) en dos comunidades del Distrito Federal	2.8% (solamente mujeres)	Conocido, 64% Desconocido, 37%	No reportada	30% de las violaciones ocurrieron en la calle y otro 30% en el trabajo
Pérez Peraza, 1995	Agencias especializadas en delitos sexuales, D.F. 31 225 personas atendidas de abril de 1989 a mayo de 1995	Promedio mensual: 281 víctimas 141 miembros de la familia Incidencia: Violación, 47.3% Abuso sexual, 27%	Conocido, 44.3% Desconocido, 32.3% Miembro de la familia. 23.4%	Mujeres: 90.2% Más de 50% de las víctimas tenían entre 13 y 24 años de edad El grupo de edad más afectado fue el que estaba entre 13 y 17 años de edad (28.7%), seguido por el grupo de *18* a *24* años (24.5%)	5.9% de las violaciones ocurrieron en transporte público 4.1% en escuelas y guarderías y 2.1% fueron llevadas a cabo por agentes de seguridad En dos de cada tres casos, los agresores estaban sobrios en el momento en que cometieron el delito, y solamente 9.1% de las víctimas se encontraban bajo los efectos del alcohol u otras drogas

Por su parte, los datos referentes a violaciones reportadas al sistema de justicia dan cuenta de algunas características importantes por considerar, como la alta frecuencia de violencias cometidas contra mujeres, que éstas son sufridas por personas muy jóvenes, que en siete de cada 10 casos la agresión sexual la llevó a cabo una persona conocida por la víctima (destacando los familiares como agresores) y que preponderantemente el agresor comete el delito sin estar alcoholizado y/o drogado.

Violencia contra la mujer por parte de su pareja masculina

Esta forma de violencia incluye un patrón de control coercitivo, en el que el hombre realiza una serie de conductas de tipo físico, psicológico y/o sexual que tienen la finalidad de herir, intimidar, aislar, controlar o humillar a la mujer.

Como en el caso de la violación, la violencia que se ejerce contra las mujeres en la relación de pareja no deja de tener problemas en su conceptualización y medición, lo cual hay que tener en cuenta al observar las prevalencias reportadas por diferentes estudios. Al respecto, Ramírez y Patiño (1997) señalan que, en general, las definiciones coinciden en identificar como violencia a las lesiones físicas, psíquicas y sexuales que se ejercen contra otra persona, ocasionándole diversas consecuencias físicas o emocionales; suelen hacen referencia explícita o implícitamente a la intención y/o consecuencia de la conducta violenta; y no siempre identifican al perpetrador en particular y asumen que la mujer generalmente es el objeto de la violencia.

A nivel internacional, Koss, Goodman, Browne y cols. (1994) señalan que las estimaciones para Estados Unidos basadas en muestras probabilísticas sugieren que por lo menos dos millones de mujeres son atacadas severamente por parejas masculinas cada año, y que alrededor de 21 a 34% de las mujeres sufrirán algún episodio de violencia por una pareja íntima masculina durante la edad adulta.

En México existe un subregistro de su prevalencia en el sistema de salud, como lo demuestra el estudio de Híjar-Medina, Tapia, Lozano y Chávez (1992) en los servicios de urgencias del Departamento del Distrito Federal, en el que más de 50% de las mujeres de 15 a 39 años que llegaron con lesiones intencionales sufrieron estas agresiones predominantemente en el hogar. Aunque éstas deberían ser objeto de canalización médico-legal, sólo 42% de las lesiones ocurridas en el espacio doméstico fueron objeto de dicha atención.

Como se observa en el cuadro 2, estudios específicos sobre el tema en México reportan prevalencias de mujeres maltratadas físicamente por su pareja de alrededor de 30%, aproximadamente.

Cuadro 2. Prevalencia de violencia a la mujer por parte de la pareja masculina		
Autores	Población/fuente	Prevalencia
Granados, 1984	Muestra de la comunidad, Monterrey, México	30% de las mujeres habían experimentado algún tipo de violencia física, sexual y/o psicológica
Shrader Cox y Valdéz Santiago, 1992	Muestreo aleatorio en mujeres de 15 años o más, con ingresos medios y bajos, de zona conurbada, en la ciudad de México	30% habían vivido en una relación violenta y 6% habían experimentado violación marital
Ramírez Rodríguez y Uribe Vázquez, 1993	Muestreo aleatorio de mujeres de zonas rurales y urbanas registradas en el DIF, Jalisco, México	56.7% de las mujeres urbanas y 44.2% de las rurales habían experimentado alguna violencia interpersonal En 60% de los casos, el agresor había sido el esposo
Valdéz Santiago y Sanin, 1995	Servicio de Ginecoobstetricia del Hospital Civil, Cuernavaca, Morelos	33% de las mujeres habían sufrido alguna violencia interpersonal, la mayoría por parte de sus parejas masculinas
Colectivo de Lucha contra la Violencia hacia las Mujeres (COVAC), 1995	Muestreo aleatorio y estratificado de 3 300 mujeres y hombres de 18 a 65 años, de áreas urbanas de la ciudad de México y nueve ciudades de diferentes estados de la república	21% de los entrevistados habían conocido a alguna persona violentada durante los últimos seis meses 74% de las personas violentadas conocidas por los entrevistados eran mujeres, de las cuales 68% tenían entre 13 y 34 años, 52% eran madres y 30% hijas
Natera, Tiburcio, Berenzon y López, 1996	Muestreo aleatorio en comunidades de la ciudad de México	33% de las mujeres habían experimentado alguna vez maltrato por parte de sus parejas 14% habían experimentado maltrato por parte de la pareja actual

Consecuencias en la salud física

Las consecuencias de esta violencia en la salud de las mujeres han sido documentadas en el ámbito internacional. Heise, Pitanguy y Germain (1994) reportan que, según estimaciones del Banco Mundial concernientes a la carga global de enfermedad[4], la violación y la violencia doméstica aparecen como una causa significativa de discapacidad y muerte entre mujeres en edad reproductora, en el mundo tanto industrializado como en desarrollo. Se calcula que 90% de los años de vida ajustados

[4] Esta carga "es el valor actual neto del volumen futuro de discapacidad provocado por casos de incidencia en 1990, más el volumen futuro de vida saludable perdida por mortalidad prematura tomado de las muertes por condiciones de enfermedad en 1990" (Heise y cols., pág. 71, 1994).

por discapacidad (AVAD)[5] perdidos por lesiones intencionales (1 200 000) en mujeres de 15 a 44 años son atribuibles a la violencia doméstica y la violación; asimismo, 60% de los 900 000 AVAD perdidos por homicidio y 30% de los 5 500 000 AVAD perdidos por suicidio se deben a estos problemas.

Respecto a la violación más específicamente, Koss, Goodman, Brown y cols. (1994) tipifican en tres grandes áreas los efectos somáticos de la violación, considerando la revisión de múltiples estudios: a) las consecuencias médicas agudas, que incluyen lesiones físicas genitales y no genitales, enfermedades sexualmente transmisibles y embarazos no deseados; b) las enfermedades crónicas, como el dolor pélvico, el síndrome de intestino irritable, dolores crónicos varios –como jaquecas, dolor de espalda, en la cara, malestar temporal de la mandíbula–, anorexia nervosa, bulimia, e infección por VIH, y c) los efectos en la salud relacionados con el estrés, como percibir su salud menos favorable, reportar más síntomas de enfermedad, involucración en conductas destructivas como fumar y consumo de alcohol. Además, todo lo anterior se asocia con un uso mayor de servicios de salud médica y mental.

La violencia contra la mujer por parte de su pareja muestra en primer término una gama de secuelas, como moretones, cortadas, contusiones, dislocaciones, fracturas, abortos y pérdida del conocimiento (Ramírez y Patiño, 1997; Saltijeral, Ramos y Caballero, 1997). Heise y cols. (1994) documentan también lesiones permanentes, como afecciones en las articulaciones, pérdida parcial de la visión o de la audición, cicatrices por quemaduras, mordeduras y heridas de armas blancas. También reportan dolores de cabeza crónicos, dolores abdominales y musculares, infecciones vaginales recurrentes y trastornos del sueño y la alimentación.

Asimismo, tal forma de violencia incluye consecuencias letales que no deben dejarse a un lado e incluyen a la mujer, a la pareja y a los hijos. Al respecto, Campbell (1992) encontró, al analizar todos los casos de

[5] Las autoras señalan que el cálculo de los años de vida ajustados en función de la discapacidad (AVAD) perdidos por la violencia doméstica y violación se basa en las estimaciones de la cantidad de años de vida perdidos por morbilidad y mortalidad prematuras que pueden ser atribuidos directamente a la violencia de género, y se han estimado con base en los archivos de carga global de enfermedad del Banco Mundial (World Bank GBD Team).

homicidio en Dayton, Ohio, del 1° de enero de 1975 al 31 de diciembre de 1979, que hubo 73 mujeres asesinadas, 89% por hombres; de éstos, 80% eran conocidos, principalmente esposos, novios y parejas de las que estaban separadas. Un 72% de las mujeres fueron asesinadas en sus hogares. Koss y cols. (1994) señalan que en los Estados Unidos, las mujeres tienen más probabilidad de ser asesinadas por sus parejas masculinas que por cualquier otra persona.

Por otro lado, en el caso de mujeres que matan a sus parejas íntimas masculinas, estudios internacionales reportan que un factor contribuyente a estos homicidios es la agresión por parte de la víctima, junto con una percepción de falta de alternativas viables para escapar de una situación de vida de "entrampamiento" por parte de las mujeres (Totman, 1978 y Browne, 1987, citados por Koss y cols., 1994).

En México ocurre una situación particular. Azaola (1996) realizó un estudio en 1994 en reclusorios del Distrito Federal con homicidas de ambos sexos. Mientras los hombres mataron principalmente a conocidos o desconocidos en riñas y asaltos, habiendo asesinado en 8% a familiares, tres cuartas partes de las mujeres mataron a sus familiares, principalmente hijos o hijastros. El 75% de estos niños tenían entre 0 y 5 años. En 15 de los 26 casos registrados, los hijos murieron a consecuencia de golpes o malos tratos previos de madres o madrastras que tenían historias de abandono, violación y/o maltrato por parte del esposo. En el caso de otros familiares, Azaola destaca que, de 11 casos, siete homicidios fueron cometidos contra el esposo o pareja por maltrato previo o infidelidades.

Consecuencias en la salud mental

En cuanto a las consecuencias más directamente psicológicas y que afectan a la salud mental, datos del Banco Mundial reportan que 60% de los 2.1 millones de años de vida ajustados por discapacidad (AVAD) perdidos en las mujeres por el trastorno de estrés postraumático (TEPT) se pueden atribuir a la violencia doméstica y la violación, mientras que 50% de los 10.7 millones de AVAD perdidos por depresión son atribuibles a estas violencias (Heise y cols., 1994).

Ahora bien, para hablar de los efectos en la salud mental, es importante destacar que aunque haremos referencia a condiciones psicológicas que coexisten y son consecuencia de la violencia contra la mujer, concordamos con Burin (1987) respecto a que es necesario encuadrarlas dentro de la noción de "malestar". Éste puede incluir manifestaciones clínicas, pero rebasa el discurso médico que torna la experiencia de sufrimiento femenino, en una patología individual sin considerarlo también un hecho social, producto de leyes culturales que imponen condiciones de vida opresivas a las mujeres, y que también hace referencia al destino social que se otorga a este malestar de las mujeres.

Con tal aclaración, reestudiaremos las particularidades de la violación y la violencia contra la mujer por parte de la pareja masculina en términos de analizar no sólo los efectos en la salud mental que comparten, sino también los que les son específicos. Al respecto, es interesante tener en cuenta la propuesta de Terr (1994), quien caracteriza dos tipos de situaciones "traumáticas"[6]:

Las primeras (o tipo I) se caracterizan por ser sucesos únicos, peligrosos, aislados, sorpresivos y devastadores, de corta duración, que generan recuerdos vívidos y completos y que, por tanto, tienen más probabilidad de generar síntomas de TEPT y de ser reexperimentados de forma "clásica".

Las segundas (tipo II) incluyen eventos variables, múltiples, crónicos, de larga duración, repetidos y anticipados; inicialmente se experimentan como tipo I, pero al volver a ocurrir la víctima los espera y teme que recurran; generan sentimientos de incapacidad para prevenirlos; muestran recuerdos que son más como "manchas" o "borrones" debido al mecanismo de disociación; pueden alterar la visión de uno mismo y del mundo y generan sentimientos de culpa, vergüenza y devaluación; tie-

[6] Devereux (1973) hace una distinción entre los conceptos de estrés y traumatismo, los cuales suelen ser manejados indistintamente. El estrés hace referencia a las fuerzas nocivas que hieren al individuo, y el traumatismo a los resultados nocivos del impacto de estas fuerzas. Tal propuesta cuestiona la idea de que el efecto de un estresor dependerá de su intensidad "objetiva". En este sentido, Devereux menciona que el estrés será traumatizante sólo si es atípico o si, aunque sea típico, por su naturaleza es muy intenso o incluso prematuro. Un estrés es atípico en una cultura si ésta no dispone de ninguna defensa preestablecida, producida en serie, susceptible de atenuar o amortizar su choque. Así, algo es traumático cuando la cultura no concede protección externa y no proporciona defensas internas.

nen más probabilidad de generar problemas caracterológicos e interpersonales, y pueden originar respuestas disociativas, negación y entumecimiento emocional para proteger al sí mismo del dolor que se experimenta.

Entre los estresores de tipo I se incluyen diversas situaciones, como los desastres naturales, los delitos comunes y una parte de los delitos sexuales, por ejemplo: las violaciones o intentos de violación realizados por *desconocidos*. Entre los de tipo II se incluiría principalmente a víctimas de guerra, de campos de concentración, de secuestros y en general de todas las formas de violencia doméstica y de abuso infantil.

Las reacciones de las víctimas de violación incluyen sentimientos de enojo, shock postraumático, incredulidad, confusión, miedos, ansiedad, impotencia, culpa e inseguridad (Moscarello, 1990). También son comunes como manifestaciones agudas los recuerdos repetitivos, las pesadillas, un malestar psicológico permanente (terror, miedo, tristeza e ira), la lucha constante para evitar pensamientos o sentimientos asociados con la violación, cambios marcados en las actividades cotidianas –como evitar salir sola de noche, estar a solas en casa– por el temor a exponerse a ciertas situaciones o lugares que se perciben amenazantes, lo que en ocasiones llega a alterar de forma definitiva el estilo de vida previo a la violación; sensación de lejanía en torno a las demás personas; problemas para dormir, irritabilidad, dificultades en la concentración, y la desconfianza generalizada a los desconocidos, entre otras (Ramos y Caballero, 1997).

La violación se ha encontrado asociada a consecuencias de tipo cognitivo y a síntomas psicológicos (Koss, Goodman, Brown y cols., 1994); entre las primeras se han señalado, por ejemplo, las atribuciones de autoculpabilidad –muy relacionadas con el malestar psicológico– (Hill y Zautra, 1989), y una afectación severa de las creencias sobre el mundo (Ramos, Esteban, Saltijeral y Caballero, 1997); entre los segundos destacan la depresión, la ideación suicida, la ansiedad, problemas en el funcionamiento sexual y la sintomatología propia del TEPT (Dennerstein, Atsbury y Morse, 1993; Kort, 1990; Koss, 1990; Frazier y Cohen, 1992, Ramos y Caballero, 1997; Ramos y cols., 1997).

Algo que cabe destacar es que la violación se presenta como un suceso sumamente desorganizador que deja una marca profunda en la biografía individual, en gran parte debido a la construcción social que existe alrededor de ella, lo que Hercovich (1992) denomina *paradigma culpa-*

bilizador, el cual conlleva dos efectos: el que "opera sobre la percepción e intelección de lo sucedido y el que actúa sobre la forma de comunicar" (pág. 55), y más específicamente en el silencio que guardan las mujeres violadas sobre el suceso. Esto las expone además a ser objeto de duda, devaluación o maltrato por parte de instituciones de salud, de justicia o de integrantes de las mismas redes sociales cercanas, lo cual llega a afectarlas aún más en su bienestar emocional y en las creencias respecto al mundo que previamente se han visto afectadas (Ramos y Caballero, 1997).

Por su parte, las reacciones de las mujeres a la violencia ejercida por la pareja masculina parecen acercarse inicialmente a las de los sobrevivientes de situaciones traumáticas. Koss y cols. (1994) señalan que, como otro tipo de víctimas, el primer foco de las mujeres maltratadas es autoprotegerse y sobrevivir, de modo que son comunes diversas reacciones, como shock, negación, confusión, insensibilidad psicológica y miedo; a medida que el abuso sigue ocurriendo y ante el peligro potencial de recurrencia se experimenta ansiedad, así como culpa, vergüenza, miedo a perder el control y malestar depresivo. A largo plazo, las autoras mencionan como consecuencias la insensibilidad emocional, la pasividad extrema y la percepción de inhabilidad para hacer frente al abuso; además, algunas mujeres, al no percibir alternativas ante un escalamiento de la violencia, pueden mostrar respuestas de hostilidad o agresión, abuso de drogas y, por supuesto, ansiedad y depresión.

En un trabajo previo (Saltijeral, Ramos y Caballero, 1998) reportamos como manifestaciones comunes expresadas por las mujeres el miedo, el coraje, la ira, el terror, la vulnerabilidad y la tristeza, que se presentaron durante varios días o semanas; asimismo, pensamientos relacionados con la humillación, la desconfianza, la indefensión y el acorralamiento. Las mujeres también manifestaron sentirse muy confundidas respecto a por qué toleran el maltrato, lo que puede llevar a atribuciones de autoculpabilidad por la situación; también se reportan manifestaciones disociativas y una serie de malestares somáticos, como dolores de cabeza y de estómago.

Para explicar gran parte de estos efectos, la propuesta de Lenore Walker (1984) respecto al ciclo de violencia y la desesperanza aprendida (*learned helplessness*) ha sido considerada esencial. Walker establece que el maltrato a la mujer se desarrolla dentro de un ciclo de violencia que consta de tres etapas: acumulación de la tensión, episodio agudo de violencia y la "luna de miel", en la que se produce el arrepentimiento. Esta repetición del ciclo y su misma anticipación inducen estrés psicológico, baja autoestima y desesperanza aprendida, los que a su vez disminuyen las posibilidades de abandonar la relación.

Desde esta perspectiva, la mujer maltratada, si bien cuando inició el maltrato físico trató de evitarlo utilizando diferentes estrategias, aprende que nada de lo que haga detendrá la violencia, de modo que desarrollará una percepción distorsionada de «entrampamiento». Así, solamente le quedará como alternativa utilizar estrategias que le ayuden a sobrevivir a la violencia o a disminuir el riesgo de que ésta sea mortal: de aquí que la presencia de mecanismos como la negación y la disociación sean básicos para su supervivencia emocional. Tal propuesta sobre las mujeres víctimas de violencia por parte de su pareja permite vislumbrar la complejidad del problema y destaca que para aquéllas el abuso no es placentero ni fácil de romper.

Sin embargo, dicha explicación no ha estado carente de críticas, por ejemplo, se le ha considerado demasiado individualista y que no tiene en cuenta aspectos sociales que inciden en que la mujer permanezca en una relación violenta (Koss y cols., 1994; Stark y Flitcraft, 1996). Entre estos aspectos destacan la dificultad para tener acceso a ciertos recursos de tipo médico y legal, en vista de su escasa disponibilidad; el aislamiento y control que se incrementa conforme persiste la relación, y que les impide buscar o percibir otros recursos, y los obstáculos a los que deben hacer frente cuando pretenden hacer algo por su relación, como el rechazo familiar y de su círculo social cercano (Ramos, Madrigal, Saltijeral, Aguilar y Hammock, 1997).

En este sentido, enfoques como el del trauma dual de Stark y Flitckraft (1996) proponen que un hombre puede mantener a una mujer atrapada en la relación no sólo por su fuerza física, sino por su fuerza social, derivada del refuerzo de las relaciones de poder cuando se ha buscado ayuda. La experiencia central del maltrato es un trauma dual: miedo e ira inducidos por subyugaciones violentas, combinados con una sensación creciente de atrapamiento. "Un proceso de victimización institucional se combina con la violencia de la pareja para transformar a una mujer persistente y asertiva en una 'víctima desesperanzada' por quien 'nada se puede hacer'" (pág. 174).

Políticas de salud

Antes que nada, es de importancia fundamental que las políticas sean entendidas en un contexto tal que de inicio condene la violencia contra la mujer, lo cual implica que el gobierno ratifique y aplique todos los instrumentos internacionales relacionados con aquélla (Cuarta Conferencia Mundial sobre la Mujer, 1995). Salinas y Duarte (1996) anotan al respecto que en México, "a pesar de que la Constitución política otorga a las personas de ambos sexos los derechos fundamentales –cuyo ejercicio implica el derecho a llevar una vida libre de violencia, según lo marca la Convención (de Belém do Pará)[7]–, la normatividad secundaria no atiende cabalmente el mandato constitucional y deja muy desprotegidas a las mujeres víctimas de toda suerte de violencia. La desprotección mayor se da en materia de violencia intrafamiliar, delitos sexuales, prostitución y trata de personas" (pág. 26).

En ese sentido, aunque en agosto de 1996 fue publicado el decreto que aprueba el Programa Nacional de la Mujer para 1995-2000,[8] es importante que del papel se pase a los hechos, ya que, si bien este documento da un lugar especial a la necesidad de prevenir y erradicar la violencia contra las mujeres, todavía no se han puesto en práctica medidas específicas.

Por todo lo anterior, no es sorpresivo que en el aspecto de salud, aunque internacionalmente esta forma de violencia se haya encontrado como causa significativa de morbilidad y mortalidad en las mujeres, en México hasta hace muy poco no haya sido considerada un problema de salud pública. Es probable que una gran cantidad de lesiones físicas y malestares somáticos derivados de la violencia no sean detectados, y por supuesto, atendidos, debido a que no se interroga al respecto.

Es bien sabido que principalmente las organizaciones de mujeres empezaron a preocuparse por la intervención y posteriormente por la educación, el entrenamiento y las reformas a la ley respecto a estos pro-

---

[7] Dicha convención fue suscrita en el marco de la Organización de los Estados Americanos, con la finalidad de promover la lucha para eliminar la violencia contra la mujer en el continente americano.

[8] *Diario Oficial de la Federación*, Tomo DXV, núm. 15, México, D.F., 21 de agosto de 1996.

blemas. Estos aspectos son esenciales para lograr un cambio, pero también el sistema de salud tiene una responsabilidad a la que debe hacer frente.

Si consideramos que el sistema de salud es un ámbito al que prácticamente todas las mujeres acuden en algún momento de sus vidas, y que puede ser el lugar donde busquen ayuda específicamente cuando han sufrido alguna violencia, éste se convierte en un espacio esencial en el que las mujeres podrían admitir con relativa facilidad si han sufrido violencia frente a un prestador de servicios de salud sensible e informado (Heise y cols., 1994).

Existen algunos puntos esenciales para estudiar con detalle esta violencia desde las políticas de salud. Tales puntos requieren ser planteados desde una perspectiva de género que modifique creencias, valores y principios y que, por supuesto, no sólo haga referencia a las mujeres, sino también incluya cambios en el hombre, la familia, las comunidades y las instituciones (Lagarde, 1996).

Esos puntos los retomamos con base en lo planteado por diferentes autoras y fuentes, con el fin de considerar la experiencia internacional, aunque con sus reservas debido a que las particularidades de México en términos económicos, políticos y sociales requerirían un análisis más profundo.

Prevención

Con el fin de reducir el número de nuevos casos, Koss (1990) señala que se han reconocido dos estrategias globales de prevención primaria: las que fortalecen las capacidades individuales y reducen las vulnerabilidades individuales, y las que implican modificaciones ambientales mediante un cambio social planeado.

Las primeras, aunque pueden ser útiles, "se focalizan en la violencia como violaciones a mujeres individuales, no como síntomas de un contexto social que perpetúa la vulnerabilidad de las mujeres" (pág. 378), por lo cual deben promoverse cambios en el contexto sociocultural que mantiene esta situación.

En el caso del sistema de salud, una forma de analizar estos factores contextuales es reconocer la manera como los profesionales y paraprofesionales en este ámbito pueden estar contribuyendo a reproducirlos (Stark y Flitckraft, 216). La comunidad médica, de psicólogos, trabajadores sociales, etcétera, requeriría reconocer dichos problemas como prioridades de salud y generar una respuesta a esta situación; para lo anterior, se requieren políticas que ayuden a cambiar sus actitudes ante el problema.

En ese orden de ideas, es esencial incluir dentro del curriculum profesional contenidos sobre la prevención e identificación de esta violencia en programas de carreras orientadas al cuidado primario de la salud. Además, es necesario promover que estas formas de violencia sean detectadas en el interrogatorio rutinario para identificar casos e incluir una intervención temprana. Las mujeres pueden acudir a los servicios no necesariamente por el motivo de la violencia, sino por sus efectos, de modo que el médico o profesional de salud estaría en una posición privilegiada para intervenir.

En ese sentido, se requiere establecer y poner en marcha protocolos para la identificación temprana y su canalización a servicios asistenciales. Esto debe acompañarse por un entrenamiento psicológico para interrogar a víctimas y, en caso dado, obtener evidencia legal. Todo esto ha de realizarse en condiciones de seguridad y confidencialidad, así como sin temor de castigos o represalias.

El mejor entrenamiento redundaría no sólo en una mejor detección, sino que también permitiría disminuir el riesgo de que las mujeres sean revictimizadas, lo que puede empeorar los efectos que éstas suelen presentar al llegar al servicio (Heise y cols., 1994).

Servicios y tratamiento

Un aspecto esencial por considerar es la cuestión de los servicios; no es posible reducir este problema –aun teniendo una buena detección de casos en el sistema de salud– si no se cuenta con servicios a donde canalizarlos. Esto incluye no solamente a las víctimas, sino también a los agresores, quienes requerirían igualmente alguna atención.

Es necesario crear servicios especializados para proteger a las víctimas. En este sentido, el apoyo médico, psicológico y psiquiátrico enfocado a dichos problemas debe acompañarse de asesoría legal.

La creación de servicios no es fácil de realizar, sino que se requiere una colaboración más estrecha entre instituciones de salud gubernamentales, privadas y organizaciones no gubernamentales abocadas al problema, para canalizar los casos cuando se requiera.

Así, existe la imperiosa necesidad de tener servicios para estas mujeres, tanto los de apoyo como los terapéuticos, e identificar, fortalecer y extender servicios efectivos. Araujo, Reyes y Saucedo (1996) analizaron la situación de atención y tratamiento de la violencia intrafamiliar en México y señalan que debido al no reconocimiento de estos problemas, no existen modelos de atención a la violencia en la familia –y agregaríamos también a la violación– que estén verificados y validados; además, no hay una tradición escrita acerca del trabajo de atención, dada la saturación en los servicios, la poca relación con la academia y el debate que existe alrededor del tema en el movimiento de mujeres.

Cabe resaltar que los organismos gubernamentales que han realizado más labor a este respecto son las procuradurías de justicia. Se requiere sumar esfuerzos colaborativos entre éstas y el sistema de salud, así como generar estrategias que establezcan lazos también con las organizaciones no gubernamentales. En especial es clave promover la creación de servicios dentro del sistema de salud, en el que, por desgracia, son prácticamente inexistentes.

Investigación

Existe una imperiosa necesidad de registrar y monitorear la violencia de género, pues el desarrollo de programas preventivos que focalicen factores que puedan cambiarse requiere mejor información culturalmente adecuada a México. Por esto, deben hacerse investigaciones multidisciplinarias rigurosas sobre la prevalencia e incidencia de estos problemas en la comunidad, pero también en las diferentes instancias de salud. Es esencial realizar también estudios sobre los factores de riesgo asociados, las consecuencias de la violencia en la salud física y mental y los costos de atención en salud que generan estas violencias.

Para lo anterior, es importante unificar los sistemas de clasificación, así como generar definiciones conceptuales y operacionales que permitan un registro adecuado y comparar resultados obtenidos en diferentes lugares y establecimientos. En este sentido, también se requerirá evaluar los servicios y el tratamiento, y que las políticas de salud aplicadas ejerzan el efecto deseado.

Reflexión final

"La violencia contra la mujer impide el logro de los objetivos de igualdad, desarrollo y paz. La violencia contra la mujer viola y menoscaba o impide su disfrute de los derechos humanos y las libertades fundamentales. La inveterada incapacidad para proteger y promover esos derechos y libertades en los casos de violencia contra la mujer es un problema que incumbe a todos los estados y exige que se adopten medidas al respecto" (Cuarta Conferencia Mundial sobre la Mujer, 1995).

Como señala el párrafo anterior, la violencia contra la mujer es un problema que incumbe no sólo a las mujeres, sino a toda la sociedad. Esto implica un camino por recorrer que es largo aún tanto para las mujeres como para los hombres.

Los esfuerzos en términos de políticas de salud deben contemplarse desde esta perspectiva. Es importante escuchar a las mujeres para quienes se diseñen los servicios, lo cual maximiza la probabilidad de que éstos resulten adecuados en los ámbitos locales y por tanto sean aceptados y utilizados. Este aspecto es esencial, pues las mujeres y los hombres son diversos, de modo que categorías como la clase, la edad, la etnia, etcétera, también deben ser consideradas. Por otro lado, es necesario generar cambios que propicien la información y la educación de las mujeres de modo tal que éstas tengan más poder en sus vidas. La meta por lograr con todo esto es que la convivencia entre hombres y mujeres sea mejor, en una sociedad más justa.

Referencias bibliográficas

Araujo, S. B., E. Reyes e I. Saucedo, "Modelos de atención y tratamiento en el problema de la violencia intrafamiliar en México", en *Memorias del encuentro continental sobre violencia intrafamiliar*, México: UNIFEM, 1996.

Asociación Mexicana contra la Violencia hacia las Mujeres, A. C. (COVAC), *Encuesta de opinión pública sobre la incidencia de la violencia en la familia,* COVAC/ Fondo de Población de las Naciones Unidas/Procuraduría General de Justicia del Distrito Federal, México, 1995.

Azaola, E., *El delito de ser mujer,* Ciesas, Plaza y Valdés, México, 1996.

Barquet, M., "Condicionantes de género sobre la pobreza de las mujeres", en . Alatorre, G. Careaga, C. Jusidman, V. Salles, C. Talamante y J. Towsend, Comité Coordinador del Gimtrap, *Las mujeres en la pobreza*, GIMTRAP, COLMEX, México, 1994, (pp. 73-89).

Burin, M., *Estudios sobre la subjetividad femenina,* Editorial Gel, Buenos Aires, 1987.

Campbell, J.C., «If I Can't Have You, No One Can», "Power and Control in Homicide of Female Partners, en E. Radford y D. E. H. Rusell (eds.), *Femicide, The politics of woman killing,* Twayne Publishers, Nueva York, 1992.

Dennerstein, L., J. Atsbury y C. Morse, *Psychosocial and Mental Health Aspects of Women's Health,* World Health Organization, Ginebra, 1993.

Desjarlais, R., L. Eisenberg, B. Good, y A. Kleinman, *World Mental Health. Problems and Priorities in Low-income Countries,* Oxford University Press, Nueva York, 1995.

Devereux, G., *Ensayos de etnopsiquiatría general,* Barral Editores, Barcelona, 1973.

Diaz Olavarrieta, C. y J. Sotelo, "Domestic Violence in Mexico", *JAMA*, 1996, 275(24), 1937-1941.

Dio Bleichmar, E., *El feminismo espontáneo de la histeria*, Fontamara, México, 1989.

Frazier, P. A. y B. B. Cohen, "Research on the Sexual Victimization of Women: Implications for Counselor Training", *The Counseling Psychologist,* 20(1), 1992, 141-158.

García, B. y O. de Oliveira, *Trabajo femenino y vida familiar en México*, El Colegio de México, México, 1994.

González, A. G., *La antesala de la justicia: la violación en los dominios del Ministerio Público*, COVAC, México, 1993.

Heise, L., J. Pitanguy y A. Germain, *Violencia contra la mujer: la carga oculta sobre la salud*, Programa Mujer, Salud y Desarrollo. Organización Panamericana de la Salud, Washington, 1994.

Hercovich, I., "De la opción 'sexo o muerte' a la transacción 'sexo por vida'", en A.M. Fernández, *Las mujeres en la imaginación colectiva: una historia de discriminación y resistencia,* Paidós, Buenos Aires, 1992.

Híjar-Medina, M. C., Y. J .R. Tapia, A. R. Lozano y A. R. Chávez, "Violencia y lesiones", *Salud Mental,* 15 (1), 1992, 15-23.

Hill, J. L. y A. J. Zautra, Self-blame Attributions and Unique Vulnerability as Predictors of Post-rape Demoralization, *Journal of Social and Clinical Psychology,* 8(4), 1989, 368-375.

Kelly, Liz, *Surviving Sexual Violence,* University of Minnesota Press, Minneapolis, 1988.

Kort, E., *Secuelas emocionales a largo plazo en víctimas de violación,* tesis para obtener el grado de doctorado en Psicología, Universidad Iberoamericana, México, 1990.

Koss, M P., "The Women's Mental Health Research Agenda. Violence Against Women", *American Psychologist,* 45(3), 1990, 374-380.

Koss, M .P., L. Heise y N. F. Russo, "The Global Health Burden of Rape", en L. L. O'Toole y J. R. Schiffman (eds.) *Gender Violence. Interdisciplinary Perspectives,* New York University Press, Nueva York, 1997.

Koss, M. P., L. A. Goodman, A. Browne, L. Fitzgerald, G. P. Keita, y N. F. Russo, *No Safe Haven. Male Violence Against Women at Home, at Work and in the Community,* American Psychological Association, Washington, D. C., 1994.

Lagarde, M., *Cautiverios de las mujeres: madresposas, monjas, putas, presas y locas,* Colección Posgrado, México UNAM, 1990.

_____, *Género y feminismo. Desarrollo humano y democracia,* editorial Horas y Horas, España, 1996.

Maquieria, V. y C. Sánchez, "Introducción", en V. Maquieria y C. Sánchez (comps.), *Violencia y sociedad patriarcal,* Editorial Pablo Iglesias, Madrid, 1990.

Menéses-González, F., R. Rea, C. Ruiz Matus y M. Hernández Avila, "Accidentes y lesiones en cuatro hospitales generales del Distrito Federal", *Salud Pública de México,* 35(5), 1993, 448-455.

Moscarello, R. "Psychological Management of Victims of Sexual Assault", *Canadian Journal of Psychiatry,* 35, 1990, 25-30.

Muñoz, S. M. A., *Proyecto de antisocialidad y control. Plan 1983-1985. Cifra oculta,* cuadernos del Instituto de Ciencias Penales, México, 1984.

Naciones Unidas, *Informe de la Cuarta Conferencia Mundial Sobre la Mujer,* Beijing, China, 4-15 de septiembre de 1995.

Natera, G., M. Tiburcio, S. Berenzon y E. K. López, "Marital Violence in Mexico and its Relationship to Excessive Drinking", trabajo presentado en la

International Conference on Intoxication and Aggressive Behavior: Understanding and Preventing Alcohol-Related Violence, Toronto, Canada. octubre 7-10, 1996.

O'Toole, L. L. y J. R. Schiffman, "Rape", en L .L. O'Toole y J. R. Schiffman (eds.), *Gender violence. Interdisciplinary perspectives,* New York University Press, Nueva York, 1997.

Pérez Peraza, H. "Importancia de las estadísticas que sobre víctimas de delitos sexuales se elaboran en la Dirección General de Atención a Víctimas de Delito, de la Procuraduría General de Justicia del D.F.", ponencia publicada en *Memorias. Segunda Reunión Nacional sobre Agencias Especializadas del MP en la Atención de Delitos Sexuales,* Ciudad de México, 6, 7 y 8 de julio de 1995, PGJDF, Grupo Plural Pro-Víctimas, A.C. México, D.F., 1995.

Radford, J., "Introduction", en J. Radford y D. E. H. Rusell (eds.), *Femicide. The Politics of Woman Killing,* Twayne Publishers, Nueva York, 1992.

Ramírez, R. J. C. y G. M. C. Patiño, "Algunos aspectos sobre la magnitud y trascendencia de la violencia doméstica contra la mujer: un estudio piloto", *Salud Mental,* 20(2), 1997, 5-16.

Ramírez-Rodríguez, J. C. y G. Uribe-Vázquez, "Mujer y violencia: Un hecho cotidiano", *Salud Pública de México,* 35, 1993, 148-160.

Ramos, L. L., *Proyecto* "Violencia, victimización y salud mental", informe final CONACYT, clave D113-903923, División de Investigaciones Epidemiológicas y Sociales, Instituto Mexicano de Psiquiatría, 1991.

_____ y M. A. Caballero, *Proyecto* "Víctimas de violencia: procesos cognitivos y reacciones psicopatológicas. Fase 2: Análisis secundarios", informe técnico final CONACYT, clave 0526P-H9506. División de Investigaciones Epidemiológicas y Sociales, Instituto Mexicano de Psiquiatría, 1997.

_____, A. C. Madrigal, M. T. Saltijeral, A. E. Aguilar, y A. C. Hammock, "Mujeres maltratadas en México. Construcciones socioculturales, efectos en la salud mental y obstáculos para la búsqueda de ayuda", trabajo presentado en el taller *La Salud Mental en América Latina: Problemas y prioridades,* Colegio de la Frontera Sur, Facultad de Psicología de la UNAM, Departamento de Medicina Social de la Universidad de Harvard, San Cristóbal de las Casas, junio 9-11 de 1997.

_____, J. R. Esteban, M. T. Saltijeral y M. A. Caballero, "Necesidades de antención a la salud mental en mujeres violadas", *Salud Mental* (20)20, suplemento 2, 1997, 47-54.

Ravelo, P., "Género y salud femenina: Una revisión de las investigaciones en México", en S. González Montes (comp.), *Las mujeres y la salud,* El Colegio de México, México, 1995.

Saldívar, G., *Mitos de violación, tradicionalismos sexuales, la satisfacción del propio rol sexual, rol sexual, las creencias sexuales desfavorables y la aceptación de la violencia interpersonal: construcción y validación de escalas,* reporte no publicado, División de Investigaciones Epidemiológicas y Sociales. Instituto Mexicano de Psiquiatría, 1995.

Salinas, L. y P. Duarte, "La convención de Belém Do Pará y la protección de los derechos humanos de las mujeres víctimas de violencia en México", en *Memorias del Encuentro Continental sobre Violencia Intrafamiliar,* UNIFEM México, 1996.

Saltijeral, M. T., L. L. Ramos y M. A. Caballero, "Mujeres víctimas de maltrato conyugal: Tipos de violencia experimentada y algunos efectos en la salud mental", *Salud Mental,* (20)20, suplemento 2, 1997, 10-18.

Shrader Cox, E., "The Mexican Battered Women's Movement and the Case for Internationalism", *Response* 4(3), 1990, 2-4.

Shrader Cox, E. y R. Valdéz Santiago, *La violencia hacia la mujer mexicana como problema de salud pública: la incidencia de la violencia doméstica en una microregión de Ciudad Nezahualcóyotl,* Centro de Investigación y Lucha Contra la Violencia Doméstica (CECOVID), México, 1992.

Stark, E. y A. Flitcraft, *Women at Risk. Domestic Violence and Women's Health,* Sage Publications, California, 1996.

Terr, L. C., *Unchanged Memories: True Stories of Traumatic Memories, Lost and Found,* Basic Books, Nueva York, 1994.

Valdéz Santiago, R. y L. E. Sanin, "Estudio de prevalencia de violencia doméstica en el embarazo en pacientes posparto que acuden al Hospital Civil de Cuernavaca, Morelos", trabajo presentado en el *VI Congreso Nacional de Investigación en Salud Pública*, Cuernavaca, Mor. del 23 al 25 de enero de 1995.

Walker, L. E. A., *The Battered Woman Syndrome*, Springer, Nueva York, 1984.

2

Factores de riesgo para la salud mental de las niñas que subsisten en las calles

Leticia Vega, Rafael Gutiérrez,
Eva María Rodríguez, Jorge Galván

Introducción

Este capítulo identifica las condiciones sociales de las niñas "callejeras", descritas por los organismos de asistencia a la niñez y las investigaciones empíricas, conforme a los factores protectores y de riesgo para la salud mental del Modelo Modificado de Estrés Social diseñado por la Organización Mundial de la Salud. Las situaciones de riesgo para la salud mental de las niñas y de los niños "callejeros" son el consumo de sustancias psicotrópicas y varias fuentes de estrés (vicisitudes graves, problemas cotidianos, tensiones permanentes de la vida y cambios asociados a la adolescencia), mientras que las condiciones protectoras incluyen los vínculos, las destrezas y los recursos. Antes de presentar tales situaciones, el presente capítulo analiza la categoría "niños callejeros" ("de la calle" y "en la calle") así como expone el contexto en que se originó. Posteriormente, expone los factores de riesgo y de protección y finaliza con algunas recomendaciones para las políticas de salud.

En México, como en otras partes del mundo, la subsistencia infantil es nombrada oficialmente "niños callejeros" y su definición es como sigue (Comisión para el Estudio de los Niños Callejeros, DDF,* 1992):

---

* Departamento del Distrito Federal.

El niño callejero es aquella persona menor de 18 años, cuya sobrevivencia o subsistencia depende de su propia actividad en la calle. Esta población se ha subdividido conforme a las siguientes definiciones:

1. *Niños en la calle*: niños de uno y otro sexo que mantienen el vínculo familiar, que suelen estudiar y salen a la calle a realizar actividades marginales de la economía callejera para el propio sustento o para ayudar a su familia. Sus riesgos principales son las agresiones del medio ambiente y la posibilidad de claudicar en sus estudios.
2. *Niños de la calle*: niños de uno y otro sexo que habiendo roto el vínculo familiar, temporal o permanentemente duermen en la vía pública y sobreviven realizando actividades marginales dentro de la economía informal callejera. Son niños que enfrentan riesgos derivados de las actividades delictivas y antisociales de los adultos. Ejemplos: prostitución, drogadicción, robo, alcoholismo, etcétera.

La clasificación adopta las nominaciones populares "niños callejeros" y "niños de la calle", las cuales se acuñaron en Londres al mediar el siglo XIX (Himmelfarb, 1983). En 1850, estos conceptos se usaron indistintamente para nombrar y definir criaturas propensas a la vagancia, mendicidad y robo así como al repudio de cualquier trabajo en lugares fijos y bajo techo. Además, tales conceptos señalaban que esos niños se distinguían por su crueldad, por los juegos de azar y por las trampas que cometían, y que su rasgo más notable era "su inclinación animal extremada hacia el sexo opuesto". Aunque resulta incierto el momento histórico en que se origina el uso popular de esas nominaciones en México, por lo menos desde la década de 1950 la prensa escrita ya designa así a los niños que pasan las noches con niños "papeleros" y "boleros" en callejones concurridos por mariguanos, ladrones y prostitutas.

Aunque la clasificación actual toma del lenguaje popular dichas denominaciones, parece rechazar sus significados populares y emplea términos técnicos ("actividades marginales de la economía informal"), en vez de las expresiones comunes (robo, mendicidad, vagancia, prostitución, etcétera) así como nociones de nuevo cuño ("niño en la calle") para constituir una subclase distinta.

Toda esa fraseología no evoca la imagen que suscita el significado vulgar de "callejero" o "de la calle", lo cual es fundamental para que las autoridades de asistencia a la niñez puedan decir oficialmente lo indecible; declarar, sin que lo parezca, que los niños o niñas a quienes pretenden ayudar son "vagos", "putas", "ladrones", etcétera. Todo este trabajo de eufemización (Bourdieu, 1987) lo impulsaron las autoridades internacionales en favor de los niños pobres al finalizar la década de 1970 y al principio de la de 1980. Estas autoridades nombran como "niños callejeros" a un fenómeno que parece concentrarse en Latinoamérica, particularmente en Brasil, Colombia y México.

En este capítulo también se usa tal terminología, sin embargo, "callejera/o" "de la calle" y "en la calle" aparecen entre comillas para recordarnos su significado popular, que, consciente, no consciente o inconscientemente, atribuimos a quienes así nombramos y por medio de ello imponemos la imagen que el poder quiere que las niñas y niños tengan de sí mismos y se comporten como tales ante los demás.

Contexto

México ha padecido un crecimiento urbano desordenado, alta migración del campo a la ciudad y la profundización de las desigualdades sociales, entre otros fenómenos. Además, desde mediados de la década de 1970 el sistema económico mexicano está en crisis. Sólo al finalizar 1995, la actividad económica del país decreció notablemente, cayó más de 6% el producto interno bruto, la tasa de desempleo alcanzó el 7.6% y la inflación económica llegó a ser de 52%. Al mismo tiempo, los gobiernos pusieron en marcha una serie de medidas de austeridad en los servicios públicos de salud, educación y desarrollo social.

En esas condiciones, las dificultades empeoraron y se multiplicaron para las familias de las clases populares (Selby, Kim y Murphy, 1996). Sobre todo, los hijos de los pobres resultaron ser los más afectados, puesto que para ayudar a la subsistencia de su familia tuvieron que trabajar desde edades tempranas, sin ninguna seguridad ni protección social. Aunque el trabajo infantil está prohibido en México, un estudio reciente contabilizó a aproximadamente 140 000 trabajadores infantiles en las calles de 100 ciudades mexicanas, de los cuales 70% son varones y 30% mujeres. El 98% (136 000) puede ser identificado como "niños en la calle" y 2% (4 000) como "niños de la calle" (Medina-Mora, 1998).

Cualquier niña o niño puede presentar problemas de salud mental[1], pero la posibilidad de padecerlos es mayor para todos los trabajadores infantiles. Aunque existen informes oficiales sobre algunas enfermedades de los niños "en" y "de la calle", sólo ocasionalmente se refieren a sus problemas de salud mental y, cuando lo hacen, se centran en el consumo de sustancias psicoactivas. Al hacerlo no especifican la proporción de niñas que consumen estas sustancias, de hecho, cuando hablan de cualquier otro problema, las niñas no son mencionadas y quedan ocultadas con las denominaciones "niños en la calle" y "niños de la calle". Esto último resulta muy importante, ya que es como si ellas y sus problemas no existieran y, en consecuencia, pasan desapercibidas para la atención que deberían tener.

Resulta importante identificar los factores que ponen en riesgo la salud mental de esta población, sobre todo por las razones siguientes:

1. UNICEF y DDF (Segundo censo de menores en situación de calle de la ciudad de México, 1995) han estimado que la cantidad de "niños callejeros" en la ciudad de México tiene una tendencia de 6.6% de crecimiento anual.
2. El número de niñas creció 3.5% de 1992 a 1995, mientras que el de los niños disminuyó en la misma proporción y periodo (Segundo censo de menores en situación de calle de la ciudad de México, 1995).
3. La vida en las calles aumenta la posibilidad de padecer problemas de salud mental, así como la morbilidad y mortalidad asociadas (OMS/PSA*, 1995). Por ejemplo, en Estados Unidos, un estudio de la salud mental de 96 adolescentes sin hogar (37 mujeres y 59 hombres entre 12 y 17 años de edad) informa que 29% dijo haber experimentado cuatro o más síntomas psicóticos (Mundy, Robertson, Robertson y Greenblatt, 1990).

---

[1] Al respecto se ha estimado que 10% de la niñez que se desarrolla en los ambientes urbanos padece algún trastorno psiquiátrico que requeriría los servicios de salud mental. La prevalencia de trastornos psiquiátricos en la población urbana mexicana de 3 a 12 años de edad oscila entre 14.5 y 15.6%, de modo que la atención mental especializada probablemente es requerida para 7% de la población infantil, mientras que otro 7% necesitará algún tipo de ayuda y atención especializados (Caraveo y cols., 1992; De la Fuente, 1990; De la Fuente, 1995).

* *Program Substance Abuse* (programa para el abuso de sustancias).

4. Las niñas y niños "callejeros" pueden padecer problemas que requieren de atención especializada de acuerdo con la Organización Mundial de la Salud (OMS/PSA, 1995). Entre estos problemas se encuentran los siguientes: trastornos del estado de ánimo, depresión, suicidio y tentativas de suicidio, ansiedad y fobias, estrés postraumático, trastornos de la conducta, tendencias antisociales y disociales de la personalidad, alteraciones por consumo de sustancias psicoactivas (incluidas la psicosis y enfermedades orgánicas), trastornos del sueño, del apetito y los de carácter cognitivo así como los problemas de aprendizaje.

Desarrollo del foco de interés

En 1995, UNICEF Y DDF (Segundo censo de menores en situación de calle de la ciudad de México, 1995) contabilizaron a 13 373 "niños callejeros" en la ciudad de México. Del total de "niños callejeros", 68.50% son hombres y 31.49% mujeres; además, 71.85% de los "niños callejeros" es considerado " niños en la calle", 14.65% corresponde a niños indígenas que trabajan en las calles, 13.68% es de los llamados "niños de la calle" y 0.16% son llamados niños indígenas "de la calle".

Según UNICEF Y DDF (Segundo censo de menores en situación de calle de la ciudad de México, 1995), 4 212 son niñas en la población total de "callejeros", 93.26% corresponde a la categoría "en la calle", de éstas 23.2% son de origen indígena y 6.34% está representado por las niñas "de la calle".

Todas las niñas y niños "callejeros" desempeñan actividades económicas marginales: 67.43% de las niñas está dedicada al comercio ambulante y 11.78% a la mendicidad, en menor medida se desempeñan en la limpia de parabrisas (2.94%), la actuación (2.33%), la recolección de desperdicios (1.64%) y la prostitución (1.57%). UNICEF Y DDF señalan que respecto a 1992, el comercio ambulante incrementó únicamente 1.1%, mientras que la mendicidad creció en 726.6% y la limpieza de parabrisas en 629.4%. Para ambos organismos, tal crecimiento significa que las niñas experimentan cierto nivel de discriminación en el mercado de trabajo callejero, puesto que desempeñan actividades de más riesgo que las ocupaciones de los varones.

No sólo la mendicidad, la limpia de parabrisas y la prostitución son actividades de riesgo, sino también las condiciones y el medio ambiente laboral de cada una de las otras ocupaciones callejeras incluyen riesgos específicos para la salud integral infantil. El comercio ambulante es el ámbito de los conflictos entre organizaciones de comerciantes callejeros, las autoridades gubernamentales de la ciudad, las organizaciones de comerciantes establecidos, las asociaciones de defensores del patrimonio histórico y los partidos políticos, entre otros: la complejidad y lo conflictivo del comercio ambulante lo hacen ver como una actividad ardua y violenta (Reyes y Rosas, 1993). Además, implica ocuparse durante jornadas laborales más largas que las permitidas por la ley, en condiciones que ponen en riesgo la salud y sin la seguridad social a la que todo trabajador tiene derecho: asistencia médica, indemnizaciones y vacaciones.

Los riesgos de la subsistencia infantil en las calles aumentan al sumar los del marco de vida de cada niña y niño, el cual comprende las circunstancias familiares o de la vida privada en las calles, los elementos culturales, la nutrición y la vivienda, entre otros. La OMS (OMS/PSA, 1995) ha identificado diferentes factores relativos al marco de vida que vulneran la salud de las niñas y los niños "callejeros".

Las interacciones entre el medio ambiente de trabajo y el marco de vida de las niñas y niños que subsisten en las calles se potencian como factores psicosociales que amenazan la salud mental (Organización Internacional del Trabajo, 1986). Una propuesta seria de apoyo para la salud mental de esta población debe ir acompañada de una descripción de los factores protectores y de riesgo de los problemas de salud por prevenir. Para identificar y organizar estos factores, a continuación se utiliza parcialmente el Modelo Modificado de Estrés Social diseñado por OMS (OMS/PSA, 1995), el cual se basa en una concepción psicosocial del riesgo, desde la que es posible postular la hipótesis de que la exposición a aquél afecta la vulnerabilidad del individuo, mientras que la presencia de factores de protección aumenta su resistencia.

Aunque dicho modelo es propuesto para atender el problema del consumo de sustancias psicotrópicas entre "los niños callejeros", los riesgos identificados también lo son para desarrollar otros problemas de salud mental, por ejemplo: la violencia, el abuso físico y sexual y los desastres naturales son factores asociados a varios problemas de carácter psicopatológico de niños y adolescentes. A continuación se identifican tales factores y se organizan conforme a las categorías propuestas por OMS.

Factores de riesgo

El Modelo Modificado de Estrés Social (MMES) establece tres factores de riesgo. Se trata de variables psicológicas y sociales que causan o propician problemas de salud mental. Entre dichas variables se encuentran las fuentes de estrés, el consumo de sustancias psicoactivas y la normalización sociocultural de éstas. Puede estimarse que cuanto mayor presencia haya de factores de riesgo en la vida de una persona, será más probable que comience, intensifique y continúe consumiendo estas sustancias.

Fuentes de estrés

Vicisitudes graves[2]

La mayoría de las niñas y niños "de la calle" ha vivido situaciones altamente estresantes en su familia y en las calles, entre las cuales se encuentran contar con padres que abandonaron la familia, el maltrato y el abuso sexual, estos dos últimos decisivos para salir del hogar. Al respecto, un estudio realizado en la ciudad de México con niñas y jóvenes que viven en las calles (Pierre, 1996) señala que 27% de 62 niñas "de la calle" expresó que el maltrato era la causa de abandono del hogar, 32% el abuso sexual, 15% el abuso sexual y el maltrato, 13% los problemas familiares, 10% no se determinó y 3% adujo motivos económicos.

El maltrato y el abuso sexual también están presentes en las calles, sobre todo las menores han padecido la violencia y el abuso sexual de la policía. Al respecto, un informe de un organismo no gubernamental que atiende a los niños "de la calle" (Sauri, 1997) destaca que las autoridades obligan o exigen a las niñas a sostener relaciones sexuales con ellos a cambio de ponerlas en libertad. Además, no sólo están expuestas a sufrir el abuso sexual policiaco, sino también al ejercido por los

[2] De acuerdo con OMS, se refieren a eventos que han acaecido súbitamente, sin previo aviso y sin control alguno de la situación por parte de ellas.

conocidos y los mismos compañeros de grupo. Muchas se quejan de que sus compañeros "se quieren pasar" cuando las ven solas, descuidadas, dormidas o drogadas (Gutiérrez y Vega, 1995; Gutiérrez y Vega, 1998; Sauri, 1993; Vega y Gutiérrez, 1998). De hecho, algunas de ellas señalan que varios compañeros del grupo toman por la fuerza a las muchachas que acaban de integrarse a la banda y que todos ellos las violan porque no hay quien las proteja. Aunque se desconoce la magnitud del fenómeno entre los niños, éstos también están expuestos al abuso sexual. Al respecto se ha señalado (Fernández, 1993) que quienes tienen menos edad son tomados por la fuerza o chantajeados por compañeros de su mismo sexo.

El maltrato y el abuso sexual son problemas que se presentan de manera consistente entre los "niños callejeros" de diferentes partes del mundo (Najani, 1994, Rafaelli Campos, Payne, 1993). En un estudio destinado a obtener información acerca de los significados y funciones de la actividad sexual de los jóvenes de la calle brasileños (Rafaelli, Campos y Payne, 1993), se reportó la práctica de "la ronda", que es un tipo de violación colectiva destinada a controlar la conducta de los miembros masculinos y femeninos del grupo, castigar a los que infringen las reglas colectivas y hacer que las niñas estén disponibles para las prácticas sexuales de los varones. Una niña la describe en los términos siguientes: "La ronda es como esto: mientras uno te llega de frente, otro te llega por atrás, otro por la boca... te das cuenta?, ¿todos al mismo tiempo? Sí, ellos cortan el cabello de las muchachas, las golpean, hacen lo que quieren, tú sabes; si la muchacha es virgen, a ellos no les importa, pues no tienen compasión y son como unos violadores. Es una violación, sólo que en la calle es llamada ronda, pero es una violación".

En las fuentes oficiales no se especifican las condiciones y problemas de las menores, no obstante, se han documentado en otros estudios estos abusos, por ejemplo: UNICEF y DDF señalan que 2.03% de los "niños en la calle" ha experimentado el abuso sexual, sin especificar el sexo de las víctimas. En otra investigación (Rodríguez, 1993) tampoco se especifica la proporción de niñas y niños al evaluar las condiciones de salud física, mental y desarrollo social de 6 niñas y 35 niños "en la calle" entre 12 y 13 años de edad y que vivían en tres ciudades: Coatzacoalcos (11 niños y 3 niñas), Tijuana (12 niños) y Veracruz (12 niños y 3 niñas). De los resultados obtenidos se infiere que corresponden a los varones de Tijuana los siguientes: 42% que experimentó el maltrato familiar extremo, 17% que contó con un padre que abandonó a la familia, y nadie fue regalado o vivió en adopción. Sin embargo, cuando hay niñas, los resultados no especifican el género, sino sólo indican que el maltrato familiar extremo está presente en 79% de las niñas y niños de Coatzacoalcos y en 33% de los de Veracruz. Asimismo, la investigación señala que 50% de las niñas y niños de Coatzacoalcos ha tenido un padre o madre que abandonó a su familia y que 43% de los niños "callejeros" de Coatzacoalcos fueron regalados o vivieron en adopción.

Problemas cotidianos

Algunos de los problemas cotidianos de las niñas y niños "de la calle" son las disputas, conflictos y presiones de su vida en las calles. Para la mayoría de los 4 000 niñas y niños "de la calle" de 100 ciudades mexicanas (Programa Nacional para el Desarrollo Integral de la Familia, 1998), esto significa disputas y conflictos con la policía, así como con algunos vecinos y comerciantes de las calles usadas para subsistir.

Un estudio (Gutiérrez y Vega, 1995) señala que al examinar a 19 niños "de la calle" (17 niños y 2 niñas) con un promedio de 14 años de edad, tenían problemas con la policía por ocupar los espacios públicos para vivir, consumir drogas, robar y vagar. De los 19 entrevistados, 17 reportaron haber sido detenidos, 15 fueron encerrados, 4 recibieron golpes, 15 fueron amenazados, 12 dijeron que les robaron sus pertenencias, 12 experimentaron la tortura y 4 el abuso sexual.

Además de los problemas con la policía, muchos de los "niños de la calle" tienen conflictos con algunas personas del vecindario y con comerciantes. Los problemas suelen ocurrir porque el aspecto sucio y desarreglado, la práctica de la mendicidad y el robo, el lenguaje utilizado (el caló) así como el consumo de inhalables resultan una amenaza para el vecindario y los clientes de algunos de los comerciantes establecidos, por lo que estos últimos prohiben o buscan alejar a las niñas y niños del vecindario.

Al parecer las niñas y niños "en la calle" presentan algunos problemas similares a las niñas y niños "de la calle". De acuerdo con el último censo de UNICEF y DDF (Segundo censo de menores en situación de calle de la ciudad de México, 1995), 18.98 % de los menores "en la calle" reportó detenciones policiacas por trabajar en la calle, consumir drogas, dedicarse a la vagancia, por sostener peleas, cometer robo o sin causa aparente. La mayoría dijo que en la detención policiaca sufrió maltrato físico o verbal (48%) y 28.7% declaró que los policías le solicitan dinero para liberarlos. Además ambos organismos apuntan que 28% declaró ser maltratado por la gente, 28% dijo ser extorsionado por la policía y 20% por los inspectores y 12.54% señaló haber sido objeto de hostigamiento sexual.

Un estudio realizado en Xalapa, Veracruz (Fernández, 1993) reporta que entre los mismos niños trabajadores se dan pleitos en los lugares de trabajo. Los vendedores o malabaristas recién llegados son vistos con recelo pues constituyen la competencia. En algunos casos, su llegada es ocasión para comenzar pleitos con riesgo de daños graves para el intruso. Los más pequeños suelen trabajar donde sea, salvo cuando éstos tengan relación estrecha con algún otro mayor que tenga problemas con los de la nueva zona de trabajo, pues para los mayores, estos pequeños no representan competencia, principalmente en la actividad de limpiar parabrisas. Para quienes trabajan en un crucero, la presencia adulta representa la más férrea o difícil competencia, pues algunos adultos son de sobra más ágiles para vender y en algunos otros casos son las personas que explotan a los niños al exigirles parte de su dinero por permitirles vender ahí. Pero también, aunque parezca contradictorio, los adultos forman parte de la protección de los niños ante cualquier problema.

Las niñas y niños "en la calle" enfrentan los problemas laborales, así como los escolares. Una investigación orientada a conocer las causas de deserción escolar primaria entre los trabajadores infantiles (6 niñas y 6 niños) reporta que, antes de desertar, ellas y ellos estaban sumamente presionados por las normas y valores escolares; tenían que llegar puntualmente a la escuela, presentarse pulcros, bien peinados y con zapatos boleados, así como llevar libros y cuadernos forrados del color y plástico grueso asignados por el profesor. Mientras permanecían en la escuela, tenían que obedecer al maestro, sentarse en el lugar y con el compañero que el maestro elegía, permanecer callados y sólo hablar cuando lo autorizara el profesor. Durante el recreo, no debían correr ni gritar. En caso de transgredir tales normas, los profesores les jalaban las orejas, los pellizcaban y los humillaban frente a los demás. Antes de desertar, la mayoría había repetido por lo menos dos veces cada grado escolar. (Galeana, 1997).

Tensiones permanentes de la vida

Es común para las niñas y niños "de la calle" enfrentar situaciones estresantes que tienden a prolongarse, no son fácilmente resolubles y a menudo son el resultado de privaciones socioeconómicas. La falta de alimentos es una de estas situaciones; según UNICEF y DDF 17.20% de los niños y niñas "de la calle" come sólo una vez al día, 54.84% dos veces, y 24.73% tres veces. En los últimos seis meses 90.30% ha estado enfermo; los principales padecimientos son infecciones respiratorias (53.76%) y gastrointestinales (30.11%).

Los sitios donde los menores consumen sus alimentos son puestos ambulantes (34.92%), casa (33.22%), fondas y mercados (27.80%) y en instituciones públicas (0.34 %). Considerando la edad y el número de veces que consumen alimentos, es posible inferir algún déficit nutricional que hace más vulnerable la salud de los menores. En los últimos seis meses, 85.76% declaró haber estado enfermo entre una y siete veces durante los últimos seis meses. Los padecimientos más reportados son las infecciones respiratorias (64.07%), gastrointestinales (13.90%), de la piel (2.37%) y oculares (1.02%).

Otro elemento de estrés es no poder alimentar a los propios hijos o cuidar su salud. En un reporte de investigación (Vega y Gutiérrez, 1998) se señala que esta situación mortifica sobre todo a la adolescente madre y en menor medida al padre: las preocupaciones de ellas aparecen cuando consideran lo extremadamente peligroso que resultan para su bebé sus otras carencias, como la insalubridad extrema, la falta de observancia de normas de higiene, la mala y escasa alimentación, la escasa atención médica, el consumo de drogas, el maltrato y la violencia incluso de su pareja.

Otra situación de estrés es la falta de un lugar seguro para dormir y asearse, pues resulta común que sus alojamientos carezcan de puertas y sanitarios. También son tensiones permanentes de la vida el deteriorado estado psicológico, que al parecer caracteriza a las niñas (y niños) "de la calle", pues carecen de información y atención médica para atenderse. Al respecto, Pierre (1996) encuentra en ellas un estado muy bajo de autoestima y constante depresión, de forma tal que en momentos críticos ellas se lastiman o intentan quitarse la vida.

Además de problemas de salud, la investigación de la deserción escolar de los trabajadores infantiles revela que la mayoría de los niños que carecen de casa propia cambiaban constantemente de lugar de residencia, lo cual también determinaba el cambio de escuela. El lugar donde vivían era muy pequeño (16 metros cuadrados aproximadamente), sin todos los servicios y su familia era numerosa (de cuatro a 16 miembros), cuya economía es exigua, pues viven al día, es decir, sin ninguna seguridad de que los escasos recursos alcancen para todos. (Galeana, 1997).

Cambios asociados a la adolescencia

La menstruación es un fenómeno que mantiene tensas a las niñas "de la calle", sobre todo porque carecen de información y dinero para comprar toallas sanitarias. La deficiente alimentación que tiene la mayoría de ellas puede ocasionar que los ciclos menstruales sean irregulares y no saber por qué pasan varios meses sin su periodo, lo cual provoca que lleguen a la conclusión errónea de que están embarazadas o enfermas.

Gran parte de las niñas "de la calle" están en edad reproductiva y no cuentan con información objetiva. De acuerdo con el último censo de UNICEF y DDF, 50% de niñas y niños "de la calle" declaró tener una vida sexual activa y 43% de ellos la inició entre los 7 y 14 años de edad. También se ha documentado (Rodríguez, 1993; Vega y Gutiérrez, 1998) que las niñas "de la calle" experimentan prácticas sexuales sin ningún tipo de protección, lo que las lleva a los embarazos no planeados y de riesgo, el aborto y el contagio de enfermedades venéreas y de VIH.

Por otro lado, de los niños "en la calle" se ha documentado que 27.12% de los menores tiene una vida sexual activa (Segundo censo de menores en situación de calle de la ciudad de México, 1995), la cual comenzó entre los 10 y 14 años en 17.9% y en 9.14% de los casos entre los 15 y 17 años.

Consumo de sustancias

Aunque se reporta el consumo de diferentes drogas entre estas menores, desde la década de 1970 la mayoría de la literatura coincide en señalar que los inhalables son la sustancia más consumida por los niños "de la calle" (Gutiérrez y Vega, 1995). Según UNICEF y DDF, 53.76% de los niños "de la calle" consume inhalables, 5.38% mariguana, 4.30% alcohol y 1.08 % pastillas psicotrópicas. Siete de cada 10 niños "de la calle" dijo consumir drogas, de los cuales 8.60% las usa desde hace menos de un año, 32.26% tiene entre uno y dos años de ser consumidor y 24.73% tiene más de tres años de consumo.

Los inhalables (tolueno/activo, tíner, pegamento, pintura, etcétera) son usados para animarse, olvidar el hambre, distraerse, consolarse, relajarse o simplemente porque no pueden dejar de inhalar debido a que experimentan la adicción, la cual conciben como una costumbre y un vicio (Gutiérrez y Vega, 1995; Gutiérrez y Vega, 1995; Vega y Gutiérrez, 1998). Aunque la inhalación les ayuda a sobrellevar su situación, entienden que con esto menoscaban su salud física y mental y se exponen a otros riesgos: pueden asfixiarse si inhalan en lugares cerrados, mientras que inhalar en los espacios públicos da lugar a los atropellos policiacos. Los policías pueden regar el pegamento en el cabello y testículos de los niños, mientras que a las mujeres las pueden violar. Las adolescentes que son madres pueden perder la patria potestad sobre sus hijos, además de que descuidan a éstos o los exponen a los aromas de los inhalables; asimismo, bajo los efectos de los inhalables aumenta el riesgo de accidentarse y de beber lo que se inhala. A su vez, las mujeres pueden ser objeto del abuso sexual de parte de sus compañeros; para obtener inhalables, las niñas y niños pueden consentir en prácticas sexuales que no son de su gusto y exponerse al estigma y al rechazo social (Gutiérrez y Vega, 1995).

De acuerdo con el reporte de los resultados del segundo censo (Segundo censo de menores en situación de calle de la ciudad de México, 1995), 13% de los que trabajan en las calles manifestó consumir algún tipo de droga "de vez en cuando". El tipo de drogas que más se consumen son de mayor a menor importancia: inhalables, mariguana, alcohol y pastillas psicotrópicas.

En la ciudad de Xalapa, se reporta que con frecuencia algunos de los niños "en la calle", incluidas las niñas, se drogan o se emborrachan juntos de manera ocasional. Pueden llegar a tener relaciones sexuales, generalmente al borde de la borrachera o bajo los efectos de las drogas (Fernández, 1993).

Los resultados del más reciente censo de trabajadores infantiles realizado en 100 ciudades del país (Programa Nacional para el Desarrollo Integral de la Familia, 1998) corroboran la existencia de niñas "en" y "de la calle" que consumen dichas sustancias o están en riesgo de hacerlo

(Medina-Mora, 1998). Niñas y niños "en" y "de la calle" operan en zonas donde las sustancias legales e ilegales son comunes, las cuales con frecuencia se las ofrecen para consumirlas. Una minoría de niñas y niños ha consumido algunas sustancias. El 3.4% de los niños ha consumido inhalables y 3.2% ha fumado mariguana; en menor medida, las niñas han consumido inhalables (1%) y fumado mariguana (0.8%). Aunque hay menos niñas que niños que consumen sustancias, el patrón de consumo diario es muy parecido para ambos sexos. La proporción de niños y niñas que consumen sustancias en forma diaria es casi la misma (12.8 y 12.6 %, respectivamente).

Factores protectores

Por tales factores se entiende aquellas variables que teóricamente parecen hacer menos probable los padecimientos mentales, como los vínculos, las destrezas y los recursos. Se supone que cuanto más factores protectores haya, menor será la probabilidad de que la persona padezca problemas de salud mental, aunque esté expuesta a factores de riesgo.

Vínculos

Los vínculos son los lazos satisfactorios, afirmativos y socializadores que tanto las niñas como los niños tienden a formar en las calles, entre los cuales destacan las relaciones de noviazgo, las conyugales y las de camaradería.

Las niñas y los niños "de la calle" se agrupan en lo que llaman "la banda", en la cual hay más niños que niñas, y es común que éstas se sometan a las decisiones de los varones y adopten posturas maternas con los más jóvenes (Pierre, 1996). Para los niños, el vínculo emocional con los amigos del grupo tiende a ser más duradero que el de sus relaciones de noviazgo y con frecuencia que el de las conyugales; para los niños la banda es tan esencial que pueden considerar que "la banda es la familia"; en cambio, para las niñas "de la calle", las relaciones de noviazgo y de pareja son de suma importancia: "Ellas pueden ser muy dependientes, enamoradas y soñadoras con sus parejas, e incluso llegan a fugarse de sus hogares sólo para encontrarse con ellos. Los niños, en cambio, regresan a la calle por la droga o por el grupo, pero en general no por sus novias" (Pierre, 1996).

En la banda pueden vivir algunas familias nucleares y matrifocales formadas por las niñas y los niños con sus hijos. Cada una de estas unidades procura hacerse de un espacio privado en el interior de la residencia grupal. Las relaciones conyugales de las familias nucleares tratan de apegarse al modelo familiar tradicional: las adolescentes hablan de ser una esposa fiel, obediente, realizar el quehacer hogareño y cuidar a los hijos, así como desean un esposo responsable y amoroso. También es común que ellas se sometan a sus parejas. Aunque estas relaciones funcionan como apoyo para ellas, no están libres de tensiones y conflictos; además, a pesar de que hay afecto, en la convivencia diaria ocurren la agresividad y los pleitos (Romero, Gómez, Medina-Mora, 1996; Vega y Gutiérrez, 1998): ambos se agreden física y verbalmente. En algunas ocasiones se reportan abortos a causa de esta violencia. Ellas y sus parejas pelean porque ellos no reconocen la paternidad, no se hacen cargo de los gastos de su hijo, o quieren asumir la responsabilidad social y económica sin separarse del grupo, y también hay celos, disputas, etcétera. Además, es común la inestabilidad en las relaciones de pareja, sobre todo porque a veces el padre del niño es detenido, recluido en una prisión o abandona la relación; en cualquier caso, ellas y sus hijos resienten significativamente la ausencia de la pareja y/o su falta de apoyo. En tales casos se encuentran las familias matrifocales, en las que ellas son las responsables de mantener a sus hijos.

Para las niñas y niños "en la calle" también se reportan como vínculos el noviazgo y las relaciones de camaradería (Fernández, 1993) En esta población, las niñas y niños cambian constantemente de novios y de novias, y las parejas se deshacen con verdaderos dramas de adolescente aunque se resanan casi de inmediato; asimismo, las relaciones entre los dos sexos son de coquetería. Según Fernández (1993), las niñas de Xalapa tienen bastantes conocimientos acerca de las relaciones sexuales, incluso más que los varones; a su vez, los varones más pequeños aprenden de ellas los términos sexuales y los albures, y con ellas prueban suerte los adolescentes en los duelos verbales.

En cuanto a las relaciones de camaradería, los boleros y comerciantes ambulantes tienen sus núcleos de amigos bien establecidos y andan en grupos de dos o más niños haciendo la misma labor (Fernández, 1993).

Destrezas

Para enfrentar algunos riesgos que amenazan su subsistencia en las calles, los niños han desarrollado competencias y estrategias, entre las que destacan las destrezas motrices y verbales, los chistes y la simpatía, así como algunas de "las artes de la mendicidad", por ejemplo: para obtener dinero y comida, buscan dar lástima: rompen sus zapatos, usan la ropa más gastada y vieja y fingen hambre o enfermedad.

Para subsistir, las niñas también hacen lo mismo que los niños, pero además ellas cuidan su aspecto con el fin de parecer niños con la intención de evitar ser un blanco visible para el hostigamiento y abuso sexual (Gutiérrez y Vega, 1998; Pierre, 1996; Vega y Gutiérrez, 1998). Muchas andan sucias, desarregladas, con el pelo corto, con ropa para hombre y emplean expresiones y comportamientos similares a los de los niños. Asimismo, buscan ligarse con un compañero sexual respetable, pues esto también es una manera de defenderse contra el abuso sexual (Vega y Gutiérrez, 1998).

Como ya fue mencionado, tanto niñas como niños requieren agruparse en "la banda", pues así pueden hacerse de recursos humanos (la compañía, el apoyo social y emocional, las habilidades personales, etcétera) o compartir sustancias psicoactivas, ropa y comida, así como lo que han robado y mendigado. También se agrupan para residir en un mismo espacio (un edificio en ruinas, un terreno baldío, un parque o una coladera) y porque el grupo puede ofrecer cierta seguridad contra extraños.

Como las niñas y los niños reconocen la peligrosidad de consumir inhalables, sobre todo que la policía puede extorsionarlos, procuran inhalar de manera discreta. Cuando los problemas con el vecindario o los comerciantes se tornan muy fuertes procuran inhalar lejos de los lugares frecuentados, así como hacerlo en los lugares donde se alojan; además, las niñas procuran inhalar con menos frecuencia e intensidad que los niños. A diferencia de sus compañeros, el control ejercido por ellas sobre los inhalables las ha llevado a experimentar menos a menudo accidentes, heridas, traumatismos, etcétera. Incluso en los espacios más privados, los compartidos con su grupo para dormir, comer, bañarse, etcétera, procuran inhalar menos para no alterar sustancialmente su conciencia y disminuir el riesgo del abuso sexual de sus compañeros.

Por otro lado, el estudio de Pierre (1996) y Romero y colaboradores (1996) confirma que la mayoría de las menores "de la calle" tienen un nivel educativo básico, saben leer y escribir; no obstante, Pierre señala que, por no practicar este conocimiento, tienden a olvidarlo, indica que muchas escriben de manera "aproximada", utilizando más la fonética que las reglas gramaticales y leen con dificultad e inseguridad. Asimismo, de las niñas de su muestra, ninguna asistía a la escuela en ese momento, e incluso desde antes de salir a la calle la asistencia escolar está marcada de ausencias constantes y resultados deficientes, debido a que tienen que hacer frente a un trabajo remunerado y a situaciones conflictivas familiares. De esta manera, la posibilidad de que las menores ("de la calle") superen sus condiciones tan precarias se ve frustrada, debido al nulo o escaso nivel de escolaridad que alcanzan.

Una situación escolar parecida es la vivida por las niñas y niños "en la calle". Según UNICEF y DDF 60% de las niñas y niños que trabajan en las calles de la ciudad de México desertó de la escuela. Las causas de deserción fueron problemas económicos (20%), no les gusta (13.60%), relacionadas con el trabajo (6.8%), problemas de orden familiar (6.1%), reprobación y expulsión (4.7%) y falta de documentación (0.34%).

En otra investigación (Fernández, 1993) se reportan otras características de los niños trabajadores. Al respecto se señala que tienen un fuerte sentido de responsabilidad en el trabajo, ya sea por obligación, solidaridad con la familia o por coacción de los padres hacia ellos, así como que conocen más del entorno propio que cualquier observador externo. Para ellos, ninguna persona que transita por donde trabaja pasa desapercibida. El niño trabajador, a pesar de estar inmerso en sus problemas laborales muy concretos, se encuentra en contacto permanente con la sociedad y sabe moverse en los lugares y con las personas que se hallan en el lugar donde trabajan.

El niño trabajador es sumamente observador y opera con gran sentido de alerta para detectar a las personas ajenas a su entorno laboral y cuya presencia dure más de tres minutos en dicho lugar. Los extraños que incursionan en su espacio no sólo laboral sino también vital son vistos con desconfianza y animadversión; a su vez, la mayoría de los que trabajan en los cruceros y puestos fijos de trabajo presentan la característica de que no conversan con extraños, salvo en casos extraordinarios. En el arte de malabarear, los más pequeños tienen más posibilidades de salir adelante, pues cuanto más chicos estén y menos puedan con las naranjas o pelotas, la gente se compadece más de ellos y les da más dinero. Saber malabarear profesionalmente constituye la posibilidad de ejercer un verdadero liderazgo entre "la banda" (Fernández, 1993).

Niñas y niños esconden su identidad y problemas con mentiras y evasivas. El ejemplo más claro de esto es el ocultamiento que hacen de los nombres "de pila". Los niños boleros de menor edad suelen cuidarse de los adultos que están afiliados a algún sindicato o central obrera, pues éstos tienen permiso y no dejan que haya competencia en sus lugares de trabajo (Fernández, 1993).

Los niños que piden limosna están más libres para vincularse con la gente y con otros niños, tienen un amplio sentido de independencia y desarrollan una gran astucia para provocar lástima y mostrarse débiles. Entre ellos, la violencia se deja sentir en las relaciones de liderazgo y fuerza que establecen en el grupo. Para los niños que mendigan el monto de las limosnas fuera de los restaurantes, la fuerza física, la agilidad en el albur y la experiencia en cuestiones sexuales son la fuente de liderazgo (Fernández, 1993).

Los boleros y los vendedores ambulantes son más astutos que aquellos que piden limosna, pues se relacionan constantemente con los adultos, la mayoría de las veces en circunstancias desagradables: cantinas, prostíbulos y videobares. Los vendedores pueden cambiar fácilmente de giro, pues los varones no están obligados a vender una mercancía determinada.

Recursos

Desde 1979, declarado Año Internacional del Niño, se ha ampliado un conjunto de individuos, grupos e instituciones internacionales en favor de los "niños callejeros". Desde entonces, el gobierno mexicano y las organizaciones no gubernamentales han puesto en marcha programas nacionales, estatales y delegacionales. La mayoría de estos programas son destinados para favorecer a los niños "de la calle" y en menor medida atienden a las niñas y niños "en la calle", a las niñas que son madres solteras y a los que hablan una lengua indígena.

En el ámbito gubernamental, el Sistema Nacional para el Desarrollo Integral de la Familia (Galindo, 1993) desarrolla en el país el programa MESE (Menor en Situación Extraordinaria): datos correspondientes a 12 estados del interior del país señalan que el DIF trabaja en 16 ciudades y 42 zonas receptoras y atiende a 981 menores, de los 2 238 que ha captado. Además de este programa nacional, el gobierno impulsó el programa "La ciudad de México y la Cumbre Mundial de la Infancia". En este programa se creó el Fondo de Investigación de Solventes Inhalables, para apoyar proyectos de investigación que incluyan los aspectos fisicoquímicos de los solventes y pinturas así como las repercusiones en la salud.

Asimismo, se creó el Fideicomiso de Apoyo a Programas en Favor de los Niños de la Calle, el cual es un fondo de carácter privado con aportaciones del gobierno de la ciudad y de instituciones sociales y no gubernamentales y del DDF. Apoya a organizaciones privadas y públicas dedicadas a mejorar las condiciones económicas y sociales de los niños "de la calle", sobre todo aquellas que proponen mejorar su estado de salud, nutrición, educación, alojamiento, vestido, recreación y reforzar la autosuficiencia del proyecto. En 1992, el Fideicomiso para los Niños "de la Calle" (Fideicomiso de Apoyo a los programas en Favor de los Niños de la Calle, 1992) listó en la ciudad de México a cuatro organismos no gubernamentales que trabajaban directa y exclusivamente con los niños "de la calle". De estas cuatro instituciones, tres toman a su cargo únicamente a los varones del tipo "de la calle", mientras que sólo un organismo trabaja tanto para niñas como para niños. Además de dichas instituciones, el mencionado fideicomiso encontró que había 40 albergues para niños "callejeros" y de otro tipo. De los albergues listados, cinco están destinados a las niñas, tres son para ambos sexos y dos más para niños. También había cerca de 11 programas gubernamentales en favor de los "callejeros": uno dedicado a la investigación sobre el consumo de inhalables y otro a conocer la cantidad de niños "callejeros", mientras que había otro destinado a dar servicios de atención en adicciones; además, había tres albergues para varones, así como un programa de capacitación laboral y otros dos para atender los problemas judiciales.

También en el Distrito Federal, UNICEF y DDF crearon un comité que no sólo contabilizó a poco más de 11 172 niños en 1992, sino también seleccionó a 300 profesionales universitarios y los capacitó en un diplomado como educadores de calle. Los educadores capacitados trabajaron en nueve delegaciones con aproximadamente 5 000 menores (75% varones y 25% niñas); asimismo, se atendieron grupos de distintas características: menores "de la calle", menores de familias indígenas pertenecientes a 125 familias, menores que trabajan en grupos sin familiares y menores que trabajan en grandes centrales de abasto. Con todos los grupos se realizaron actividades recreativas, sociodramas, teatro guiñol, títeres, talleres de pintura y manualidades, paseos, partidos de futbol y basquetbol, atención médica y especializada en hospitales, apoyo escolar, alfabetización, etcétera. A todo ello habría que agregar la puesta en marcha de las unidades médicas de la Secretaría de Salud y del DDF para brindar atención médica a las niñas "en" y "de la calle"; de hecho, hay programas destinados a la atención de problemas de salud física de los niños "de la calle", y existe un programa de carácter curativo para atender los problemas causados por el consumo de las sustancias mencionadas.

Dichos programas, al mismo tiempo que son un apoyo, no están carentes de dificultades cuando se ponen en marcha. De acuerdo con una ONG (Sauri, 1993), lo anterior parece indicar que el Estado mexicano adoptó de manera oficial los principios de la metodología participativa para el trabajo con los niños "callejeros": primero mediante el DIF con el programa MESE en toda la república y luego en el Distrito Federal; pero, más que adoptar la metodología participativa, tomó principalmente la figura del educador de calle como supuesta figura de un cambio profundo en la manera de actuar hacia los niños "de la calle". Los programas del Estado tienen un interés publicitario más que un mejoramiento en la calidad de vida de los niños, sobre todo a partir de 1989, cuando se firmó la Convención Internacional de los Derechos del Niño. Hasta la fecha, la presencia de educadores de calle sin un programa integral tiene una trascendencia no educativa, sino política: imagen ante las naciones y los extranjeros de que en México se están resolviendo los aspectos inherentes al niño callejero. Pareciera que estos actores nuevos que dicen querer ayudar a los niños de la calle más bien tratan de resolver su situación económica, existencial y de estatus social y político.

Al respecto, existe evidencia histórica reciente que indica que muchas veces los programas gubernamentales persiguen fines netamente políticos; en consecuencia, la atención que prestan los programas gubernamentales resulta discontinua. Bueno (1993) cita una investigación sobre la puesta en marcha de un programa gubernamental denominado "Con la Frente en Alto", realizado durante la década de 1980. Dicho programa estaba orientado a dar ocupación mediante paquetes de libros publicados por la SEP y a ofrecer adiestramiento en oficios a las personas dedicadas a limpiar parabrisas, al comercio ambulante, a ser tragafuegos o payasos. El gobierno diseñó e introdujo el programa de modo tal que penetró hasta en lo más recóndito de la red social, reemplazando la iniciativa de infrasubsistencia con reglas y controles formalmente estructurados. Asimismo, dependencias del gobierno brindaron todos los recursos: libros y materiales de trabajo, centros de distribución y algunos cursos de capacitación que al parecer no interesaron a esta población, incluso les hizo sentir que usaban ilícitamente las banquetas de la ciudad. Dicho proyecto se puso en operación en un momento de cambio electoral de la presidencia de la república, lo que hacía políticamente pertinente cooptar el voto y ofrecer una buena imagen ante la opinión pública.

Además de los programas gubernamentales, existen los que están a cargo de las agencias no gubernamentales. En México, muchas de las que hoy día se conocen como ONG se originaron en instituciones afiliadas a la Iglesia católica y encargadas de llevar a cabo partes de los programas de asistencia y caridad eclesiásticos. También hay otras que tienen su origen en instituciones gubernamentales creadas para apoyar los programas sociales del Estado. Los miembros de estas ONG suelen provenir principalmente de la clase profesional urbana desempleada. Las ONG se convirtieron en empleadoras de las clases profesionales urbanas en expansión, las cuales en décadas anteriores habían acudido al Estado como su principal fuente de empleo.

Las actividades de las ONG se dirigen especialmente a atender los problemas sociales abandonados por las instituciones del Estado. Una ONG (Gómez, 1996) informó que en 1996 en la ciudad de México había 83 instituciones gubernamentales y no gubernamentales en favor de la infancia. De este total, 32 prestan sus servicios a la población siguiente: 16 a niños en riesgo, 14 ofrecen sus servicios a niños "de la calle", 12 a niños "en la calle", 2 a niños indígenas, 1 a niños con sida, 6 a niños usuarios de sustancias psicotrópicas, 5 a niños pobres, 3 a madres solteras, 4 a huérfanos y 4 a menores maltratados.

Las ONG señalan que son distintas y mejores que los programas gubernamentales, pues llegan a los pobres, promueven la participación local en los procesos de desarrollo y definen el desarrollo como un proceso mediante el cual la gente pobre toma mayor control de sus vidas; asimismo, las ONG trabajan de gente a gente pueden ser más flexibles y experimentales que las agencias gubernamentales porque son pequeñas, tienen mayor capacidad para fortalecer las instituciones locales y trabajar con ellas, y son mas efectivas a nivel de costos.

Sin embargo, no está claro que las ONG sean mejores que los programas gubernamentales en el campo de la indigencia infantil. Sobre todo cuando las ONG se convierten en canales para contar con mayores cantidades de recursos destinados al desarrollo y se someten a los controles financieros y a las exigencias de información que proporcionan esos recursos, tienden a volverse más burocráticas y a parecerse más a los organismos gubernamentales, para los que supuestamente representan una opción.

Las ONG tienen problemas similares en la coordinación de actividades y para llegar a sus presuntos beneficiarios. En otros países se ha observado que a sus agraciados sólo les llega alrededor de 20% destinado a los programas de las ONG: la mayor parte del dinero sirve para cubrir costos administrativos y salarios profesionales.

Conclusiones

El fenómeno "el niño callejero" está constituido en su mayoría por niños varones; sin embargo, es conceptuado como si se tratara de un todo sexualmente homogéneo, como si sólo hubiera miembros del sexo masculino y no también del femenino.

Aunque las nociones "en la calle" y "de la calle" abarcan la existencia de las niñas, los problemas de éstas no son distinguidos de los padecidos por los niños y las dificultades son tratadas como las mismas para ambos sexos. Como resultado de esto, el estado de la salud mental de las niñas "callejeras", ya sean "de la calle" o "en la calle", permanece oculto, diluido en la mayoría masculina. Por otro lado, al revisar la bibliografía se encontró más información de los factores que propician la vulnerabilidad de las "niñas de la calle" que de las "niñas en la calle", sin especificar si en dichas categorías hay niñas indígenas. En cualquier caso, es peligroso ignorar a las niñas y sus problemas, porque resultan invisibles para quienes podrían o deberían atenderlas.

Los recursos existentes para atender el consumo de sustancias los proporcionan instituciones gubernamentales y no gubernamentales, pero ninguna de éstas trabaja en las calles, sino que están diseñadas para atender a poblaciones diferentes de los niños "callejeros", casi siempre su labor está destinada a curar y tienden a realizarse en los consultorios. Aunque algunas desarrollan la prevención fuera de la institución, casi siempre es dirigida a los niños escolarizados; de esta forma, las niñas y los niños carecen de habilidad para evitar el consumo de sustancias tóxicas o para disminuir los riesgos asociados a éstas.

Por otro lado, los recursos destinados a atender los problemas de la salud reproductiva tampoco llegan a las calles, a la vez que hay una baja cobertura de la planificación familiar entre los adolescentes y falta de programas destinados a orientar y sensibilizar a las adolescentes embarazadas sobre las ventajas y beneficios que puede representar la atención prenatal.

Las niñas "de la calle" se encuentran en un estado psicológico de baja autoestima, depresión, algunas han intentado suicidarse y otras lo han conseguido. Para todas estas consecuencias psicológicas, tampoco hay recursos para que dichas niñas sean atendidas en las calles. Tanto los programas gubernamentales como los no gubernamentales carecen de personal capacitado para atender tales problemas en las calles.

Aunque poco se conoce acerca del uso de los servicios de salud mental en México (Lara y Acevedo, 1996; Lara y cols., 1996), UNICEF y DDF (Segundo censo de menores en situación de calle de la ciudad de México, 1995), señalan que, pese a la infraestructura de servicios existentes en la ciudad de México, 92% de las madres adolescentes expresó no contar con ningún tipo de ayuda institucional: 8% que informó de algún apoyo institucional declaró que recibe comida (3%), servicios de salud (3%), gestoría para apoyo gubernamental (1%) y servicio educativo (1%).

De acuerdo con OMS (OMS/PSA, 1995), para atender los problemas de salud mental de las niñas se requiere actuar en niveles diferentes, los cuales incluyen el diseño de políticas sociales y legislativas, desarrollar intervenciones en el primer nivel de atención médica, asegurar que los servicios comunitarios de salud sean adecuados y accesibles para ellas, apoyar y poner en marcha intervenciones comunitarias e influir en la conciencia de la comunidad.

Con base en lo anterior, es posible hacer las recomendaciones siguientes a las políticas de salud:

a) Detener la violencia policiaca.
b) Incrementar las investigaciones sobre los problemas de salud mental de los trabajadores infantiles en general, y de manera particular los de las niñas y niños "en" y "de la calle".
c) Que los informes del estado de salud mental de los "callejeros" especifiquen la proporción de niñas y de niños, incluidos los de origen indígena, que padecen problemas.
d) Equilibrar el estado del conocimiento de la salud mental entre las poblaciones "en", "de la calle" , e indígenas "en" y "de la calle".
e) Desarrollar investigaciones con poblaciones específicas de niñas con el fin de determinar los factores de riesgo y protectores para su salud mental.
f) Diseñar programas de autoayuda para las niñas y niños.
g) Establecer programas gubernamentales y no gubernamentales para atender casos de abuso sexual en las calles, problemas psicológicos y embarazos de alto riesgo.
h) Desarrollar programas de prevención del consumo de sustancias tóxicas y de los riesgos asociados,
i) Diseñar programas de orientación y sensibilización con las niñas y niños "de" y "en la calle" sobre las ventajas y beneficios de recibir asistencia médica.
j) Establecer programas de atención médica, psicológica y escolar para los hijos de las adolescentes.
k) Hacer accesibles los recursos de salud existentes a las niñas "callejeras" así como mejorar la calidad de atención de aquéllos.

Tales propuestas se podrían poner en marcha siguiendo la metodología de intervención comunitaria propuesta por OMS (OMS/PSA 1995), la cual consiste en hacer participar a diferentes miembros de la comunidad en un comité destinado a elaborar, instrumentar y evaluar planes de acción estratégicos que ayuden a fortalecer los factores protectores, así como a disminuir los factores de riesgo para la salud mental. Entre los miembros de dicho comité destacan: los prestadores de servicios de salud mental, los legisladores, las instituciones financiadoras, la vigilancia policiaca, las instituciones educativas, los productores y comerciantes de sustancias toleradas, así como las niñas y niños "de la calle"; además, deberá desarrollarse la acción comunitaria para prevenir y disminuir los problemas de salud mental.

Independientemente de poder compartir en términos generales dicho proyecto, conviene señalar que la viabilidad de las propuestas dependerá de las condicionantes sociales específicas con que se instrumentaría la propuesta de OMS, así como del papel que desempeñarían los actores de la comunidad, entre los cuales destacan los prestadores de servicios psiquiátricos y las ONG que trabajan en favor de los niños.

Al revisar los antecedentes históricos de las instituciones públicas prestadoras de servicios de salud en el país, Menéndez (Menéndez y Di Pardo, 1996 y Menéndez, 1990) concluye que pueden constatarse para todas las constantes dificultades que son enfrentadas con el fin de obtener los recursos necesarios para su operación, así como para instrumentar innovaciones en los programas de atención.

Además, los prestadores de servicios psiquiátricos han descuidado la incorporación de los problemas mentales a la estrategia de la atención primaria a la salud. No existen sustento programático, personal capacitado, equipos de supervisión ni asesoría, metas operativas programadas ni recursos para convertir a los problemas mentales en una responsabilidad del equipo de salud de los servicios de primer nivel. Mucho menos puede hablarse de la atención anticipatoria con enfoque de riesgo, por programación y que sobre todo fomente la participación de la comunidad mediante el autocuidado.

Lo anterior significa que hay una serie de condicionantes estructurales sobre las que debería actuarse para favorecer la salud de las niñas y niños llamados "callejeros".

Referencias bibliográficas

Arellano-López, S. y J. Petras, "La ambigua ayuda de las ONG en Bolivia", *Nueva Sociedad,* junio de 1994, (131) 72-87.

Aun, N. S., "El problema del niño de la calle y su dimensión en la ciudad de México", en *Memorias del primer taller: Alternativas de Atención al Niño de la Calle,* asistencia privada-DDF-Fideicomiso Niños de la Calle, 1993.

Benassini, O. "Atención en salud mental regionalización y reorientación en el marco de la descentralización de servicios de salud en México", *Salud Mental,* 20 (4), 1997, 48-53.

Bequele, A. y J. Boyden, "El trabajo infantil: problemas, orientaciones y programas", en Assefa Bequele y Jo Boyden (eds.), *La lucha contra el trabajo infantil,* OIT, Ginebra 1-34, 1990.

Bourdieu, P., *¿Qué significa hablar? Economía de los intercambios lingüísticos,* Akal Universitaria, 1987

Bueno, C., "Los estudios del sector informal en México", en Margarita Estrada, Raúl Nieto, Eduardo Nivón y Mariángela Rodríguez (comps.), *Antropología y Ciudad,* CIESAS-UAM-I, 1993, pp. 125-137.

Caraveo, A. J., M. E. Medina Mora, R. Tapia, M. L. Rascon, E. M. Gómez y J. Villatoro, "Trastornos psiquiátricos en niños de la República Mexicana", resultados de una encuesta de hogares, *Anales del Instituto Mexicano de Psiquiatría,* 3, 1992, 556-562.

Comisión para el estudio de los niños callejeros, *Ciudad de México: estudio de los niños callejeros,* resumen ejecutivo, DDF, 1992.

De la Fuente, R., "Consideraciones sobre los problemas mentales y conductuales que afectan la salud en sociedades en desarrollo: el caso de México", *Salud Mental* 13 (3), 1990, 1-18.

De la Fuente, R., "El tratado de libre comercio y la psiquiatría. Retos, riesgos y oportunidades", *Salud Mental* 18 (2), 1995, 1-11.

Fernández, D., "Malabareando", *La cultura de los niños de la calle,* Centro de Reflexión Teológica, Universidad Iberoamericana, 1993.

Fideicomiso de Apoyo a los Programas en Favor de los Niños de la Calle, *Los niños de la calle, una realidad de la ciudad de México,* 1992.

Galeana, R., *La infancia desertora,* Fundación SENTE para la Cultura del Maestro Mexicano. A. C., 1997.

Galindo, O. G., "El contexto global de las acciones en favor de los niños. Programas de gobierno", en *Memorias del Primer Taller: Alternativas de Atención al Niño de la Calle,* asistencia privada-DDF-Fideicomiso Niños de la Calle, 1993.

García, C. A., "El niño y la calle en la delegación Benito Juárez", en Asamblea de Representantes del Distrito Federal, *Jornadas de análisis sobre la problemática de los niños que trabajan en el Distrito Federal*, DDF, 1990.

Glauser, B., "Street Children: Deconstructing a Construct", en Allison James y Alan Prout (eds.), *Constructing and Deconstructing Childhood. Contemporary Issues in the Sociological Study of Childhood*, The Falmer Press, Londres, 1990, 138-156.

Gómez, F. A., "Los niños que trabajan en las actividades que desempeñan", en Asamblea de Representantes del Distrito Federal, *Jornadas de análisis sobre la problemática de los niños que trabajan en el Distrito Federal*, DDF, 1990.

Gómez, J., "Evaluación para un plan de trabajo del Centro de Apoyo al Trabajo en Favor de los Niños en Situación de la Calle", *Documento interno, Servicios Asistenciales Pintores*, IAP, 1996.

Gutiérrez, R y L. Vega, "Las adicciones y los menores en COMEXANI (eds.), *Los niños del otro México*, COMEXANI-PUEBLITO CANADÁ-RADA BARNNEN, 1995, 276-285.

______, "Las interpretaciones, las prácticas y las reacciones sociales del uso de solventes inhalables entre los llamados niños de la calle", *Anales del Instituto Mexicano de Psiquiatría*, 1995, 140-145.

______, "El uso de inhalables y riesgos asociados para la salud mental de las llamadas 'niñas callejeras'", en: Christine de Agostine (comp.), *Con ganas de vivir... una vida sin violencia es un derecho nuestro*, programa de las Naciones Unidas para la Fiscalización Internacional de Drogas, oficina regional para México y Centroamérica, 1998, 25-39

Hernández, G. A, G. S. León, S. A. Lina y E. L. Zambrano, *Niñas de la calle: la aplicación del modelo modificado de estrés social*, informe inédito, 1996.

Hernández, P. P. y M. A. Zetina, "Cuidado y salud en hijos de vendedoras ambulantes de la ciudad de México", en Claudio Stern (coord.), *El papel del trabajo materno en la salud infantil. Contribuciones al debate desde las ciencias sociales*, El Colegio de México, The Population Council, 1996, 267-291.

Himmelfarb, G., *La idea de la pobreza. Inglaterra a principios de la era industrial*, FCE, México, 1988.

Lamas, M., "El fulgor de la noche: algunos aspectos de la prostitución callejera en la ciudad de México", *Debate Feminista* 8 (4), 1993, 103-134.

Lara, M. A. y Acevedo, M., "Patrones de utiización de los servicios de salud mental", *Salud Mental*, suplemento 19, 1996, 14-19.

______, Medina-Mora, M. E., N. V. Salgado de Snyder, M. Acevedo, M. J. Díaz-Pérez y J. A. Villatoro, "Utilización de servicios para salud mental en población femenina: tres estudios", *Salud Mental* 19 (2), 1998, 42-50.

Medina-Mora, M. E., E. Rojas, F. Juárez y cols., "Consumo de sustancias con efectos psicotrópicos en la población estudiantil de enseñanza media y media superior de la República Mexicana", *Salud Mental* 16((3), 1993, 2-9.

_____, "Estudio de niños, niñas y adolescentes trabajadores en 100 ciudades. Menores entre 6 y 17 años que usan sustancias", *Primer Informe de Avances*, inédito, 1998.

Menéndez, E. y R. B. Di Pardo, *Atención primaria y proceso de alcoholización*, CIESAS, colección Miguel Othón de Mendizabal, 1996.

_____, *Antropología médica. Orientaciones, desigualdades y transacciones*, cuadernos de la Casa Chata, núm. 179, Centro de Investigaciones y Estudios Superiores en Antropología Social, 1990.

Moran, F. R., "Las niñas trabajadoras: una estrategia de sobrevivencia", en Bardin, Anne (comp.), *Los niños marginados en América Latina. Una antología de estudios psicosociales*, serie Antologías, Universidad Nacional Autónoma de México, 1995.

Mundy, P., M. Robertson, J. Robertson, y M. Greenblatt, "The Prevalence of Psychotic Symptoms in Homeless Adolescents", *Journal of the American Academy of Child and Adolescent Psychiatric* 29(5), 1990, 724-731.

Najani, R. y M. Kudrati, *The Varieties of Sexual Experience of Sreet Children in Muanza and Their Implications on Sex Education/HIVPrevention Programs*, Kuleana Center for Children's Right Muaanza, Tanzania, 1994.

OMS/PSA, "Niños de la calle", *Uso de sustancias y salud. Capacitación para educadores de la calle*, borrador para estudio de campo, Organización Mundial de Salud, 1995.

Organización Internacional del Trabajo, *Factores psicosociales en el trabajo. Naturaleza, incidencia y prevención*, serie Seguridad, higiene y medicina del trabajo, núm.56, Organización Internacional del Trabajo, Ginebra, 1986.

Pierre, S. M., *Las niñas olvidadas de la ciudad de México. Un primer acercamiento a su problemática*, programa Derechos de la Mujer y la Niña, Fondo de las Naciones Unidas para la infancia, UNICEF, 1996.

Programa Nacional para el desarrollo Integral de la Familia, *Estudio de niños, niñas y adolescentes trabajadores en cien ciudades*, informe preliminar, 1998.

Rafaelli; M., R. Campos, M. A. Payne, E. Siqueir, C. M. Antúnez, R. Parker, M. Greco, D. Greco, N. Halsey y el Street Youth Study Group, "Sexual Practices and Attitudes of Street Youth in Belo Horizonte, Brazil", *Social Science and Medicine* 37 (5), 661-670.

Reyes, M.G. y A. M. Rosas, "Los usos del pasado: tres momentos en la lucha por el espacio en el centro histórico de la ciudad de México", en Margarita Estrada, Raúl Nieto, Eduardo Nivón y Mariángela Rodríguez (comps.), *Antropología y Ciudad*, CIESAS-UAM-I, 1993, 297-313.

Rodríguez, G. L., *Metodología participativa. Infancia callejera y programas de atención*, Rada Barnen y Fundacion Latinoamericana de consultores, 1993.

Romero, M., C. Gómez y M. E. Medina-Mora, "Las mujeres adictas: de la descripción a su construcción social", en Reunión de Grupo de consulta, *El impacto del abuso de drogas en la mujer y la familia*, Instituto Interamericano del Niño, vol. II, CICAD-IIN-OEA, Uruguay, 1996.

Sauri, S.G., "El perfil de los educadores de la calle y su metodología de trabajo", en Memorias del primer taller *Alternativas de atención al niño de la calle*, Asistencia Privada-DDF-Fideicomiso Niños de la Calle, octubre, 1993.

SEDESOL, DIF Y UNICEF, *Voces en la calle...*, Secretaría de Desarrollo Social, 1997.

Segundo censo de menores en situación de calle de la ciudad de México, DDF-UNICEF, 1995.

Selby, H. A., M. H. Kim, A. D. Murphy y M. A. Sadler, "The Women of México and the Neoliberal Revolution", *Anuario de Estudios Urbanos* (3), 1996, 75-92.

______, A. D. Murphy, S. A. Lorenzen, I. Cabrera, A. Castañeda e I. Ruiz, *La familia en el México urbano. Mecanismos de defensa frente a la crisis*, 1978-1982, Consejo Nacional para la Cultura y las Artes, 1990.

Vega, L. y R. Gutiérrez, La inhalación deliberada de hidrocarburos aromáticos durante el embarazo de adolescentes consideradas como 'de la calle'", *Salud Mental* 21 (2), 1998, 1-9.

3

La prostitución en mujeres con bajos ingresos

Eva María Rodríguez,
Jorge Galván Reyes,
Leticia Vega Hoyos,
Rafael Gutiérrez

Introducción

La escasez de oportunidades que prevalece actualmente en la ciudad de México, aunada a la desigualdad social que afecta a la mayoría de sus habitantes, ha generado la existencia de amplios sectores sociales que emplean estrategias de sobrevivencia mediante actividades que se realizan al margen de la economía formal. Tal es el caso de la prostitución, que actualmente es uno de los fenómenos más importantes en cuanto a sus dimensiones, difusión y complejidad de sus implicaciones.

Sin embargo, existen pocas investigaciones publicadas que ayuden a ampliar el conocimiento acerca del tema de la prostitución femenina, así como trabajos con enfoques multidisciplinarios en los que este fenómeno se aborde desde diferentes aspectos, como el epidemiológico, el etnográfico, el biomédico, etcétera. Situación similar sucede con la prostitución masculina, fenómeno que empieza a ser reconocido a partir de la década de 1970 con los movimientos de diferentes grupos de homosexuales en el mundo y del que también se carece de investigaciones. Esta actividad se ha extendido igualmente hacia la población infantil, que ahora tiene mayor presencia en las ciudades cosmopolitas de los países desarrollados (Kleiman, 1996).

Debido a las características propias de la prostitución en México es difícil tener datos precisos sobre su magnitud; sin embargo, de acuerdo con cifras proporcionadas por la Asamblea de Representantes de esta ciudad, se estima que tan sólo en el Distrito Federal existen aproximadamente 15 000 personas dedicadas a la prostitución, de las cuales 70% son menores de 30 años y se concentran sobre todo en las delegaciones Cuauhtémoc, Miguel Hidalgo y Venustiano Carranza. Algunos investigadores consideran arriesgado hablar de una cifra oficial, pues según sus fuentes de información estas estimaciones pueden variar de 20 000 a 200 000.

Las mujeres que han ejercido ese oficio han luchado durante mucho tiempo porque su actividad sea reconocida y respetada como una ocupación laboral más, pero han encontrado una serie de obstáculos de orden moral, económico, legal, político y administrativo que las ha ubicado como un grupo de riesgo, pues cotidianamente se enfrentan a una serie de estresores que afectan de modo sensible su salud física y mental.

El propósito de este trabajo es abrir un espacio de reflexión con el fin de analizar los riesgos para la salud física y mental de aquellas mujeres que "eligen" la prostitución como una actividad alternativa destinada a generar ingresos, así como sugerir algunas propuestas referentes a políticas de salud derivadas de los resultados de una investigación realizada con prostitutas en la zona de La Merced.

En este capítulo abordamos, en primera instancia, el problema de la conceptualización de dicho fenómeno con la finalidad de presentar los diferentes discursos que se han construido en torno a la prostitución desde diversas ópticas. En segundo lugar, se señalan las causas por las que, de acuerdo con diversos autores, las mujeres se involucran en esta actividad. En tercer lugar, se describen las distintas fuentes generadoras de conflicto psicosocial a las que se ven cotidianamente expuestas estas mujeres. En cuarto lugar, se presentan los resultados de la investigación que se realizó en La Merced con tal población y de la cual se derivan las propuestas contenidas en el presente trabajo respecto a qué elementos deben tenerse en cuenta para elaborar programas de prevención destinados a este grupo.

Conceptualización

Diversos autores coinciden en definir a la prostitución como una actividad que consiste en una práctica de relación sexual mercantilizada, con diversidad de clientes y ausencia de afecto (Zalduono, 1992, Gómezjara 1982 y Uribe, 1996). Se ha documentado que algunas mujeres han elegido este camino como resultado de vivir en condiciones de extrema pobreza, de haber experimentado abuso sexual a edades tempranas, de presentar carencias afectivas tanto familiares como de pareja, de convertirse obligadamente y en diversas circunstancias en el sostén de su familia, por falta de orientación sexual, así como por presentar un deficiente nivel educativo que las limita para conseguir un empleo diferente.

La prostitución ha sido vista desde distintos enfoques, como el religioso, el médico, el legal, el sociológico y el psicológico, los cuales la mayoría de las veces no tienen en cuenta el *lado humano* de la prostituta.

Desde la perspectiva de la religión judeocristiana, la prostitución es una forma ilícita de relación sexual, pues ocurre al margen de las normas establecidas por la sociedad, en la que el ideal de mujer se asocia con la pureza y fidelidad. Situaciones fuera de estos parámetros son consideradas pecados y a las mujeres que no cumplen con estos mandatos se les atribuye la categoría de públicas y deshonestas.

En el ámbito legal, de acuerdo con el *Código Penal* y el *Reglamento de Policía del Distrito Federal*, a las prostitutas se les ha considerado transgresoras, aunque la prostitución se ha reglamentado. Existen una serie de lineamientos en cuanto a horarios, vestimenta, zonas de trabajo, etcétera que, al no ser acatados por ellas, las sitúan como un grupo que se mantiene al margen de la ley, y da pie a que no se les tome en cuenta y, por tanto, no puedan ejercer los derechos que tiene cualquier ciudadano.

Según el enfoque médico, el cual ha sido uno de los más importantes en la actualidad para abordar este fenómeno, se ha tendido a reducir los problemas de salud asociados a la prostitución al campo de las enfermedades sexuales transmisibles y particularmente al VIH/SIDA, ya que las ha conceptualizado como portadoras de un sinnúmero de enfermedades contagiosas y las autoridades sólo se interesan por ellas como objeto de control sanitario.

De acuerdo con el contexto sociológico, han sido situadas como personas marginales o desviadas, principalmente de los valores sociales negativos, que se asocian con el ejercicio de una sexualidad fuera de las normas establecidas.

Desde el punto de vista psicológico, asumimos que dicho comportamiento podría ser resultado de eventos traumáticos, como el acoso sexual o la violación, o como producto de esquemas culturales introyectados que se asumen y se reproducen, como los antecedentes de prostitución en la familia o procesos de identificación con el agresor.

Como puede notarse, entre los enfoques señalados anteriormente, se considera que la prostituta es la pecadora, la criminal o la difusora de infecciones, sin que quienes afirman esto hagan una lectura crítica del fenómeno de la prostitución. Debido a tales connotaciones, los problemas relacionados con su salud física y mental no han sido estudiados sistemáticamente

Diversos enfoques acerca de las causas de la prostitución

Algunos autores que han realizado investigaciones con trabajadoras sexuales señalan que la mayoría de las mujeres que se dedican a la prostitución tienen por lo regular como causa principal el hambre, la miseria y el desamparo, más la violencia física que ejerce sobre ellas la familia o el explotador profesional. La pobreza es el detonante fundamental de esta actividad en las mujeres de nivel socioeconómico bajo,[1] en la que confluyen varias situaciones, como la carencia de educación, el desengaño, los conflictos familiares y hasta la violación y el incesto. Para algunas mujeres, la prostitución se convierte en una cadena difícil de romper, ya que llega a conformarse como un círculo vicioso, del cual es muy complicado encontrar la salida (Márquez, 1991, Azaola, 1997; Lamas, 1993, Lagarde, 1990 y Romero y Quintanilla, 1977).

Lagarde señala al respecto que los motivos causales que mencionan las mujeres entrevistadas por ella, para convertirse en prostitutas, son diversos, pero dicha investigadora los agrupa de la manera siguiente:

[1] Es sabido que las causas que determinan el ingreso a esta actividad en mujeres de otros niveles socioeconómicos son otras, las cuales no se estudiarán en este capítulo.

a) *Hechos victimarios*: Fueron objeto de violación, fueron raptadas o secuestradas y contra su voluntad se les convirtió en prostitutas.

Un ejemplo de este tipo es el siguiente: *mi padrastro me quemaba con el cigarro y me violó cuando tenía 11 años por eso me salí de mi casa. Me fui a Garibaldi y me paré en la calle, los clientes llegaron luego, ya tengo 3 años trabajando allí* (Azaola, 1997).

b) *Las prostitutas innatas*: así nacieron, desde que se acuerdan ya les gustaba la putería o desde niñas les dijeron sus familiares que habían nacido con el defecto.

Un ejemplo: *mi mamá siempre me ha cargado con ella y ella se dedica al negocio, pero no crea que se aprende, no, se trae en la sangre* (Lagarde, 1990).

c) *La sobrevivencia*: es el argumento de la miseria y la imposibilidad de ganarse la vida porque no saben trabajar.

Un ejemplo: *en todos los trabajos te piden papeles y yo no tengo, apenas estudié hasta el segundo año de la escuela tú crees que me van a dar trabajo, pus no por eso estoy aquí* (Rodríguez, 1997).

A su vez, para Márquez (1991) existen tres circunstancias que abarcan un espacio temporal entre la circunstancia inicial o generadora y el ingreso a la prostitución. La primera circunstancia se refiere a las características históricas de las mujeres que incluye: a) familia de origen, b) bajos niveles de escolaridad, c) ausencia de repertorio laboral, d) choque cultural debido a la migración, y e) rasgos de personalidad. La segunda alude a un momento de "crisis" que puede deberse a: a) la enfermedad de un familiar, b) ausencia del sostén económico de la familia, c) carencias económicas inherentes a su clase social, y d) despido del trabajo o imposibilidad para conseguir uno cuya remuneración económica sea suficiente. Y la tercera concierne a "factores decadentes", como a) conocer a una prostituta, b) el marido o amante lo sugiere, c) es invitada por el dueño del negocio, y d) consigue un trabajo en un lugar cuyas condiciones propician la toma de esa decisión.

Por otra parte, el mismo autor señala que existen posturas desde el área de la psicología que centran el origen de esta actividad en un conflicto individual dentro de un marco continuo que va desde la normalidad hasta la anormalidad, pues muchas veces se considera que la prostituta es una ninfómana o con algunos otros calificativos atribuibles a características individuales en el ejercicio de esta actividad.

Por otro lado están los estudios que abordan las causas sociales, como el de Pacheco y cols. (1988) en Nayarit, el cual demostró que en 85% de los casos estudiados, las causales recayeron en problemas de índole económica aunados a la escasa o nula capacitación para laborar en otro tipo de ocupaciones. Por su parte, Azaola (1996) encontró que en la ciudad de México la mayoría de las prostitutas que trabajan en la zona de La Merced se habían iniciado en esta actividad como resultado de engaños y por haber sido obligadas mediante golpes y amenazas.

A su vez, Lamas (1993) señala: "una causa más pero menos difundida, que da origen a la prostitución, sugiere que ésta surge de la demanda siempre existente por parte de los hombres que necesitan comprar servicios sexuales, lo cual en cierta medida ha generado la permanencia de esta actividad con el transcurso del tiempo".

Tales causas no han sido exploradas a profundidad, sin embargo, la violencia experimentada en la infancia y la adolescencia, así como la pobreza han sido las explicaciones señaladas más frecuentemente como el ingreso a la prostitución.

Fuentes de conflicto psicosocial

Con este rubro describimos a continuación una serie de eventos de distinto orden a los cuales se ve expuesta la prostituta y que se constituyen en factores que ponen en riesgo la salud física y mental de la misma.

Rechazo

Por ser una actividad altamente estigmatizada tanto en lo social como en lo moral, el rechazo es una actitud experimentada muy frecuentemente por estas mujeres y difícil de afrontar, pues conlleva implicaciones en niveles diferentes. En lo familiar, están presentes las agresiones de los miembros de la familia, quienes no aceptan su actividad debido a que les genera comentarios malintencionados y burlas de parientes y vecinos. En el ámbito legal, el rechazo de que es objeto este grupo se manifiesta en una serie de arbitrariedades de manera tal que le es negado todo derecho que tiene como ciudadana, por ejemplo: sufre detenciones injustificadas que no le permiten continuar con su trabajo y que van en detrimento de sus ingresos; le cobran multas que no puede pagar, es objeto de la indiferencia de las autoridades ante la violencia y agresiones de los clientes, etcétera. En lo que respecta a la atención médica, encuentra una indiferencia institucional, que en muchas ocasiones propicia el deterioro físico y mental de muchas de ellas. En la escuela de sus hijos tiene que negar su ocupación, con el fin de obtener un lugar para ellos o evitar que sean señalados (Rodríguez y cols., 1997).

Romero y Quintanilla (1977) consideran que la sociedad mexicana rechaza a la prostituta y la ve como una desviada social; al mismo tiempo, promueve dicha actividad y la ve como necesaria para satisfacer los impulsos sexuales del hombre. A este respecto, Lagarde (1990) comenta que para los hombres, la prostitución tiene varios atractivos y ventajas, pues, además de ser indispensable para muchos de ellos, forma parte de su formación y de su vida erótica.

Que en gran parte de la bibliografía la prostituta sea considerada como desviada de la sociedad implica la posibilidad de que ésta se sienta culpable de realizar dicha actividad, por violar las reglas establecidas.

Violencia

La violencia física y psicológica son sucesos cotidianos en la vida de estas mujeres tanto en el ámbito social como en el laboral. En lo referente al entorno social, dicha violencia se expresa en agresiones físicas y verbales hacia ella o sus hijos por parte de la comunidad. Este rechazo es producto de la intolerancia social que aún persiste respecto a la forma de subsistir de estas mujeres, pues en general se percibe a su oficio como actividad "indecente", producto del placer y no del sacrificio (Azaola, 1997).

Lamas (1993) identifica dos tipos de violencia: la material y la simbólica. La primera es la que enfrentan por parte de los clientes y autoridades, así como de sus propias familias. La segunda tiene varios aspectos, el más evidente de los cuales es que la prostituta es simbolizada como el mal, el pecado o la escoria social.

En relación con el aspecto laboral, las facetas en las que se expresa esta violencia son múltiples: por un lado están las agresiones y riñas constantes entre compañeras de oficio debidas a la lucha por el espacio y por las estrategias, como el arreglo personal, el precio, su aspecto físico, etcétera que utilizan para atraer al cliente y que generan conflictos entre ellas. Por otro, el maltrato físico por parte de personas que controlan o se benefician de esta actividad, como los padrotes, las lideresas, los policías, los dueños de los hoteles y los clientes.

Las trabajadoras sexuales sufren por igual de presiones psicológicas que las llevan a estados de angustia, depresión y ansiedad cuando por algún motivo se ven incapacitadas para llevar a cabo su labor, ya sea por enfermedad, por detenciones o por castigos que les imponen los padrotes, las lideresas, los policías y los dueños de hoteles cuando, por ejemplo, no alcanzan a cubrir las cuotas que le son requeridas (Rodríguez, 1997; Azaola, 1997; Uribe, 1996 y Lamas, 1993).

Dos estudios realizados con prostitutas de la zona de La Merced mostraron índices de violencia elevados. En el primero de ellos, calificado con el rubro de violencia, malos tratos, negligencia o abusos, se encontró que 56% de las mujeres mencionaron haberlos padecido por parte de su familia de origen y 66% de su pareja; asimismo, 30% sufrió de abusos o maltrato de las representantes y 26% de los policías (Azaola, 1997, y EDIAC*, 1992).

Explotación

Los mecanismos mediante los cuales varias personas se ven beneficiadas del trabajo de la prostituta son múltiples. Un tipo de explotación relacionada con su ámbito laboral es el que tiene lugar por medio de diferentes personajes cotidianos en la vida de esta mujer. Tal es el caso de los "padrotes o lenones", que establecen vínculos afectivos y de protección con la prostituta por medio de los cuales obtienen beneficios económicos.

Las lideresas obtienen sus ganancias cuando les aseguran un espacio seguro de trabajo y fungen como intermediarias entre ellas y la autoridad. Paradójicamente, quienes ejercen la autoridad, como funcionarios públicos y policías, ven también en la prostitución un negocio redituable.

* Espacio de Desarrollo Integral, A. C.

Otro tipo de explotación proviene de la familia, pues constantemente ejerce presión sobre ella, en especial la madre, quien se hace cargo de los hijos de aquélla, pues la aportación económica de la prostituta rebasa con mucho la cantidad que aportan otros miembros de la familia y, en ciertas ocasiones, su aportación es la principal fuente de ingresos.

En un estudio realizado por Azaola (1996) señala que en 91% de los casos la prostituta aporta la mayor proporción del ingreso familiar. Sólo en 2% de los casos, la pareja aporta la mayor proporción del ingreso, mientras que en el 7% restante ambos aportan cantidades semejantes u otros familiares contribuyen con la mayor parte.

En síntesis, como señala Márquez (1991):

> La prostituta es una mujer que se ve sometida a una triple explotación: en su condición de mujer, en una sociedad con la idiosincrasia mexicana; en su condición de trabajadora, en donde genera cuantiosas ganancias para otros, y en su condición emocional, lo que se refleja en su gran necesidad de afecto, que las convierte en personas vulnerables y manipulables, lo cual es aprovechado por los padrotes que las explotan.

Problemas médicos

Otro problema presente en estas mujeres es la salud física, ya que un gran número de ellas se ven afectadas por enfermedades propias de su oficio, como infecciones y úlceras vaginales, herpes, etcétera. Actualmente están obligadas a acudir a chequeos médicos frecuentes y la gran mayoría están conscientes de que deben usar el condón como medio de protección, producto de las amplias campañas de autocuidado que en los últimos años ha sido promovidas por instituciones de salud y organismos no gubernamentales.

Sin embargo, algunos grupos de mujeres continúan presentando altas tasas de incidencia de enfermedades de transmisión sexual, debido a que observan prácticas sexuales riesgosas, como relaciones sin protección o inadecuados hábitos de higiene personal, a los que se suman otros factores, como las condiciones higiénicas de los hoteles (que llegan a constituirse en verdaderos focos de infección), el estado de salud de los clientes y el consumo de drogas intravenosas.

Entre los estudios realizados por Bernstein (1994) con prostitutas de Nueva York se reporta que con frecuencia éstas tienen entre 200 a 300 compañeros sexuales por año y, en consecuencia, se asume que cuentan con tasas mucho más elevadas de exposición al VIH y al sida que la mayoría de los heterosexuales. Al principio, muchos investigadores asumieron que las prostitutas serían los vectores o medios de transmisión del VIH y del sida a la comunidad heterosexual; sin embargo, paradójicamente, no ha aparecido ninguna epidemia heterosexual y no existe ninguna evidencia de que las prostitutas transmitan VIH o sida a la comunidad heterosexual en ninguna nación occidental. Informes de Estados Unidos, Gran Bretaña y Alemania han llegado a la conclusión de que la adquisición del VIH de los hombres debido al contacto sexual con las prostitutas está casi siempre relacionada con el consumo por parte de ellas de drogas intravenosas. Por ejemplo, en la ciudad de Nueva York, de 40% a 50% de las prostitutas callejeras que durante la década pasada han consumido drogas intravenosas son seropositivas. Nunca se han realizado estudios para saber si estas prostitutas callejeras están bajo otros riesgos de inmunosupresión, como el uso de drogas no intravenosas, relaciones anales sin protección, múltiples enfermedades transmitidas sexualmente y/o anemia y malnutrición, que puedan haberlas predispuesto al VIH y otras infecciones.

En México, la relación entre el VIH y la prostitución es un tema de controversia. Al respecto, Sepúlveda (1989) señala que los estudios realizados en mujeres y hombres que se dedican a este oficio revelan una seroprevalencia distinta, la cual es mayor entre los hombres que se dedican a esta actividad. Sin embargo, no hay que olvidar que el sida es una enfermedad de transmisión sexual y quienes ejercen la prostitución, sean hombres o mujeres, se encuentran ante un alto riesgo de adquirir la infección y de trasmitirla a sus clientes.

Por otro lado, Valdespino (1989) señala que en las encuestas realizadas a prostitutas encontraron que en general son jóvenes, solteras, con baja escolaridad y que sus prácticas sexuales son casi exclusivamente vaginales y el uso del condón es poco frecuente, por lo cual tienen miedo de adquirir el sida y de trasmitirlo a sus hijos.

Asimismo, en otras encuestas realizadas en seis ciudades del país, como el Distrito Federal, Guadalajara, Monterrey, Mérida, Acapulco y Tijuana, sólo fueron detectadas dos mujeres infectadas de un total de

700 y en 56 hombres homosexuales prostitutos se encontró una tasa de infección de 16%. Llama la atención que preocupe más el hecho de que las prostitutas sean una fuente de infección que posibles receptoras del virus. Aunque por los resultados se observa que la transmisión en México es baja, esto indica que el problema está presente en este tipo de población, por lo cual hay que tomarlo en cuenta (Valdespino, 1989).

Ha sido observado que la mayoría de las mujeres no acuden a los chequeos médicos cada tres meses, como les es requerido. De igual forma, aunque cada vez existe mayor conciencia acerca de las enfermedades de transmisión sexual, las prostitutas reconocen que no siempre utilizan el condón, pues algunos clientes no lo aceptan y ellas no están en condiciones de rechazarlos porque el trabajo es escaso. El índice de infección por VIH/sida que se tiene registrado entre las mujeres que trabajan en la zona es de 3%. También es importante destacar que 25% de las entrevistadas no utilizan medios de control de la natalidad y que, contrario a lo que cabría suponer, muchas mujeres, especialmente las menores, carecen de información al respecto (Valdespino y cols., 1989).

Problemas psicológicos

La salud mental en torno a este grupo de mujeres es un aspecto al cual se ha prestado poca atención en México, situación que se refleja en la carencia de estudios que hayan abordado el impacto de la prostitución en la salud mental de las mujeres que se dedican a esta actividad. Dicho grupo es extremadamente vulnerable para presentar padecimientos de tipo psicológico, debido a los eventos estresantes a que se enfrentan cotidianamente, como los mencionados en líneas anteriores. Este tipo de situaciones afecta en gran medida la salud mental de estas mujeres, lo cual se manifiesta en comportamientos agresivos hacia sus familiares e hijos y hacia sus compañeras de oficio. También es frecuente que sufran de estados depresivos como producto de una autoestima deteriorada que llegan a constituirse en factores de riesgo por el abuso del alcohol y de otras drogas (Márquez, 1991).

En un estudio realizado con prostitutas jóvenes de Xalapa los resultados mostraron ciertos rasgos de personalidad caracterizados por sentimientos de soledad, impotencia y necesidad de afecto. Asimismo, en este grupo de mujeres fueron identificados estados de ansiedad constantes producidos por el rechazo social, que conlleva la burla a sus hijos, la intranquilidad para andar en la calle o la constante presión de ocultar su actividad nocturna (Márquez, 1991).

En un estudio realizado por Azaola en 1996 se encontró que 28% de las mujeres refirieron problemas de adicción a sustancias, principalmente a los inhalables, al alcohol o a las pastillas psicotrópicas y sólo unas cuantas a la cocaína. La gran mayoría testificó severos problemas de alcoholismo entre sus parejas y 8% de estas mujeres señalaron que sus hijos tenían problemas de adicción a los solventes, la mariguana y/o el alcohol.

Los resultados que a continuación se presentan, en los cuales se basa este trabajo, se obtuvieron de un estudio realizado con prostitutas de La Merced. Se realizaron 14 entrevistas a profundidad, de las cuales cuatro no concluyeron por diversas razones. Las mujeres entrevistadas tenían entre 20 y 46 años, dos eran menores de edad, la mayoría no terminó la primaria y casi todas provenían de diferentes estados de la república. Asimismo, pertenecían a familias numerosas y tuvieron que dedicarse desde muy pequeñas al cuidado de sus hermanos, lo cual disminuyó considerablemente sus posibilidades de tener acceso a la educación (Rodríguez, E., 1996).

La familia de dichas mujeres desconocía la actividad de éstas dentro de la prostitución y sólo en dos casos no fue así. Que la familia desconozca a qué se dedican, es un aspecto importante, pues según señalaron, esto es un factor que las mantiene en tensión constante, pues viven con el temor de que algún conocido de sus hijos, familiares o vecinos pueda reconocerla y perder así el respeto o el lugar que han ganado dentro de su comunidad.

Es importante mencionar que la mayoría de esas mujeres aportan una cantidad significativa para el ingreso familiar, pues muchas veces sus parientes cuidan de sus hijos y ellas lo ven como un apoyo, aunque tengan que pagar por él.

Las entrevistadas se iniciaron en la prostitución entre los 15 y 20 años, algunas de las cuales empezaron a trabajar en sus lugares de origen y otras en el Distrito Federal. Los sitios donde se prostituyen son principalmente la calle, las loncherías, los centros nocturnos y los restaurantes. De las 10 entrevistadas, cuatro no tenían padrote y se manejaban ellas solas. Éste es un dato que cabe destacar, pues resulta muy difícil trabajar en esa zona de manera autónoma.

La mayoría ingresó a la prostitución por terceras personas, a tres se los propuso su pareja, a dos de ellas una amiga, y a otras los dueños del lugar donde trabajaban, quienes eran los contactos con los padrotes.

En cuanto a los problemas personales y los relacionados con su trabajo, las mujeres afirmaron que tienen más problemas con los clientes, pues al estar solas con ellos, algunas veces éstos quieren obligarlas a pasar más tiempo del establecido, mientras que otros las insultan o las golpean cuando no quieren ceder a sus exigencias

En cuanto a la protección contra enfermedades de transmisión sexual y VIH/sida, las entrevistadas afirman que siempre se cuidan y que a los clientes los condicionan a usar el condón, pero si éstos se niegan, no aceptan irse con ellos. Sin embargo, mencionan que cuando ya han pasado varias horas y no han tenido ningún cliente, si alguno les dice que no quiere el condón lo aceptan con tal de tener dinero, pero que también lo hacen con clientes conocidos, pues según refieren, ya saben que no están enfermos.

Conclusiones y sugerencias para mejorar las condiciones de la prostituta

En primer lugar, cabe señalar que la prostitución es una actividad productora de ingresos, pero también generadora de riesgos; no obstante, es oportuno apuntar que si colocamos ambos aspectos en una balanza, esta relación no será equitativa, pues la menos beneficiada es la propia prostituta, porque las ganancias obtenidas de su trabajo no alivian su situación, pues otros gozan de estos ingresos. Por otra parte, ella se ve directamente afectada en su salud física y mental por aquellos sucesos inherentes al desempeño de su trabajo, como rechazo, explotación y violencia.

También es importante señalar que un fenómeno como la prostitución difícilmente puede erradicarse, ya que existen factores económicos, políticos y culturales que lo impiden, por ejemplo: por un lado es una fuente de ingresos muy atractiva, pues genera ganancias para un grupo de personas que giran en torno a la prostituta –policías, lenones, servidores públicos, familia, etcétera. Por otro, algunos factores culturales denotan que la prostitución sigue representando para los hombres una alternativa para resolver su sexualidad, a la vez que refuerza las actitudes machistas, pues les permite poseer dos mujeres: la que tienen en casa y la que compran con dinero, aunque sólo sea de manera ocasional (Pacheco y cols., 1988).

Retomando lo anterior, Lamas (1993) señala:

> Para que la prostituta alcance al menos igualdad política, económica y social con los hombres ante la ley como ciudadana, requiere también de un trabajo cultural: una resimbolización de la sexualidad y sus valoraciones. Una lucha por establecer mejores condiciones sociales tiene que incluir la tarea de deconstruir esta simbolización de las prostitutas como el mal o el pecado, tan ligado al pensamiento religioso y tan lejano de aspiraciones democráticas y libertarias.

Por otra parte, es prioritaria la necesidad de que cambie la actitud en la población en general, principalmente en aquellos que se interesen en este grupo, pues hasta el momento siguen prevaleciendo prejuicios que obstaculizan un trabajo conjunto con la prostituta. En cuanto a la investigación, son necesarios estudios desde el enfoque de estas trabajadoras, es decir, que ellas determinen cuáles son sus necesidades y no al contrario, como sucede normalmente.

Es importante destacar que la prostitución, como se ha señalado, constituye un fenómeno complejo imposible de explicar a partir de aproximaciones simplistas en las que se prioriza la influencia de determinado factor –ya sea psicológico, económico, educativo o moral– como elemento causal, sin considerar que existe una interrelación de elementos difícil de separar. Por lo tanto, es importante tomar en cuenta que la vía más adecuada para abordar este problema es la multidisciplinaria, la única estrategia por medio de la cual es posible generar modelos explicativos más acordes con la realidad de estas mujeres.

Con base en lo anterior, a continuación planteamos algunas sugerencias que deben considerarse para poner en práctica acciones con este grupo en cada uno de los rubros que en seguida señalamos:

En cuanto a la salud física. Debe involucrarse a las diferentes instituciones, organizaciones y personal preocupado por este grupo, para que participen en la planeación de servicios médicos cuyos objetivos de trabajo sean la detección y atención temprana de procesos mórbidos en general y no sólo de aquellas enfermedades con mayor riesgo de contraer debido a la actividad que realizan las prostitutas, siempre con una visión filantrópica fuera de toda actitud discriminatoria.

En relación con la salud mental. Dado que las condiciones de salud mental de las prostitutas es un campo poco explorado en México, es tarea prioritaria el diseño y puesta en marcha de programas dirigidos a detectar problemas de orden psicológico originados por la violencia, el abuso físico y psicológico y demás estresores que forman parte de la vida cotidiana de estas mujeres, lo cual permitiría que se reconociera la necesidad de intervenir en este grupo. Dichos programas deben ser planteados y ejecutados por un equipo multidisciplinario.

Respecto a lo legal. Debe promoverse la creación de leyes que sancionen por igual a los hombres que contratan los servicios de las prostitutas o que los sometan a algún examen médico, pues, como bien lo señala Lamas, es necesario cuestionar por qué sólo se legitima socialmente el apetito sexual en los hombres mas no en las mujeres, por qué nadie protesta por la persecución policiaca que recae sólo en las prostitutas y no en los clientes, y por qué a los hombres que usan este servicio no son sometidos a un control sanitario.

En el área de lo social. Es importante realizar campañas de sensibilización que dignifiquen ante la sociedad la imagen de la prostituta, en los niveles tanto nacional como local (comunidad, escuelas, vecindarios) a fin de evitar la discriminación y violencia de que son objeto estas mujeres y sus hijos.

En cuanto a la prevención de adicciones: Deben diseñarse programas de prevención de las adicciones dirigidas a prostitutas, así como tratamiento y rehabilitación específicos tomando en cuenta las condiciones tanto individuales como de trabajo de este grupo. Asimismo, deben promoverse proyectos autogestivos, fomentando de esta manera la acción conjunta de diversos organismos especializados, organizaciones vecinales, líderes y locatarios de la zona de intervención.

Referencias bibliográficas

Azaola, E., "Prostitución infantil", en *Los hechos se burlan de los derechos. IV Informe sobre los derechos y la situación de la infancia en México 1994-1997,* COMEXANI, 1997, 298-315.

Gómezjara, F. y E. Barrera, "Hablemos más claro sobre la prostitución", en Gómezjara, F., Barrera E., Pérez, N., *Sociología de la prostitución,* Nueva Sociología, México, 1982.

Lamas, M., "El fulgor de la noche: algunos aspectos de la prostitución callejera en la ciudad de México", *Debate Feminista* 4(8), 1993, 103-134, edición Fronteras, límites, negociaciones.

Márquez Barradas, M. L., "Consideraciones de carácter psicológico de las prostitutas jóvenes de Xalapa", *Textos Universitarios de la Universidad Veracruzana,* 1991.

Pacheco, L., L., "Haz conmigo lo que quieras: la prostitución urbana en Nayarit" en *Mujeres y sociedad, salario, hogar y acción social en el occidente de México,* El Colegio de México, CIESAS, Occidente, 1988, 125-141.

Programa de Desarrollo Integral de la Mujer Prostituta, elaborado por la Delegación Cuauhtémoc.

Rodríguez, E., *Prostitución y consumo de drogas ¿Convergencia de problemáticas?,* tesis, 1999.

Romero, L. y A. M. Quintanilla, *Prostitución y drogas: estudio psicosociológico de la prostitución en México y su relación con la farmacodependencia,* Editorial Trillas, México, 1977, 192 pp.

Uribe, P., M. Hernández, L. E. Caso y V. Aguirre, "Prostitución en México", en *Mujer: sexualidad y salud reproductiva en México,* eds., Ana Lange, Kathryn Tolber, EDAMEX, 1996.

Valdespino, J. L., M. L. García y J. A. Izazola, "Distribución de la epidemia del SIDA", en *sida, ciencia y sociedad en México,* FCE/SSA, 1989.

Zalduono, B., A. M. Hernández y P. Uribe, "Intervention Research Needs for AIDS Prevention Among Commercial Sex Workers and Their Clients", *aids and Womens Reproductive Health,* Nueva York; Plenum Press, 1992, 165-178.

4

La mujer y el abuso de bebidas alcohólicas en México

María Elena Medina-Mora

Las mujeres en todo el mundo, por el hecho de serlo, están en especial riesgo de desarrollar problemas derivados del abuso de sustancias; estos riesgos difieren considerablemente de los que llevan a los hombres a sufrir consecuencias adversas y se relacionan, por un lado, con factores biológicos y psicológicos que hacen a la mujer más vulnerable a los efectos del alcohol y, por otro, con normas socioculturales que establecen marcadas diferencias en la conducta esperada para hombres y mujeres y que tienden hacia mayor tolerancia para los primeros y mayores castigos para las segundas cuando no se someten a éstas.

Las expectativas sociales en torno al consumo de bebidas alcohólicas están ligadas estrechamente a estos estereotipos sociales y, a pesar de que los roles de género están en transición, la discriminación contra la mujer sigue siendo parte de nuestra realidad, lo que explica la existencia de dobles parámetros apoyados por hombres y mujeres, adultos y jóvenes.

A pesar de que el consumo de bebidas alcohólicas está más o menos integrado a nuestra cultura, se considera que las mujeres no deben beber o beber menos que el hombre y, como consecuencia, de hecho beben menos; sin embargo, cuando presentan problemas con su consumo del alcohol, a menudo son más rechazadas, experimentan más problemas y con frecuencia lo ocultan, lo cual dificulta una detección e intervención tempranas. Así, puede decirse que la cultura protege a la mujer de abusar de sustancias pero aumenta la carga cuando ésta desarrolla problemas.

El objetivo del presente capítulo es revisar el consumo de alcohol por parte de las mujeres mexicanas, las normas socioculturales en torno a esta práctica, los problemas que se le asocian, las alternativas de tratamiento y a partir de esto, hacer propuestas hacia una política de atención más integral.

¿Qué nos revelan las encuestas de población?

Las encuestas realizadas en México (ENA,* 1998) documentan altas tasas de abstención entre las mujeres. Un 55.4% de la población femenina es abstemia, es decir, no consumió alcohol el año previo al estudio e incluye a aquellas que nunca han bebido alcohol (37.7%); además, los índices de abstención son mayores entre las mujeres muy jóvenes (87.3% entre las de 12 y 17 años) y entre las de mayor edad (63.8% en el grupo de 50 a 65 años). En total existen 2.4 mujeres abstemias por cada varón que no bebe alcohol.

El menor índice de abstemias se ubica entre las mujeres con 13 o más años de escolaridad (63.9%, en comparación con proporciones que oscilaron entre 42 y 79% en los grupos con menor escolaridad), tendencia que se observó también para varones (19% y entre 24 y 36%, respectivamente).

Cuando es analizado el consumo fuerte (es decir, la proporción de la población que bebe más de cinco copas por ocasión de consumo al menos una vez al mes), existe una proporción aún menor de mujeres en comparación con la de varones: 2.3% del primer grupo se ubicó en esta categoría en comparación con 34.2% del segundo, con una razón de una mujer por cada 15 varones. El índice de bebedoras fuertes se mantiene similar en los diferentes grupos de edad. La distribución por edad de los varones es diferente: entre éstos, el máximo índice de consumo

* Encuesta Nacional de Adicciones.

"fuerte" se ubica entre los 30 y 39 años (41.7%) y desciende a 27.6% entre aquellos con 50 años o más.

Para ambos grupos, el consumo de dicho patrón es mayor conforme aumenta la escolaridad: 23.9% de los varones y 1% de las mujeres sin escolaridad reportaron consumir grandes cantidades por ocasión en comparación con 30.5 y 5.5% de aquellos con 13 años o más de escolaridad.

De lo anterior inferimos que la mayor proporción del alcohol disponible es consumido por los varones, de hecho, éstos consumen 90% del alcohol circulante y sólo 10% las mujeres. A pesar de que las mujeres beben menos que los varones, aquéllas que consumen alcohol tienden a beber cantidades mayores. De hecho, 10% de las bebedoras más fuertes beben 82% del total de alcohol que consume este grupo, lo cual es observado sólo en 59% de los varones. Esto quiere decir que cuando una mujer pasa la barrera social que la "protege" de consumir tiende a tener un consumo más severo, lo que la pone en mayor riesgo de sufrir consecuencias adversas y dificulta su rehabilitación.

En la población urbana entre 18 y 65 años, el índice de dependencia evaluado mediante indicadores del ICD10* alcanza a 9.6% de los varones y 1% de las mujeres (Medina-Mora y cols., 1991).

En estudios internacionales, la variable sexo es el predictor más importante para el uso, de manera que las mujeres beben menos que los varones. En un meta análisis de 39 estudios longitudinales de población general efectuados en 15 países de economía de mercado, Fillmore (1991) encontró que en todos los países y para todos los grupos de edad representados era menos probable que las mujeres adultas bebieran, bebieran frecuentemente o en grandes cantidades y aun que reportaran problemas relacionados con su consumo de alcohol. Resultados similares fueron encontrados por Partanen (1990) en varios países del Continente Africano y por Jutkowitz y Hongsook (1994) en América Latina. Estudios internacionales han confirmado también tasas altas en los índices de consumo entre los varones, independientemente del nivel de desarrollo del país (Roizen, 1980).

Cambios recientes en las prácticas de consumo de mujeres y en especial entre adolescentes modificarán este panorama. Probablemente

---

* International Classification of Diseases 10th Revision (Clasificación Internacional de las Enfermedades 10a Revisión).

como efecto de la globalización, el consumo entre adolescentes se está incrementando (OMS,* 1992): las encuestas efectuadas entre estudiantes mexicanos señalan que 54% de los varones y 45% de las mujeres habían consumido al menos una copa de alcohol y 9 y 4% bebían más de 5 copas por ocasión por lo menos una vez por mes, cifras elevadas si se considera que 95% de este grupo no había alcanzado la edad para adquirir legalmente bebidas alcohólicas (Medina-Mora y cols., 1993). El índice de consumo en el último mes, entre varones de la ciudad de México, aumentó de 21.3 a 31% entre 1989 y 1993, y entre las mujeres de 13.5 a 17.5% en este periodo (Rojas y cols., 1998).

La incorporación de la mujer en la cultura de consumo de alcohol a nivel mundial se ha observado principalmente en poblaciones urbanas y se ha asociado con cambios de roles y con mayor disponibilidad de recursos económicos (OMS, 1992, 1993). Sin embargo, este incremento en las tasas de consumo no es igual para todas las mujeres, sino que varía de acuerdo con factores socioeconómicos y culturales. En México, el incremento se ha observado entre los grupos en que la ideología feminista ha tenido más influencia, es decir, entre las mujeres con altos niveles de escolaridad y, entre éstas, las más jóvenes (Medina-Mora y cols., 1993).

Normas en torno al consumo

Las diferencias observadas en la conducta de consumo de las mujeres se derivan, en parte, de las expectativas culturales reflejadas en normas sociales o reglas relativas a ciertas prácticas en escenarios culturales determinados, las cuales son usualmente específicas para subgrupos de la población y se definen por género, edad, ocupación o estatus socioeconómico y para diferentes situaciones en las que se encuentra el individuo. La diferenciación más fuerte en muchas culturas se relaciona con el género.

En México, las normas tradicionales establecen que las mujeres deben de abstenerse o beber menos que los hombres, mientras que en muchas ocasiones se tolera la ebriedad en el varón y en algunos casos es aun la conducta esperada.

---

* Organización Mundial de la Salud.

Las respuestas dadas por mexicanos a encuestas sobre el tema indican que tanto hombres como mujeres piensan que los primeros pueden beber más que las segundas. Los hombres en general están más dispuestos a permitir cualquier consumo que las mujeres. Las restricciones para las mujeres y el liberalismo hacia el varón es apoyado por personas de ambos sexos, jóvenes, adultos y ancianos. También se observa una tendencia hacia mayor liberalismo por parte de la población joven entre 18 y 29 años de edad para sus pares; sin embargo, incluso los hombres jóvenes se muestran restrictivos hacia sus pares del sexo femenino, restricción aún mayor que la observada en una población de mayor edad (Medina-Mora, 1986). Los datos de este estudio fueron analizados después en una escala que, al comparar lo que se esperaba de hombres y mujeres, permitió medir los dobles parámetros tanto para cualquier consumo de alcohol como para el consumo fuerte que incluyó tanto beber para sentir los efectos como beber para emborracharse. Sólo 22% de las personas en la muestra opinaron que hombres y mujeres tenían el mismo derecho a beber, sentir los efectos o emborracharse, además, mediante un análisis de regresión múltiple se encontró que el sexo fue la variable más importante para explicar las diferencias en las respuestas dadas a la escala, y que los dobles parámetros fueron apoyados con más frecuencia por hombres de escenarios rurales con menor seguridad en sus empleos, menos ingreso, solteros, jóvenes y con baja escolaridad (Medina-Mora, 1986). Estos dobles parámetros tendrán implicaciones importantes en la explicación de los problemas que presentan las mujeres que beben, muchos de los cuales se derivan no necesariamente de sus prácticas de consumo, sino de hacer algo distinto de lo que era esperado socialmente de ellas.

Problemas relacionados con el consumo de alcohol

A pesar de que se supone que los problemas se derivan de las prácticas de consumo, su manifestación dependerá de otros factores que interactúan con la conducta. De una forma importante, los problemas dependerán del equipo biológico para asimilar el alcohol y de las reacciones de otros, esto es, de la tolerancia social hacia la embriaguez y de las recompensas sociales hacia la intoxicación repetida.

Una vez que hombres y mujeres han desarrollado dependencia, su sintomatología será muy similar; sin embargo, el efecto de una intoxicación frecuente en su vida diaria variará de forma importante debido a las diferencias en su función social y a las expectativas culturales. Así, la existencia de normas diferentes para hombres y mujeres no depende de que una mujer intoxicada sea más irresponsable, deshonesta o egoísta comparada con el hombre en las mismas circunstancias, sino porque se piensa que la mujer no debe beber. Estas normas no dependen de argumentos racionales, sino que son expresión de valores (Knupfer, 1982).

No sólo las condiciones socioculturales establecen diferencias entre géneros, sino también el equipo biológico es diferente, y hombres y mujeres responden de manera distinta a las sustancias. Entre los factores fisiológicos que la condicionan están las diferencias en los niveles hormonales relacionados con los ciclos menstruales, el embarazo y la menopausia, la menor proporción de agua en el cuerpo femenino que se asocia con niveles más altos de intoxicación con menores dosis de alcohol, y la tasa más alta de comorbilidad psiquiátrica, que incluye la depresión, la ansiedad y los problemas afectivos (ONU,* 1994, Dawson y Archer, 1992, NIAAA,** 1997).

Ha sido documentado cómo las mujeres están en especial riesgo de desarrollar problemas con dosis más bajas y con menor tiempo de exposición; así, parece que éstas están en mayor riesgo de presentar alteraciones severas del hígado, incluida la cirrosis, a dosis acumulativas inferiores a los hombres. Aún más, las mujeres con daño hepático tienen más riesgo de que la enfermedad progrese aunque se abstengan de beber (NIAAA, 1997).

Las tasas de mortalidad debidas a cirrosis hepática en 1995 alcanzaron 56.44 por 100 000 habitantes mayores de 15 años en el caso de los varones y 16.66 por 100 000 para las mujeres. Cuando se ajustan a la distribución de la población en los países de Europa de Oeste, son más elevadas que las observadas en los países europeos y en América del Norte (Edwards y cols., 1994). Estas tasas inusitadamente altas no pueden explicarse sólo por los niveles de consumo de alcohol y sugieren la

---

* Organización de las Naciones Unidas.

** National Institute on Alcohol Abuse and Alcoholism (instituto estadounidense para el tratamiento del abuso del alcohol y el alcoholismo).

posibilidad de la coocurrencia de otros factores de riesgo, además del consumo de alcohol.

Algunos problemas de salud se derivan de factores específicos del organismo femenino, como el cáncer de mama. Algunos estudios han documentado cómo el consumo moderado de alcohol resulta en un nivel aumentado de estrógenos y mayor densidad mineral en huesos en mujeres posmenopáusicas, lo cual puede protegerlas de la osteoporosis, sin embargo, entre mujeres premenopáusicas se ha observado el efecto contrario, y ha sido detectado que el abuso de alcohol lleva a disfunciones menstruales (ONU, 1994).

Otros problemas se derivan de la condición de mujer, por ejemplo la victimización y el sexo en riesgo bajo efectos del alcohol, que resultan de la disminución de las capacidades cognitivas para tomar ciertas decisiones, como no tener relaciones, o protegerse de posibles embarazos o enfermedades de transmisión sexual y aún para defenderse de posibles ataques.

Si bien la comorbilidad es frecuente en hombres y mujeres, la evidencia sugiere que probablemente en el caso de éstas anteceda con más frecuencia al problema de abuso de alcohol, mientras que en los varones ocurre más a menudo como resultado de beber en exceso. Encuestas de hogares realizadas en zonas específicas de Estados Unidos mostraron que la depresión antecedió al alcoholismo en 66% en las mujeres, pero ocurrió después de la aparición de la dependencia en 78% de los hombres (NIAAA, 1993).

También existen diferencias en los problemas sociales. Las mujeres con problemas por su forma de beber suelen tener más pérdidas asociadas que los varones y destacan el matrimonio entre los más importantes; así, Rosovsky (1992) en su estudio sobre el movimiento de Alcohólicos Anónimos encontró que 33% de una muestra representativa de mujeres miembros de grupos de esta organización en la ciudad de México estaba divorciada, en comparación con sólo 19% de los varones.

La importancia que el abuso del alcohol representa para la mujer no se limita a las consecuencias personales del abuso; así, aun aquellas mujeres que no beben tienen problemas derivados de su posición social como esposas o madres de alcohólicos, quienes están en especial riesgo para contraer enfermedades de transmisión sexual (incluido el sida), de ser víctimas de violencia y de adquirir la carga adicional de ser proveedoras económicas, entre otros.

Parece que una combinación de factores socioculturales colocan a la mujer en especial riesgo de ser víctima de la violencia, derivado no sólo de la aceptación de esta conducta como mecanismo para enfrentar problemas, sino también de la forma como la dinámica familiar y el abuso de alcohol se entremezclan. A diferencia de lo que se ha observado en otras culturas, en México el hombre casado que bebe lo hace con frecuencia en el hogar y deja fuera a la mujer del consumo pero no de las consecuencias, observándose más tensión y agresión que lo detectado en escenarios donde el varón casado elige como primera compañía para el consumo a su esposa.

Aún más: en México, a diferencia de lo que se observa en otras culturas, la mujer que se casa con un alcohólico no sigue con frecuencia los patrones de consumo de su pareja, por ejemplo: Natera (1988) encontró que, a pesar de que una proporción importante de mujeres habían tenido una historia familiar de alcoholismo (68%), sólo 1% eran bebedoras excesivas, proporción similar a la encontrada para la población general estudiada mediante encuestas de hogares (Medina-Mora y cols., 1991).

También se ha observado, que en nuestra sociedad, la mujer abandona con menos frecuencia al varón alcohólico que lo detectado, por ejemplo, entre mujeres inglesas, debido a mayor dependencia económica y social (Natera y cols., 1997).

Los resultados de encuestas en población general dan cuenta de la magnitud del problema de la violencia familiar y sus consecuencias, por ejemplo Natera y cols (1997) encontraron que 14% de las mujeres de niveles bajo y medio bajo, estudiadas en una muestra de hogares realizada en el sur de la ciudad de México, habían sido víctimas de abuso físico por parte de su pareja. Este riesgo era 3.3 veces superior cuando el varón estaba borracho todos los días cuando se les comparaba con mujeres cuya pareja no tenías problemas con su forma de beber. En este estudio, Medina-Mora y Berenzon (1997) documentaron cómo el riesgo de depresión era cuatro veces más alto que el observado en mujeres que no eran víctimas, y se incrementaba al doble cuando la violencia ocurría durante el embarazo.

Los datos revisados sugieren que, aun cuando las mujeres beben menos que los hombres, están en más riesgo de presentar problemas como resultado de los valores y normas culturales y de la mayor vulnerabilidad física y psicológica. Estas diferencias en las condiciones sociales y biológicas de las mujeres imponen necesidades específicas de tratamiento.

Alternativas de tratamiento

Como fue mencionado anteriormente, a pesar de la importante evidencia de variaciones por género en las prácticas de consumo de alcohol y las necesidades de atención, pocos programas han sido diseñados para atender las necesidades específicas de las mujeres. Pocos programas consideran la forma como las mujeres utilizan los servicios y las barreras hacia el tratamiento y otras necesidades, como la atención de su salud reproductiva, el cuidado de los hijos incluidos problemas en los recién nacidos derivados de la exposición *in útero*, la atención a los problemas psicológicos usualmente expresados como culpa y vergüenza (derivados de concepciones adoptadas tanto por los varones como por ellas), que establecen que "las mujeres decentes no deben beber", y por su papel como responsables del bienestar del marido y de los hijos. De hecho, una de las barreras para el tratamiento que se observa en este grupo es el miedo a perder la custodia de sus hijos (ONU, 1994, Vega y Gutiérrez, 1998), lo cual refuerza la importancia de considerar las necesidades específicas de este grupo al diseñar los programas.

Datos de la Encuesta Nacional de Adicciones muestran que tanto hombres como mujeres se han apoyado en recursos informales (por ejemplo familiares, amigos o ministros religiosos) o han utilizado remedios caseros con más frecuencia que servicios formales para tratar problemas derivados del consumo de alcohol; cuando se recurre a estos últimos, los varones muestran preferencia por los servicios médicos especializados, mientras que las mujeres solicitaron ayuda en un dispensario. El recurso especializado en atención al alcoholismo utilizado con más frecuencia por ambos grupos fue el grupo de Alcohólicos Anónimos. De acuerdo con la Encuesta Nacional de Salud Mental, 12% de las mujeres mencionaron la vergüenza como causa potencial para no solicitar ayuda, en tanto que éste no fue un motivo para los varones (Solís y cols., 1994)

Rosovsky (1992) encontró que AA era un buen recurso para las mujeres, quienes estaban sobrerrepresentadas en relación con los hombres, como se esperaría de acuerdo con las diferencias entre estos dos grupos en las tasas de dependencia derivadas de las encuestas de población. En la ciudad de México, las mujeres representan 10% de la membresía a AA; mientras que, de acuerdo con la Encuesta Nacional de Adicciones (ENA, 1989), hay una mujer por cada 16.7 varones con dependencia; en AA hay una mujer por cada 10 hombres.

En México, a diferencia de lo que ha sido observado en otros países, no hay muchos grupos de AA o de otras organizaciones de autoayuda exclusivos para mujeres. Rosovsky (1992) encontró sólo uno entre 175 seleccionados al azar de los grupos registrados oficialmente; no obstante esta limitación, dicha investigadora concluye que las características de AA pueden ser en especial atractivas para las mujeres, ya que proporcionan anonimato, una variedad de horarios y, sobre todo, AA permite la adopción de prácticas comunes entre las mujeres, como la introspección, el análisis de la relación con otros, la expresión de amor y otros afectos y compartir, entre otros factores.

Rosovsky también observó que 22% de las mujeres se convirtieron en miembros de AA durante el mismo año en que sintieron que el alcohol se estaba convirtiendo en un problema para ellas, en comparación con sólo 11% de los varones, quienes tardaron más en solicitar ayuda. Los alcohólicos de ambos sexos reportaron que habían empezado a consumir antes de los 20 años, sin embargo, en las mujeres, la proporción fue menor (74 y 93%, respectivamente); más mujeres empezaron a consumir a una edad posterior (26% en oposición a 7.3%), y no se encontraron diferencias en el número de años que ocurrieron entre que empezaron a beber y se percibieron los problemas; a su vez, 58% de los hombres y 65% de las mujeres reportaron un lapso de 10 años o más (Rosovsky, 1992).

Un trabajo de propuestas elaborado por la Organización de Naciones Unidas después de revisar la situación en el mundo con base en los reportes de 26 países (OMS 1993) concluye que la mayoría de los programas de tratamiento y rehabilitación están basados en las necesidades de los hombres y no consideran las necesidades especiales de las mujeres, las cuales no son temas importantes para los varones. Asimismo, aunque existan refugios o centros de consejería, la mayoría de estos centran su atención en proteger a las mujeres, y pocos ofrecen asistencia a hombres y parejas con problemas concomitantes de violencia. Finalmente, pocos programas cuentan con suficientes recursos para llevar a cabo acciones de prevención.

Hacia una política más integral

La información presentada en este capítulo llama la atención hacia la necesidad de diseñar mejores acciones dirigidas hacia la prevención, tratamiento y rehabilitación de mujeres que están directa o indirectamente afectadas por el abuso de alcohol.

Desafortunadamente para nosotros, las diferencias en los niveles de consumo entre hombres y mujeres parecen disminuir. Las mujeres con mejores niveles de escolaridad y que trabajan están consumiendo más alcohol, tendencia que es evidente, sobre todo con la población adolescente; así, las diferencias entre el consumo de alcohol de mujeres y varones parece estar disminuyendo.

A pesar de las importantes diferencias entre hombres y mujeres, tradicionalmente la investigación social y de salud ha sido enfocada en los hábitos y problemas de consumo de los varones. Los métodos de medición utilizados actualmente para estudiar el problema, así como las alternativas de tratamiento y prevención, se han desarrollado sin considerar la condición especial de la mujer. Dawson y Archer (1992) han demostrado cómo, al analizar de nuevo los datos provenientes de encuestas que controlan las diferencias en peso y talla, a pesar de que los niveles de consumo siguen siendo más altos para los varones, las diferencias se han reducido considerablemente

Es necesaria más investigación que analice la extensión y tendencias del uso y abuso de alcohol en tal grupo de la población, utilizando medidas más adecuadas. La investigación social, básica y clínica debe proporcionar información que permita evaluar el peso derivado del uso de alcohol en el país; además, las técnicas y los criterios de investigación deben tener en cuenta los niveles de intoxicación y riesgo. La violencia aunada al consumo de alcohol, a menudo excluida de los problemas de salud pública, merece consideración especial.

Es importante reforzar el concepto de igualdad entre géneros en los programas de prevención. Idealmente, éstos deben empezar de manera temprana en los primeros años de escuela e involucrar diferentes organizaciones en la comunidad; asimismo, debe darse especial atención a los factores etiológicos que aumentan el riesgo para las mujeres, como los problemas afectivos, el rechazo social, la falta de oportunidades y el exceso de responsabilidades.

También es necesario promover programas de tratamiento diseñados para atender las necesidades especiales de las mujeres, como: a) su mayor riesgo de padecer comorbilidad psiquiátrica y alteraciones emocionales y físicas derivadas de su mayor vulnerabilidad; b) de los factores derivados de su condición femenina, como su salud reproductiva, el cuidado de los hijos, etcétera), o c) su más alto nivel de rechazo social, asociado con aislamiento, culpa, etcétera. Tales programas deben incluir acciones especiales de detección de mujeres con problemas, tomando en cuenta las barreras para la atención que se han observado para este grupo. Estos programas también deben proporcionar servicios para mujeres que, sin ser consumidoras de alcohol, están afectadas por los hábitos de consumo y los problemas de otras personas con quienes conviven.

Asimismo, deberá promoverse la participación de la mujer en los programas de intervención (prevención, tratamiento y rehabilitación) para el consumo de ellas y de familiares. Existen en el mundo múltiples ejemplos de programas exitosos que han sido promovidos por mujeres (OMS, 1993), por ejemplo: madres en contra de los conductores en estado de ebriedad. En México, hay pocos ejemplos de este tipo de movimientos; sin embargo, algunas experiencias apoyan el potencial de este tipo de actividades, por ejemplo: una vez concluido el proyecto coordinado por la OMS, "respuestas de la comunidad ante los problemas relacionados por el consumo de alcohol" (Rootman y Moser, 1984), fueron presentados los resultados a la comunidad, la cual fue invitada a comentar su significado y a proponer soluciones en los que ella podría participar. Como consecuencia, un grupo de mujeres se organizó y promovió que los expendios locales de pulque fueran cerrados. Más recientemente la ONG "Mujeres y Punto", dedicada a actividades de interés de la sociedad civil, empezó a formar grupos y a tomar acciones encaminadas a reducir el riesgo de accidentes asociados con el abuso de alcohol por parte de adolescentes y adultos jóvenes.

En resumen, las políticas de salud en general y los programas de desarrollo social en particular deben destacar el desarrollo psicológico y social de las mujeres, basados en principios de derechos humanos.

Referencias bibliográficas

Dawson, D. A. y A. Archer, "Gender Differences in Alcohol Consumption: Effects of Measurement", *Br. J. Addict 87* (1), 1992, 119-123.

Edwards, G. y cols., *Alcohol Policy and the Public Good*, Oxford University Press, 1994, 1-226.

Fillmore, K. M., E. Hartka, B. M. Johnstone, y cols., "A Meta-analysis of Life Course Variations in Drinking", *Br J Addict 86*, 1991, 1221-1286.

Jutkowitz, J. y E. U. Hongsook, "Drug Prevalence in Latin American and Caribbean Countries: A Cross-national Analysis", en *Drugs: Education, Prevention and Policy* 1(3), 1994, 199-252.

Knupfer, G., "Problems Associated with Drunkeness in Women. Some Research Issues", en *Special Population Issues. Alcohol and Health Monograph* 4:3-39, DHHS, publicación (ADM) 82-1192, Washington D.C. ,1982.

Medina-Mora, M. E., "Age and Gender Differences in Drinking Patterns, Attitudes, Norms and Problems, Data from the WHO Community Responses to Alcohol Related Problems", documento preparado para *International Symposium on Patterns of Alcohol Use and Misuse Among Different Populations*, NIAAA, PAHO, Washington, 1986.

_____, Tapia, R., J. Villatoro, J. Sepúlveda y cols., "Patterns of Alcohol Use in Mexican Urban Population: Results from a National Survey", documento presentado en el *17th Annual Alcohol Epidemiology Symposium*, Sigtuna, Suecia, 1991.

_____, Rojas, E., F. Juárez y cols., "Consumo de sustancias con efectos psicotrópicos en la población estudiantil de enseñanza media y media superior de la República Mexicana", *Salud Mental* 16 (3), 1993, 2-8.

_____, Berenzon, S. H. y G. Natera, "Experiencia de victimización y depresión en una muestra comunitaria", documento presentado en la *CINP/CMNP Regional Meeting*, Mexico, agosto de 1997.

Natera, G., M. Tiburcio, y J. Villatoro, "Marital Violence and it's Relationship to Excessive Drinking in México", *Contemporary Drug Problems*, 24/ invierno, 1997, 787-804.

_____, Herrejón, E. y E. Rojas, "Comparación de algunas de las características de la conducta de las esposas de alcohólicos y no alcohólicos", *Salud Mental* 11(1), 1988, 13-18.

Naciones Unidas, UNDCP, UN/DPCSD/DAW, OMS/PSA, ACC Subcommittee on Drug Control, *Women and Drug Abuse. A Position Paper*, 1994.

NIAAA (*National Institute on Alcohol Abuse and Alcoholism, Alcohol and Health*), *Eighth Special Report to the US Congress*, National Institute of Health, 1993.

_____, *Alcohol and Health, Nineth Special Report to the US Congress*, publicación NIH núm. 97-4017, National Institutes of Health, 1997.

Organización Mundial de la Salud, *Programme on Substance Abuse, Women and Substance Abuse*, 1992 Interim Report, Country Assessment Report, OMS/PSA/ 92.9, 1992.

_____, *Programme on Substance Abuse, Women and Substance Abuse*, 1993, Country Assessment Report, OMS/PSA/93.13, 1993.

Partanen, J., "Abstinence in Africa", en J. Maula, M. Lindblad, C. Tigerstedt L., Green-Rutanen (eds.), *Alcohol in Developing Countries: Proccedings from a Meeting in Oslo, Norway*, agosto 7-9, 1988 (pp. 70-85), Helsinki, Nordic Council for Alcohol and Drug Research, 1990.

Roizen, R., S. Brace, T. Cameron y C. Dixon, "Drinking Behavior in Crosscultural Perspective: Some Preliminary Findings from the World Health Organization Project", en *The World Health Organization Study of Community Responses to Alcohol Related Problems*, Alcohol Research Group, Berkeley, 1980.

Rojas, E., M. E. Medina-Mora, J. Villatoro, F. Juárez, S. Carreño, y S. Berenzon, "Evolución del consumo de drogas entre estudiantes del Distrito Federal", *Salud Mental* 21, 1, 1998, 37-42.

Rootman, I. y J. Moser, *Community Response to Alcohol Related Problems*, US Department of Health and Human Services, publicación núm. ADM85-1371, Washington, D. C., US Government Printing Office, 1984.

Rosovsky, H., *La mujer en el tratamiento de las adicciones*, trabajo presentado en el III Congreso Nacional de Investigación en Salud Pública, Mexico, 1992.

Secretaría de Salud, Dirección General de Epidemiología, Instituto Mexicano de Psiquiatría, Encuesta Nacional de Adicciones, 1989.

_____, Dirección General de Epidemiología, Instituto Mexicano de Psiquiatría, Encuesta Nacional de Adicciones, México, 1998.

Solís, L. y M. E. Medina-Mora, "La utilización de los servicios de atención para la salud mental por mujeres mexicanas. Resultados de dos encuestas nacionales", *Salud Mental* 17 (1), 1994, 7-10.

Vega, L. y R. Gutiérrez, "La inhalación deliberada de hidrocarburos aromáticos durante el embarazo de adolescentes consideradas como 'de la calle'", *Salud Mental* 21:2, 1998, 1-9.

5

Ciclo vital femenino y abuso de sustancias psicoactivas

Martha P. Romero-Mendoza,
Alejandro Díaz Martínez

Introducción

Cada día existe mayor reconocimiento al hecho de que al analizar los problemas de la salud de las mujeres, deben abordarse considerando las características históricas, socioeconómicas, culturales y educativas que las distinguen de los hombres, haciendo evidente que las diferencias de género son construcciones simbólicas, establecidas con base en los datos biológicos de la diferencia sexual.

Si bien en ciertas áreas las mujeres están más propensas y vulnerables a ciertos padecimientos, que las exponen a riesgos para su salud distintos de los de los hombres, en muchas ocasiones se encuentran en desventaja en el acceso a los servicios (Sayavedra y Flores, 1997).

En particular, gran parte de lo que sabemos acerca de las sustancias psicoactivas y cómo tratar a las personas que desarrollan adicción a ellas está basado en experiencias masculinas (Schmidt, Klee y Ames, 1990). En este conocimiento generalmente no se toman en cuenta diversos factores socioculturales, responsables de los procesos adictivos; así, el conocimiento ha sido aplicado a las mujeres, sin reconocer o haciéndolo parcialmente que las sustancias las afectan de forma distinta y que entre las mujeres existen diferencias. Barret (1990) señala que utilizar el concepto de la diferencia puede tener por lo menos tres usos particulares:

a) un sentido que registra efectivamente la diversidad de situaciones y experiencias de las mujeres, b) la comprensión de que su significado tiene un carácter posicional y no absoluto, y c) la diferencia sexual.

A diferencia del consumo del alcohol, para el cual se reconocen definiciones de uso, abuso y adicción (Medina-Mora, M. E., 1994), en relación con las sustancias psicoactivas no existe una norma social explícita que reconozca su uso. Cualquier uso generalmente se reconoce como abuso y/o adicción; por lo tanto es importante definir qué se entiende por adicción:

> La obsesión mental, así como una conducta compulsiva relacionada con la ingestión de una sustancia (alcohol o drogas) o en el involucramiento de una experiencia (juego, sexo). La adicción se manifiesta cuando el vínculo de la persona con la sustancia, persona o experiencia le causa dificultades, ya sea para procurarse el alivio de sus propias necesidades o para responder a las demandas ambientales. Gradualmente se presenta una obsesión mental y una compulsión para obtener la sustancia que produce la sensación gratificante. Generalmente existe la negación inequívoca de que se tiene un problema. Cuando la adicción progresa existe una menor habilidad de detener la conducta; por lo tanto, un sentimiento de falta de control se acompaña a la relación con el objeto adictivo (Van der Bergh, 1991).

De acuerdo con información epidemiológica, las mujeres en México consumen con mayor frecuencia que los varones sustancias de prescripción médica que producen adicción (anfetaminas, tranquilizantes, ansiolíticos o analgésicos) y un pequeño porcentaje consume sustancias ilegales (mariguana o cocaína), además del consumo de alcohol (ENA, 1988, 1993). La utilización de las sustancias psicoactivas aceptadas socialmente no es necesariamente buena para la salud de las mujeres por el solo hecho de ser legales. El uso de dichas sustancias puede llegar a ser un medio de control social –como lo han señalado algunas autoras al denominarlo "el negocio de tranquilizar a las mujeres" (Burín, 1990)–, de control de las emociones de las mujeres, y del aprendizaje del gremio médico a recetar para controlar la vida, las emociones, la experiencia y la subjetividad femenina mediante la práctica de prescribir drogas psicotrópicas. Asimismo, la utilización de las sustancias psicoativas ilegales (mariguana, cocaína o solventes inhalables) puede ser una forma de expresar disidencia, desobediencia o la búsqueda de un sentido de vida diferente (Romero, Rodríguez y Campillo, 1999).

El presente capítulo tiene como finalidad reflexionar desde una perspectiva de género, en torno a los hallazgos de investigación del uso de sustancias que permiten visualizar la especificidad de las mujeres y el consumo, su relación con el ciclo vital, histórico y social construido de las mujeres, destacar las barreras a tratamiento y sugerir algunas estrategias de atención a los problemas inherentes.

Especificidad de las mujeres

Al tratar de volver específicas a las mujeres, es inevitable referirse al cuerpo; al hacerlo, encontramos que los niveles de seguridad con los que pueden ser manejadas las sustancias psicoactivas varían entre mujeres y hombres debido a su fisiología diferente. Entre los factores que contribuyen a la diferencia en respuesta a dosis similares se observa que los niveles hormonales de las mujeres fluctúan debido a los ciclos menstruales, el embarazo y la menopausia.

Un problema importante es que los estudios destinados a probar nuevos medicamentos psicoactivos se realizan generalmente con mujeres que ya han pasado la menopausia, sin embargo, las mujeres fértiles que crían a sus hijos tienen tasas más altas de depresión y ansiedad; por tanto, las sustancias psicoactivas no están siendo prescritas adecuadamente (Schnoll y Weaver, 1998).

Algunas sustancias como los antipsicóticos causan disquinesia tardía (síndrome que consiste en movimientos involuntarios estereotipados, por lo general de carácter coreoatetoide que afectan sobre todo la boca, la cara, las extremidades y el tronco, Salín, 1997) y efectos extrapiramidales más frecuentemente entre las mujeres que entre los varones, por lo cual deben prescribirse de forma más cautelosa.

La cantidad de tejido adiposo en el cuerpo de la mujer influye en la absorción y los efectos acumulativos de drogas solubles en grasa, como las benzodiacepinas y el tetrahidrocannabinol, y este proceso puede ser evidente en el feto. Por ejemplo el síndrome de abstinencia neonatal ha sido asociado con diversas sustancias, como la metadona, los hipnóticos sedantes y el alcohol; sin embargo, se ha demostrado que las drogas psicoactivas (incluidos los antidepresivos y los antipsicóticos, que se prescriben a una mujer durante el embarazo) producen un síndrome similar después del nacimiento; además, con mayor frecuencia los bebés son prematuros y pequeños de acuerdo con su edad gestacional (Schardein, 1993).

Ha sido reiteradamente mencionado que las mujeres se deprimen más que los varones, pero se han destacado poco los factores que contribuyen a la depresión en las mujeres y también pueden conducir a una mujer a consumir alcohol y drogas (Medina-Mora, 1993).

Tales factores son especialmente importantes si reflexionamos en torno a los dobles estándares sociales, la doble moralidad para el goce del hombre y la mujer, la falta de poder y de control de la mujer en diversas áreas de sus vidas (por ejemplo: la religión, el estado y la familia han querido regular la maternidad) y las barreras económicas y sociales que limitan las elecciones de las mujeres (ARF*, 1996).

De hecho, las mujeres que abusan del consumo de sustancias tienen tasas más altas de comorbilidad psiquiátrica en alteraciones como la depresión, la ansiedad y los trastornos afectivos (Merikangas y Stevens, 1998).

La bibliografía internacional y nacional es consistente en señalar que las mujeres que en algún momento de sus vidas han sufrido experiencias de violencia física, emocional y sexual tienen más probabilidades de tomar medicamentos o desarrollar un problema de adicción a sustancias (Biulik, Sullivan y Rorty, 1989; Briere y Zaidi, 1989; Miller y Downs, 1993; Romero, Gómez y Medina-Mora, 1997, Romero, Gómez, Ramiro y Díaz, 1997; Romero y Medina-Mora, 1998).

Finalmente, ha sido demostrado que las mujeres que abusan de sustancias pueden tener mayor riesgo de padecer cáncer de mama, osteoporosis y trastornos en el ciclo menstrual (Naciones Unidas, 1994).

Etapas de la mujer y riesgo diferencial para el consumo de sustancias psicoactivas

De acuerdo con Lagarde (1996), el curso de vida de una persona está conformado por el conjunto de eventos del sujeto en el tiempo y está

* Addiction Research Foundation (Fundación para la Investigación de Adicciones).

definido por un ciclo, es decir, por el estereotipo normativo de vida que en sus condiciones históricas deberá recorrer el sujeto. Cada persona está determinada por varios ciclos de vida de acuerdo con su género, su nacionalidad, su generación, su clase social y otras categorías más. Al vivir, cada mujer cumple dichos mandatos o se aparta de ellos, a la vez que crea una manera de vivir y una identidad, y como resultado construye un curso de vida único e irrepetible; sin embargo, las etapas de la vida de las mujeres suelen definirse en términos de eventos sociales o biológicos. En las sociedades occidentales generalmente se habla de infancia, adolescencia, vida adulta y vejez; este agrupamiento está basado en un conjunto de cambios biológicos, sociales-cognitivos y de roles asignados. Lo que destaca en ellos es saber cómo se vuelven críticos los cambios reproductivos en la vida de las mujeres. Las transiciones que definen las posiciones de las personas y las prácticas sociales no son acontecimientos propios del individuo, sino que ocurren dentro del conjunto de relaciones sociales en el que se define la persona (Nájera, López, Evangelista, Zurita, Ortíz y Aparicio, 1998).

Conforme dicha conceptualización vital, las distintas mujeres a lo largo de sus vidas pueden encontrarse en riesgos diferenciales para consumir sustancias adictivas.

Las niñas

En la actualidad, la infancia es entendida como un periodo de vida que requiere cuidados y protección específicos, cuya duración se define particularmente en contextos culturales y familiares. De acuerdo con Bonfil y Bojórquez (1998), existe un gran vacío informativo y metodológico respecto a la investigación particular acerca de la infancia en México, con lo cual el conocimiento sobre las niñas es aún menor y poco el interés por conocer las especificidades de este sector de la población.

El caso de las adicciones en las niñas no es la excepción. Existe poca información estadística acerca del consumo de sustancias en mujeres menores de 12 años. En particular, la bibliografía gira en torno a grupos particulares de niñas denominadas "de la calle y en la calle", que cada vez más se constituye como un sector marginado de la población. En esta área destacan los trabajos realizados por la institución de asistencia privada EDNICA (Educación con el niño callejero, 1993), Vega y Gutiérrez (1998) con niñas en situación de calle, Romero (1998) en relación con niñas menores infractoras y Urteaga (1996) con "chavas punks". En ellos se destaca que el consumo, las drogas de elección, las dosis, la frecuencia de consumo y las vías utilizadas no pueden comprenderse si se descontextualizan y si no se consideran las historias personales de cada menor de edad. Estos estudios concuerdan en sus resultados en señalar, entre los condicionantes familiares y socioculturales para el consumo, el constante abuso y maltrato que impulsan a las niñas a asumir un espacio de supervivencia propio que a menudo encuentran en la calle y el consumo con un medio adaptativo para contender con su entorno agresivo.

Sin embargo, las niñas de la calle y en la calle no son las únicas menores víctimas de violencia y en riesgo de desarrollar un problema adictivo. De acuerdo con datos del Instituto Nacional de Pediatría acerca de niños y niñas hospitalizados (Loredo, 1994), existe una proporción mayor de niñas que de niños agredidos en el ámbito familiar (57% de hospitalizados son niñas). El maltrato es perpetrado especialmente por las madres, después por el padre o el padrastro y varían en su severidad, de manera que van desde los golpes hasta el homicidio y desde las agresiones verbales, el abuso sexual hasta la conducta de negligencia y abandono. El maltrato y el abuso sexual pueden tener consecuencias para la salud devastadoras a largo plazo: problemas de relación, baja autoestima, depresión, ideación suicida y, por supuesto, el abuso de sustancias (Heise, Ellsberg y Gottemoeller, 1999).

Confirmando los efectos, la Fundación de Investigación en Adicciones de Canadá (ARF, 1996) informa que la violencia física y sexual afecta a las mujeres de diversos modos: la mujer puede desarrollar sentimientos de vergüenza o culpa, tener dificultades en establecer límites, ser problemáticas sus relaciones íntimas o desarrollar conductas de daño a sí mismas.

De acuerdo con Schwartz, Cohen, Hoffman y Meeks (1989), el daño a sí mismas consiste en cortarse la cintura, los antebrazos, las piernas o la cara, ya sea a escondidas o abiertamente, y sirve para expresar sentimientos de rabia y coraje, tristeza, depresión crónica, vacío, dolor y rechazo o pérdida, y la mujer puede ingerir principalmente sustancias adictivas para bloquear sus pensamientos y sentimientos acerca de experiencias de violencia o consumir dichas sustancias para contender con el dolor físico y emocional de sufrir experiencias de violencias actuales o para tratar de controlarlas. Asimismo, una vez adicta, la mujer puede convertirse en víctima de otro tipo de violencia: la delictiva o la ligada al narcotráfico (Goldstein, Belucci, Spunt y Miller, 1991).

De lo anterior deducimos que el seguimiento de niñas víctimas de abuso se convierte en prioritario con el fin de prevenir el desarrollo en un proceso adictivo.

Otro grupo de menores de edad importante son las menores trabajadoras. Un estudio reciente llevado a cabo por DIF (Sistema Nacional para el Desarrollo Integral de la Familia) con apoyo de UNICEF (Fondo de las Naciones Unidas para la Infancia) y PNUFID (Programa de las Naciones Unidas para la Fiscalización Internacional de Drogas) documentó la existencia de 140 000 trabajadores en los espacios públicos de 100 ciudades del país (Medina-Mora, Villatoro y Fleiz, 1999). El consumo de drogas fue analizado en una muestra de 41 225 menores entre 6 y 17 años, 28% de los cuales eran mujeres. El trabajo que realizaban las niñas era en orden decreciente como vendedoras (44%), "cerillos" (23%), la mendicidad (3%) y la prostitución (1%). La mayoría vivía con familiares, entre los que se incluían figuras paternas (90%), sólo 2% vivía en la calle y 65% estaba matriculado en la escuela; además, 22% de las niñas reportaron que en sus lugares de trabajo se ofrecían sustancias, entre las cuales las más comunes eran la mariguana, los inhalables y la cocaína. El 12.6% de las niñas que consumen drogas lo hacen de forma cotidiana; niños y niñas empiezan por consumir inhalables y para ambos grupos, después de los 14 años, la mariguana pasa a ser la droga de preferencia.

Las adolescentes

De esta etapa de la vida se tiene más información en México. Destacan las encuestas nacionales en la población estudiantil y los sistemas de registro de información en drogas (Sistema de Vigilancia Epidemiológica en Adicciones, Centros de Integración Juvenil ,1996, y el Sistema de Reporte de Información en Drogas, 1986-1999), así como estudios de tipo etnográfico.

De acuerdo con los datos obtenidos en la Encuesta Nacional de Estudiantes en una muestra de 79 220, en jóvenes estudiantes cuyas edades fluctuaban entre 12 y 18 años, Medina-Mora (1996) informa que el tipo de sustancias que más consumen tanto hombres como mujeres son los inhalables (4.59 y 2.32%), las anfetaminas y otros estimulantes en segundo lugar, 2.35 y 2.27%, entre las mujeres los tranquilizantes ocupan el tercer lugar con índices de consumo superiores a los reportados por los varones (1.97 y 1.59%), mientras que entre los varones la mariguana ocupa este lugar de preferencia, con índices de consumo de cerca de cinco veces superiores a los observados entre las mujeres (2.48 y 0.50%). La cocaína fue reportada por cerca de tres veces más hombres que mujeres (1.09 y 0.36%).

Sabemos que los adolescentes hombres y mujeres utilizan las sustancias por motivos diferentes. En el estudio realizado por Medina-Mora (1996), los y las jóvenes dijeron que consumían mariguana para escapar de sus problemas (18%) y algunas porque les gustaba la sustancia (17%), sin embargo, al incluir en su análisis variables interpersonales, encontró que el predictor más importante para la experimentación y el consumo continuado tanto en hombres como en mujeres fue haber sido víctima de abuso sexual, la depresión, la ideación suicida, el estrés y la deserción escolar.

El Sistema de Reporte e Información en Drogas (Ortíz y cols., 1997) informa que de los casos registrados en ese año (n = 595), 91.1% eran varones y el 8.9% mujeres. Del total de mujeres (n = 52), la mayoría se inició con el consumo de los inhalables (32%), seguido del alcohol (18%), las anfetaminas y la mariguana (16% c/u), la cocaína (12%) y sólo 10% por el tabaco; sin embargo, no podemos deducir un perfil por edad.

Existen investigaciones de corte etnográfico caracterizadas por llevarse a cabo con grupos pequeños de personas en quienes se privilegia el acceso al significado que otorgan los sujetos sociales a su conducta adictiva entre ellos. Al respecto, Gutiérrez y Vega (1995) compartieron el espacio de la calle con ocho mujeres entre los 16 y 23 años; en su estudio, informaron que las mujeres consumidoras de drogas expresan malestares psicológicos por medio de la drogadicción y presentan sentimientos de tristeza, soledad, incapacidad y dependencia. Asimismo, ligados al consumo de solventes inhalables, las mujeres tienen sentimientos de desconfianza, miedo, vergüenza y enojo hacia los demás.

Las mujeres adultas

A lo largo de su vida, las mujeres visitan a sus médicos con mayor frecuencia que los hombres. Esta diferencia es particularmente marcada en el grupo entre 25 y 44 años de edad (la edad de crianza de los hijos). Las mujeres con problemas por el abuso de sustancias o que tienen miembros en su familia con problemas derivados del abuso de sustancias poseen tasas más altas de utilización de servicios de salud que las mujeres no afectadas por problemas de drogas. Esto es, las mujeres que abusan del alcohol y las drogas utilizan más los servicios de salud que quienes no los tienen, tanto para sí mismas como para su hijos; además, las mujeres con parejas que abusan de sustancias también tienen tasas más altas de utilización de servicios aunque ellas no sean consumidoras.

En Estados Unidos (Wallen 1998), las mujeres que utilizan sustancias tienen tasas de mortalidad más altas que las mujeres de la población general. Las causas más frecuentes de muerte incluyen el suicidio, los accidentes, la cirrosis hepática, los trastornos cardiovasculares y las tumoraciones. Aunque una pequeña minoría de las mujeres con problemas por el consumo de sustancias alguna vez recibe tratamiento, la mayoría acepta los servicios de salud por otras razones. Muy rara vez reportan su consumo.

En México, de acuerdo con Berenzon y Medina-Mora (este libro), los trastornos mentales que más se presentan entre el sexo femenino por los cuales acuden a servicios de salud son cuadros depresivos, de angustia y trastornos alimenticios, que pueden ser cuadros comorbiles con el uso de sustancias. El problema radica en que, al explorar estos trastornos, no se pregunta a las mujeres de forma rutinaria y sin prejuicios sobre el consumo de sustancias, incluidas las drogas médicas.

En un estudio realizado en servicios de urgencias en Pachuca, Hidalgo (Romero, Mondragón, Cherpitel, Medina-Mora y Borges, en prensa), se encontró que las mujeres que habían ingresado al servicio y que consumían alcohol de forma riesgosa presentaron dos veces más riesgo de tener depresión, 2.87 veces más de consumir otras drogas y 1.95 veces más de haber tenido una experiencia de abuso sexual.

El consumo de sustancias en mujeres adultas con frecuencia es negado o está subregistrado. Siempre es más sencillo identificar a un varón que a una mujer; por ello, es muy importante para los médicos del primer nivel de atención, médicos internistas y ginecoobstetras estar alerta de los indicadores de consumo, para detectar y referir a tratamiento de forma temprana y adecuada

La maternidad

En los últimos años, sobre todo en Estados Unidos, ha sido sancionado legalmente el consumo de sustancias ilegales en las mujeres embarazadas. El gran conflicto se sitúa en qué derechos son prioritarios: los de la madre o los del feto. Este tipo de dilemas los viven con mayor frecuencia mujeres que subsisten en la pobreza y ponen en entredicho la autonomía, la integridad corporal y el estatus constitucional de la mujer y dejan en último lugar un tratamiento integral para la mujer que considere las circunstancias sociales que rodean dicho embarazo y las necesidades económicas, educativas, de empleo, de vivienda y de salud que la madre tendrá a futuro si decide tener a su hijo (Gustavsson y MacEachron, 1997).

De acuerdo con Ettore (1992), si no son descubiertas las experiencias colectivas compartidas por las mujeres dependientes de las sustancias, se perpetuará el marco de referencia individualista que no permite entender por qué las mujeres persisten en continuar con estilos de vida que dañan su salud.

Las mujeres lesbianas

A pesar de la gran tolerancia social en los últimos años hacia la diversidad sexual, la homosexualidad es todavía estigmatizada. Este estigma es no sólo para la mujer, sino también para la familia, quien, al darse cuenta de la homosexualidad de alguno de sus integrantes, puede experimentar vergüenza, y para la mujer "salir del closet" puede ser especialmente difícil. La mujer tiene que considerar no sólo las dificultades con su familia, sus amigos y sus empleadores, sino también el hostigamiento hacia ella (y sus hijos si los tiene) por transgredir el orden social. Esta situación en algunas mujeres las coloca en riesgo de consumo de sustancias como medio para afrontar el rechazo homofóbico (Lewin y Lyons, 1982).

Las mujeres de la tercera edad

En la sociedad mexicana, las mujeres de mayor edad enfrentan situaciones de vida únicas, debido a una combinación en su estatus de ser mujeres y dejar de vivir para los demás; esta situación magnifica los factores de riesgo para el desarrollo de problemas derivados del abuso de sustancias. Rathbone-McCuan, Dyer y Wartman (1990) señalan que el primer factor por considerar en este grupo es el aislamiento provocado por diversos factores: la mujer ya no trabaja fuera de casa, probablemente sea viuda, si tuvo hijos tal vez ya no vivan con ella y quizá tenga alguna limitación física que la haga permanecer en el hogar. La depresión puede sumarse a estas circunstancias. Cuando tal situación se combina con el estigma social dirigido hacia las mujeres de edad, se potencializa el desarrollo del abuso de sustancias. Asimismo, la depresión, aunada a problemas crónicos de salud física (como la artritis), puede empeorar el cuadro, pues el dolor crónico puede actuar como factor precipitante para el mal consumo de sustancias o en la automedicación para aliviar el dolor tanto físico como emocional.

Las mujeres de la tercera edad metabolizan las sustancias de forma más lenta y éstas permanecen en sus cuerpos por periodos más prolongados; sin embargo, de acuerdo con las estadísticas (ENA, 1988,1993) a este grupo de mujeres se les prescribe mayor número de sustancias que a otro grupo y generalmente son legales, es decir, aquellas que se consiguen con facilidad en farmacias y cuyo uso se promueve en los medios masivos de comunicación.

En un análisis realizado por Tapia-Conyer, Cravioto y De la Rosa (1996) de la muestra de 911 personas de población entre 60 y 65 años derivados de la Encuesta Nacional de Adicciones de 1993 en México, se estimó que 22% de las mujeres y 13% de los hombres consumen depresores del sistema nervioso central (conocidos como tranquilizantes y sedantes). Tales medicamentos son los de mayor consumo, seguidos por los opioides (7% de las mujeres y 5% de los hombres). La edad de inicio del consumo, en la mayoría de los casos, es a los 60 años. El consumo de estas sustancias bajo prescripción médica ocurre en 85% de los casos, 3% se automedica y 5% los consume por recomendación de una amistad. Una mala prescripción de estos medicamentos ha sido asociada con condiciones incapacitantes y como factor causal de 10% de sus hospitalizaciones. De acuerdo con los autores mencionados, la prescripción de seis o más por año parece marcar la transición de un uso ocasional a otro constante y potencialmente problemático. Asimismo, el alto consumo puede afectar la calidad de vida de una persona.

Es indudable que deben concentrarse esfuerzos y recursos para realizar estudios en la población anciana, en particular de las mujeres, con el fin de evitar deterioros por causa de la ingestión de drogas médicas.

Barreras a tratamiento

De acuerdo con Larrauri (1995), en la cultura patriarcal la experiencia de una mujer siempre será inadecuada. Esa inadecuación hunde sus raíces en dos supuestos: uno, la humanidad existe en forma de dos experiencias, de dos sexos, de dos cualidades (la masculina y la femenina) –y, por tanto, el neutro sólo existe en el terreno de la abstracción– y, dos, la cultura patriarcal expresa en forma de valor y de fuerza los elementos que corresponden a la experiencia masculina, mientras que expresa en forma de desvalorización y de debilidad los elementos de la experiencia femenina.

El orden simbólico patriarcal determina no sólo los límites dentro de los cuales es posible percibir y pensar, sino también lo visible y lo pensable. El orden simbólico se encuentra incorporado a la lengua porque está formado por todos los significados que una cultura establece para revelar lo que es el mundo, para captarlo y desarrollarlo. Todo lo que no entra en ese universo cultural y lingüístico permanece en los márgenes como sinrazón, desajuste o locura o simplemente queda condenado a la invisibilidad. El consumo de sustancias adictivas es un ejemplo muy claro.

Las mujeres que tienen problemas derivados del abuso de sustancias son percibidas con frecuencia como menos "aceptables" socialmente que sus contrapartes masculinas. Por tanto, es más difícil que dejen entrever la necesidad de someterse a un tratamiento y que su problema por el consumo de sustancias sea diagnosticado o, si lo es, probablemente sea de forma incorrecta. A menudo este grupo de mujeres es considerado sexualmente promiscuo y de carácter débil por su consumo de drogas. Este estigma social exacerba la negación que es la principal barrera para pedir ayuda (Organización Mundial de la Salud, 1993).

Cuando las mujeres tienen un familiar con problemas de adicciones en casa suelen alentar a su pareja a ingresar a un servicio de tratamiento; sin embargo, cuando estas mujeres tienen los mismos problemas, la pareja, los miembros de la familia y los amigos niegan la existencia o la seriedad de aquéllos, en vez de alentarla a buscar ayuda.

Con frecuencia, las mujeres adictas tienen mayor probabilidad de estar a cargo de una familia como madres solteras, circunstancia que las pone en desventaja para acceder al tratamiento en comparación con los hombres. No participarán en servicios externos de tratamiento, a menos que puedan arreglar una supervisión adecuada para sus hijos; además, el mayor temor que tienen es perder la patria potestad. Esta situación es muy importante en los casos siguientes: a) mujeres que en la actualidad se encuentran en instituciones de procuración de justicia, quienes piensan que admitir el consumo de sustancias incidirá de forma negativa en el cuidado de sus hijos; b) mujeres embarazadas que temen ser calificadas como "madres no aptas" o que pueden enfrentar sanciones legales por consumir drogas al estar embarazadas; c) mujeres sujetas a violencia doméstica que temen que nadie podrá proteger a su prole; d) mujeres sin hogar que temen que servicios de protección social les quiten la custodia de sus menores; e) mujeres lesbianas que son madres; f) mujeres discapacitadas que, aun sin tener el estigma del abuso de sustancias, sean percibidas como madres incapaces, y g) cualquier mujer con hijos que no tiene una familia o sistemas de apoyo social para cuidar a aquéllos mientras ella acude a tratamiento.

Los mecanismos institucionales que identifican y algunas veces ayudan a los hombres con problemas de abuso de sustancias rara vez están disponibles para ayudar a las mujeres; por ejemplo: las mujeres que necesitan tratamiento tendrán menos posibilidades de ser identificadas en los espacios laborales.

Aunque el número de delitos relacionados con las drogas cometidos por adolescentes y adultas jóvenes en las instituciones de procuración de justicia ha aumentado (Azaola, 1998), las prisiones para los hombres tienen más servicios médicos, grupos de autoayuda y servicios de tratamiento para las adicciones que en aquellos diseñados para las mujeres (Romero, 1998).

Finalmente, las mujeres que abusan de sustancias quizá tengan temores adicionales que les impiden pedir ayuda: miedo al rechazo, temor a no saber cómo actuar cuando se logra la abstinencia, miedo a tratar con figuras de autoridad, temor a la venganza, miedo a ser expuestas, temor a intentar un nuevo tratamiento cuando ya se ha logrado la abstinencia y se tiene una recaída, etcétera.

Desarrollo de estrategias de atención

Los servicios de tratamiento no han sido lo suficientemente sensibles a las necesidades de las mujeres o a sus estilos de vida, y el personal encargado de brindar atención puede tener diversos prejuicios ante las experiencias que le son narradas (Harrison, 1993), por ejemplo: algunas mujeres pueden mostrar un rechazo abierto a sus hijos, pasar la mayor parte del tiempo llorando, o quizá hayan asesinado a alguna persona o se encuentren en una relación de pareja en la que predomina la violencia. Debido que muchas mujeres mantienen un estilo de vida que incluye la prostitución o el sexo a cambio de drogas, tienen mayor riesgo de ser seropositivas al VIH.

Generalmente, las mujeres consumidoras de drogas psicoactivas no controlan sus recursos económicos y en ocasiones mantienen vínculos afectivos con personas que son usuarias, que no pocas veces pueden entorpecer el tratamiento, que muestran violencia contra ellas justamente por asistir a tratamiento o que propician las recaídas (O'Dell, Haston y Weaver, 1998).

En estudios recientes ha sido encontrado un alto nivel de estrés postraumático entre pacientes en tratamiento por consumo de drogas, especialmente en los consumidores y las consumidoras de cocaína. Se ha sugerido que el nivel de experimentación de estrés postraumático es mayor entre mujeres que entre varones, como resultado de experiencias en la infancia y experiencias violentas adultas. La importancia del manejo de las experiencias de abuso en el tratamiento es innegable; asimismo, los servicios de tratamiento no han sido lo suficientemente sensibles a las necesidades de las mujeres o a sus estilos de vida. Sólo en forma reciente se ha considerado el cuidado infantil mientras la mujer asiste a tratamiento. Un gran número de mujeres usuarias son madres solteras y algunas otras tienen a sus nietos bajo su cuidado (Hall, 1998).

Por lo anterior, es indispensable brindar un enfoque holista para la atención y recuperación de la mujer, en el cual el ambiente físico y emocional sea seguro y confortable. En ocasiones ha demostrado ser útil contar con un equipo integrado por mujeres que reconozcan que los problemas inherentes a ellas en torno al consumo de sustancias es diferente, y reconocer que no todas las mujeres tienen las mismas necesidades.

Es primordial dar educación (no información) en cuanto a sus cuerpos, sus vínculos y sus estilos de enfrentamiento de problemas, que les proporcionen empoderamiento (otro estilo de enfrentar la vida, o entrenamiento para un trabajo remunerativo), e idealmente donde se tenga un programa que incluya estrategias de manejo de los problemas con la violencia intrafamiliar y la delictiva (Walker, 1984).

Finalmente, el Centro de Tratamiento para Abuso de Sustancias en Estados Unidos (CSAT 1994) sugiere como recomendaciones esenciales para tener éxito en el manejo de problemas adictivos lo siguiente:

a) Asegurarse que los servicios e investigación epidemiológica incluya datos desagregados por sexo tanto en su recolección como en el análisis y la difusión de resultados, con el fin de tener un panorama de necesidades de atención genéricamente específico.
b) Promover la puesta en marcha y la evaluación de la efectividad y la eficiencia de los servicios de abuso de sustancias para mujeres en otros contextos, como clínicas de primer nivel y de planificación familiar, además de servicios para adolescentes que en ocasiones ofrecen el primer y algunas veces único punto de contacto con las mujeres.
c) Ninguna modalidad de tratamiento es efectiva para todas las mujeres; por tanto, la combinación de servicios es recomendable y tendrán que tomarse en cuenta el nivel socioeconómico, la edad, la condición física y psicológica de la paciente, así como sus creencias religiosas, si es madre y su preferencia sexual.

México, como muchos países de América Latina, se ve confrontado con las consecuencias de la feminización de la pobreza. La sociedad debe responder a estos cambios económicos y encontrar respuestas, aunque la solución del problema no es sencilla. Pueden ponerse en duda los servicios tradicionales de salud, pero la colaboración interinstitucional puede ayudar a promover acciones preventivas y mejorar la calidad de atención de la diversidad de mujeres adictas.

Referencias bibliográficas

ARF, *The Hidden Majority. A Guidebook on Alcohol and Other Drug Issues for Counsellors who Work with Women*, Addiction Research Foundation, Toronto, 1996.

Azaola, E., "Nuevas tendencias en la criminalidad femenina", en R. Del Olmo, *Criminalidad y criminalización de la mujer en la región andina*, Programa de Naciones Unidas para el Desarrollo (PNUD), Fundación José Félix Ribas, Comisión Andina de Juristas, Nueva Sociedad, Venezuela, 1998.

Barret, M., "El concepto de diferencia", *Debate Feminista*, septiembre, 1990, 311-325.

Bonfil, P. y N. Bojórquez, *Informe ejecutivo del proyecto. La niña de hoy es la mujer de mañana* 4, UNICEF, DIF, GIMTRAP, 1998.

Briere, J. y L. Zaidi, "Sexual Abuse Histories and Sequelae in Female Psychiatric Emergency Room Patients", *Am J Psychiatry* 146, 12, 1989, 1602-1606.

Bulik, C., P. Sullivan y M. Rorty, "Childhood Sexual Abuse in Women with Bulimia", *J Clin Psychi* 50:12, 1989, 460-464.

Burin, M., E. Moncarz y F. Velázquez, *El malestar en las mujeres. La tranquilidad recetada*, Paidós, Barcelona, 1990.

CIJ, *Tendencias del consumo de drogas en pacientes de primer ingreso a tratamiento en Centros de Integración Juvenil A.C. (1990-1995)*, 1996.

CSAT, *Practical Approaches in the Treatment of Women who Abuse Alcohol and other Drugs*, Rockville MD, Department of Health and Human Services, Public Health Service, 1994.

EDNICA, *Vivir en la calle. La situación de los niños y niñas callejeros en el Distrito Federal*, México, 1993.

Encuesta Nacional de Adicciones (ENA), Dirección General de Epidemiología, Instituto Mexicano de Psiquiatría, Secretaría de Salud, Volumen Drogas, 1988.

_____, Dirección General de Epidemiología, Secretaría de Salud, volumen Drogas Médicas, volumen Drogas Ilegales, 1993.

Ettore, E., *Women and Substance Abuse*, Rutgers University Press, Inglaterra, 1992.

Goffman, E., *Estigma: la identidad deteriorada*, Amorrortu, Buenos Aires, 1993.

Goldstein, P., P. Bellucci, B. Spunt y T. H.Miller, "Volumen of Cocaine Use and Violence: A Comparsion Between Men and Women", *Journal of Drug Issues* 21(2), 1991, 345-367.

Gutiérrez, R. y L. Vega, "Los sentimientos experimentados por mujeres que inhalan deliberadamente solventes industriales", *Revista del Residente de Psiquiatría*, núm. 6, México, 1995.

Hall, S. H., "Drug Abuse Treatment", en E. Blechman y K .Brownell, *Behavioral Medicine & Women. A Comprehensive Handbook,* The Guilfrod Press, 1998.

Harrison, S., "Working with Women", en B. A. Howard, S. A. Harrison, V. Carven y L. Ligthfoot (eds.), *Alcohol & Drug Problems: A Practical Guide for Counsellors,* Toronto, Addiction Research Foundation, 1993, 195-218.

Heise, L., M. Ellsberg y M. Gottemoeller, "Ending Violence Against Women", *Population Reports,* serie L, núm. 11, Baltimore, Johns Hopkins University School of Public Health, Population Information Program, diciembre de 1999.

Lagarde, M., *Género y feminismo. Desarrollo humano y democracia,* Horas y Horas, Cuadernos inacabados núm. 25, Madrid, 1996.

Larrauri, M., "La diferencia como estilo", en A. Bocchetti, *Lo que quiere una mujer. Historia, política, teoría,* escritos de 1981-1995, Cátedra, Universidad de Valencia, Instituto de la Mujer, 1995.

Lewin, E., y T. Lyons, "Everything in its Place. The Coexistence of Lesbianism and Motherhood", en W. Paul, J. Weinrich, J. Gonsiorek y M. Hotvedt, *Homosexuality: Social, Psychological and Biological Issues,* Sage Publications, 1982.

Loredo, A., *Maltrato al menor,* Nueva Editorial Interamericana, México, 1994.

Medina-Mora, M. E., "Los conceptos de uso, abuso, dependencia y su medición", en R. Tapia Conyer, *Las adicciones: dimensión, impacto y perspectivas,* El Manual Moderno, México, 1994.

_____, *Diferencias por género en las prácticas de consumo de alcohol,* tesis de doctorado en Psicología, Facultad de Psicología, UNAM, 1993.

_____, "Factores que predicen el consumo de drogas en adolescentes, hombres y mujeres de enseñanza media y media superior de México", mimeografiado, 1996.

_____, J. Villatoro y C. Fleiz, *Estudio de niñas, niños y adolescentes trabajadores en 100 ciudades. Capítulo de uso indebido de sustancias,* UNICEF, DIF, PNUFID. México, 1999.

Merikangas, K. y D. Stevens, "Substance Abuse Among Women: Familiar Factors and Comorbidity", en C. L. Wetherington y A. Roman, *Drug Addiction Rsearch and the Health of Women,* National Institute on Drug Abuse, Rockville, 1998.

Miller, B. y W. Downs, "The Impact of Family Violence on the Use of Alcohol by Women", *Alcohol & Health Research World,* vol. 17 núm. 2, 1993, 137-143.

Naciones Unidas, *Women and Drug Abuse,* informe de las Naciones Unidas, 11 de febrero, mimeografiado, 1994.

Nájera, A., M. B. López, A. Evangelista, U. Zurita, I. Ortíz y B. Aparicio, "Maternidad, sexualidad y comportamiento reproductivo: apuntes sobre la iden-

_____, J. Villatoro y C. Fleiz, *Estudio de niñas, niños y adolescentes trabajadores en 100 ciudades. Capítulo de uso indebido de sustancias*, UNICEF, DIF, PNUFID. México, 1999.

Merikangas, K. y D. Stevens, "Substance Abuse Among Women: Familiar Factors and Comorbidity", en C. L. Wetherington y A. Roman, *Drug Addiction Rsearch and the Health of Women*, National Institute on Drug Abuse, Rockville, 1998.

Miller, B. y W. Downs, "The Impact of Family Violence on the Use of Alcohol by Women", *Alcohol & Health Research World*, vol. 17 núm. 2, 1993, 137-143.

Naciones Unidas, *Women and Drug Abuse,* informe de las Naciones Unidas, 11 de febrero, mimeografiado, 1994.

Nájera, A., M. B. López, A. Evangelista, U. Zurita, I. Ortíz y B. Aparicio, "Maternidad, sexualidad y comportamiento reproductivo: apuntes sobre la identidad de las mujeres", en J. G. Figueroa, *La condición de la salud en la mujer,* El Colegio de México, Programa de Salud Reproductiva, México, 1998.

O'Deel, K., N. Haston y G. Weaver, "Women in Recovery from Drug Misuse: An Exploratory Study of Their Social Networks and Social Support", *Substance Use & Misuse,* vol. 33(8), 1998, 1721-1734.

Organización Mundial de la Salud, *Women and Substance Abuse*, informe de estimación nacional, Ginebra, 1993.

Rathbone-McCuan, E., L. Dyer y J. Wartman, "Double Jeopardy: Chemical Dependency and Codependence in Older Women", en N. Van der Bergh, *Feminist Perspectives on Addictions*, Springer Publishing Company, 1991.

Romero, M., *Estudio de las adicciones en mujeres y su relación con otros problemas de salud mental*, tesis de doctorado en Antropología, Instituto de Investigaciones Antropológicas, Facultad de Filosofía y Letras, UNAM, 1998.

_____, C. Gómez y M. E. Medina-Mora, "Las mujeres adictas: de la descripción a su construcción social", en *El impacto del abuso de las drogas en la mujer y la familia*, reunión de grupo de consulta, Montevideo, informe final y ponencias, Organización de los Estados Americanos, Comisión Interamericana para el Control del Abuso de Drogas (CICAD), Instituto Interamericano del Niño (IIN), Uruguay, 1997.

_____, C. Gómez, M. Ramiro y A. Díaz, "Necesidades de atención a la salud mental de la mujer adicta", *Salud Mental*, vol. 20 núm. 2, 1997, 38-47.

Schnoll, S. y M. Weaver, "Pharmacology: Gender-specific Considrations in the Use of Psychoactive Medications", en C. L. Wetherington y A. Roman, *Drug Addiction Research and the Health of Women*, National Institute on Drug Abuse, Rockville, 1998.

Schwartz, R. H., P. Cohen, Hoffman y J. Meeks, "Self-harm Behaviors (Carving) in Female Adolescents Drug Abusers, *Clinical Pediatrics*, vol. 28, núm. 8, agosto de 1989.

Sherwin, S., "Hacia una ética feminista del cuidado a la salud", en G. Careaga, G. Figueroa y C. Mejía, *Etica y salud reproductiva*, Miguel Angel Porrúa, PUEG, Coordinación de Humanidades, UNAM, 1996.

Tapia-Conyer R., P. Cravioto y B. De la Rosa, "Consumo de drogas médicas en población de 60 a 65 años en México", Encuesta Nacional de Adicciones, 1993, *Salud Pública de México* 38, 1996, 458-465.

Urteaga, M., "Chavas activas punks: la virginidad sacudida", *Estudios sociológicos de El Colegio de México*, vol. XIV, núm. 40, enero-abril, 1996, 97-118.

Van Der Bergh, *Feminist Perspectives on Addictions*, Springer Publishing Company, Nueva York, 1991.

Vega, L. y R. Gutiérrez, "La inhalación deliberada de hidrocarburos aromáticos durante el embarazo de adolescentes consideradas 'de la calle'", *Salud Mental*, vol. 21 núm. 2,1998, 1-9.

Walker, L., *The Battered Woman Syndrome*, Springer Publishing Company, Nueva York, 1984.

Wallen, J., "Substance Abuse and Health-care Utilization", capítulo 50, en E. Blechamn y K. Brownell, *Behavioral Medicine & Women. A Comprehensive Handbook*, Guilford Press, 1998.

6

Experiencia de las mujeres frente al abuso de alcohol y drogas de sus familiares

Guillermina Natera,
Jazmín Mora,
Marcela Tiburcio

Introducción

El abuso de alcohol y otras drogas tiene consecuencias muy importantes para la salud del individuo y para su interacción social. Uno de los grupos más inmediatos que se ven afectados por el abuso o el consumo crónico de sustancias es la familia, y en especial la mujer.

Vivir cercanamente con un consumidor excesivo tiene severas implicaciones en la salud psicológica de sus familiares, implicaciones que son expresadas de modo distinto según el tipo de sustancia de consumo. Problemas relacionados con trastornos en las rutinas cotidianas, discusiones continuas, mala comunicación, sentimientos de preocupación, impotencia, incertidumbre, depresión y un estado general de malestar son el resultado de vivir en continua tensión al hacer frente a este tipo de problemas. Algunos de los sentimientos que se ligan a estas experiencias son la desconfianza, la duda y la indecisión acerca de cómo enfrentar la situación; así, las diferentes reacciones de los miembros de la familia van desde la indiferencia, la antipatía y la ambivalencia, hasta sentimientos homicidas por vivir con un padre o un esposo alcohólico (Orford, 1989).

El consumo excesivo de sustancias por parte de los padres es un factor significativamente perturbador en el desarrollo físico, psicológico y social de los niños y niñas. Se ha documentado que una gran proporción de ellos que viven con familias consumidoras sufren dificultades físicas, neurológicas, emocionales, en la conducta y el aprendizaje, malnutrición infantil, así como experiencias de abuso y negligencia hacia los niños, que, a largo plazo, en la etapa adulta puede conducirlos a tener mayores riesgos de ser consumidores excesivos de alcohol en las generaciones siguientes (Orford, Natera y cols., 1998a).

Hablar de la familia es referirse a la mujer, pues, a raíz de la Revolución industrial, en aquélla ha recaído la formación de la "familia moderna", y con ello el concepto de "ama de casa", lo cual ha sido sinónimo de cuidadora y "responsable" de la crianza de los hijos, de la preservación de la salud y de la educación, además de cumplir una función muy importante como generadora de cohesión entre sus miembros. Las mujeres tienen que hacer "tolerable el ambiente familiar", por lo cual su situación social está ligada estrechamente a la vida familiar.

En la familia se expresan y reproducen los valores aprobados por la cultura y la sociedad, los roles de género, así como las expectativas que se tiene de ellos. En el caso de las adicciones, como en el amplio campo de la salud y de la educación, se refuerza el estereotipo familiar, en el cual se considera que la mujer es controladora del consumo de drogas de los demás.

En la investigación sobre adicciones, la atención en estudios de género ha sido escasa, pero lo es aún más el estudio del género desde la óptica de aquellos que soportan y son afectados física y psicológicamente por el consumo de algún miembro de la familia. Además, el Estado *concede* cada vez más a la familia la injusta tarea y responsabilidad de prevenir, atender y resolver los problemas de las adicciones, cuando éstas no son un problema que ella creó o, en todo caso, es multicasual.

El presente trabajo está basado principalmente en los resultados de una investigación transcultural que se realizó en México y Gran Bretaña para conocer los mecanismos que utiliza la familia con el fin de hacer frente a los problemas de las adicciones.[1] En este capítulo analizaremos

[1] Fueron entrevistadas 100 familias en México y 100 en Gran Bretaña. Los temas que analizados fueron: historia familiar del consumo, impacto en la salud del consumidor y los familiares, el estrés, el apoyo social recibido y las expectativas hacia el futuro. La metodología utilizada fue cualitativa (*grounded theory*) y cuantitativa. Para conocer en detalle los aspectos metodológicos de este estudio, sugerimos al lec-

la influencia que existe en la salud física y psicológica en la mujer, sobre todo en la madre y en la esposa, cuando enfrentan el abuso de alcohol y otras drogas de alguno de los miembros del grupo familiar, e identificaremos cuáles han sido los apoyos sociales formales e informales que reciben para enfrentar el estrés ocasionado por dichos problemas. Con base en estos resultados, se reflexiona hacia dónde tendrían que orientarse las políticas de salud para apoyar a las familias y particularmente a la mujer. Gran parte de los resultados de este trabajo han sido presentados en diferentes artículos, por lo cual en el presente capítulo haremos referencia a los hallazgos reportados en ellos.

En este trabajo, como en la mayoría de las investigaciones sobre familia, la mujer fue la principal informante, de modo que, si bien mencionamos reiteradamente a la familia, ésta es vista a través de su particular enfoque.

Conceptos teóricos

Consideraciones acerca de la familia

Recientemente, la sociología y la antropología han contribuido a renovar los conceptos teóricos para comprender lo que es la familia y lo "familiar"; además, la investigación en el campo de las adicciones ha corroborado muchos de estos avances teóricos en la práctica. Una conceptualización amplia de la familia la proponen Salles y Tuirán (1998) al decir: "las familias y, por tanto, los hogares que las albergan constituyen ámbitos de relaciones sociales de naturaleza íntima, donde conviven e interactúan personas emparentadas, de géneros y generaciones distintas. En su seno se entretejen relaciones de poder y autoridad" (p. 81).

Para Bourdieu (1993), la familia es un principio colectivo de construcción de la realidad colectiva, que a su vez es socialmente construi-

---

tor consultar el artículo de G. Natera y J. Orford, "Research for the Development of Family Abilities for the Treatment of Problems of Alcohol Abuse. Drug Dependence: From the Molecular to the Social Level", 1992: 353-359, Elsevier Science Publishers.

Este proyecto recibió apoyo de CONACYT y del Consejo Británico para el análisis transcultural.

do. Es un elemento constitutivo de nuestro *habitus*, una estructura mental que, al haber sido inculcada en todos los "cerebros socializados", de alguna manera es individual y colectiva y dota a cada uno de sus miembros de un "espíritu de familia", generador de devociones, generosidades, intereses y solidaridades. Para Segalen (1992), la estructura del grupo doméstico es importante porque revela cierta forma de organización que regula la transmisión de prácticas y de los valores culturales, "articulando familia y trabajo, familia y poder, familia y hacer" (p. 43).

Con base en esas relaciones de poder, jerarquía, solidaridad, interés y cultura y los estereotipos de roles, la familia trata de responder al problema de las adicciones, para lo cual desarrolla mecanismos que le son naturales, pero éstos frecuentemente son rebasados por la complejidad del fenómeno. Es un problema social para el que ningún miembro de la familia estaba preparado, porque en muchos sentidos los mecanismos naturales utilizados no han sido los más útiles ni los más benéficos para la esposa o madre ni para los usuarios. En ese sentido, la familia también es víctima de este fenómeno, por lo cual urge identificar sus necesidades de atención, rescatando sus fortalezas y debilidades para proporcionarle la ayuda necesaria.

Hoy día, la estructura familiar está modificándose no sólo en términos de las relaciones entre sus miembros, sino también en las concepciones teóricas que dan cuenta del fenómeno familiar, las cuales han cambiado paulatinamente, un ejemplo de ello son las concepciones acerca del poder patriarcal, que van perdiendo importancia. A pesar de estas transformaciones, la pertenencia al grupo familiar en México es muy importante: tanto moldea la construcción de la identidad del mexicano (Díaz Guerrero, 1994), como es el principal generador de cuidados básicos, principalmente representados por el papel que desempeñan las mujeres; además, cumple una función importante como respuesta informal, no institucionalizada, que puede llegar a convertirse en el principal apoyo para las políticas de salud.

Actualmente, la construcción social del concepto de género, así como el de la familia se encuentran en un proceso de transición, aunque su evolución no ha sido homogénea para todos los grupos sociales. Por un lado, se cuestionan los papeles del hombre y la mujer para que tiendan a ser más igualitarios y, por el otro, la estructura familiar se ha modificado, por ejemplo: incremento en el número de hogares monoparentales, aumentos de divorcios o de parejas que cohabitan, cambio en las tasas de fecundidad, etcétera (Conteo de Población y Vivienda, INEGI, 1996).

Algunas de las estadísticas del INEGI (1996) revelan cómo viven las familias en México. En 1995 se registraron 18.2 millones de hogares que se pueden considerar familiares, los cuales agrupan a 88.1 millones de personas con un promedio de cinco miembros por hogar, 59% de los cuales recibía menos de cinco salarios mínimos en 1994 y 4% no recibía ningún ingreso.

El 21% son hogares con jefatura femenina, 25 de cada 100 jefas de familia no tienen escolaridad y el ingreso corriente de éstas representó 78% del que alcanzaron los hogares monoparentales encabezados por padres. Un porcentaje elevado de 48% no son beneficiarios de ningún sistema de derechohabiencia en la República Mexicana; de acuerdo con esto, la mayoría de los mexicanos viven en familia, organizados en hogares nucleares, ampliados o compuestos, según sea su estructura e integración, pero la mayor parte de ellos no cuenta con recursos suficientes para vivir una subsistencia de calidad, lo cual se refleja en la atención que dan a su salud.

Las familias estudiadas en esta investigación corresponden a un nivel socioeconómico bajo o medio-bajo, viven en colonias populares o de reciente creación y, aunque cuentan con servicios, éstos son muy deficientes; asimismo, viven en casas-habitación de seguridad social o en terrenos que comparten con la familia extensa. En la mayoría de los casos los ingresos apenas son suficientes para satisfacer las necesidades básicas y la mayor parte de las mujeres trabajan para contribuir a la manutención; además, sólo 35% tiene derecho a la seguridad social.

Acerca de la familia y las adicciones

En el campo de las adicciones, una de las formas más convencionales de estudiar a la familia ha sido verla como un sistema que propicia conductas adictivas cuando éste funciona mal, ya sea porque tengan relaciones "disfuncionales" o "asimétricas", etcétera. Partimos del supuesto de que el consumo excesivo de alcohol o drogas no es necesariamente un síntoma de disfuncionalidad en el sistema familiar, o que el consumo es de alguna manera funcional en este grupo, en el que la atribución de la responsabilidad recae por lo general en las mujeres, lo que se ha identificado con el concepto de codependencia (término muy empleado por los grupos de AA). Este término implica que también ella tiene un desorden de personalidad que favorece el consumo de drogas. Por lo común se hace énfasis en la psicopatología como si la familia fuera una condición aislada y ésta no fuese también un reflejo de la sociedad (Segalen, 1992). En el presente trabajo no adoptamos este modelo. El modelo teórico del cual partimos se fundamenta en las formas de enfrentamiento ante los problemas de consumo (Orford, 1992).

El enfoque que utilizamos supone que al enfrentar el problema (emociones, actitudes y acciones), los miembros de la familia responden a una tensión no producida por ellos y que cada individuo responderá de acuerdo con su historia personal, sus valores, el conocimiento e información que tenga acerca de las drogas, el estrés crónico al que haya estado expuesto, la percepción de sus recursos de apoyo disponibles, el contexto sociocultural, etcétera. Debe considerarse que el consumo de alcohol y drogas es estresante tanto para quien lo consume como para los familiares que lo soportan. Dicho modelo permitió estudiar a las mujeres por separado, algunos de cuyos resultados se presentan en este trabajo.

Como ya fue mencionado, las reacciones de los familiares han sido denominadas desde algunas perspectivas teóricas como codependencia; sin embargo, se ha visto que esta noción en la pareja puede ser contraproducente en la terapia. La imagen de sentirse codependiente obstaculiza la exploración de una variedad de alternativas para las estrategias de enfrentamiento que puede desarrollar la esposa. Además, reifica la posibilidad de hacer algo si no está presente el consumidor (Orford, 1992).

Abuso de sustancias y sus consecuencias para la vida de las mujeres

Una diversidad de problemas como la violencia intrafamiliar (incluyendo el abuso sexual y el incesto), la separación de las parejas, las dificultades económicas ocasionadas por el gasto en la bebida, los continuos préstamos para resolver el consumo, el desempleo, las incapacidades en la salud tanto en el familiar como en el consumidor, etcétera, son asociados con el consumo crónico. Éste también tiene implicaciones negativas en el área de salud reproductiva, cuando la madre embarazada es consumidora excesiva, lo cual conlleva severas consecuencias en el desarrollo del feto. Otras fuentes adicionales de estrés para el familiar son la posibilidad de infección de VIH por el consumo de drogas, así como las fatales consecuencias por sobredosis (OMS, 1993).

El consumo de alcohol y otras drogas es socialmente aprendido; en este proceso de modelamiento, el papel de los padres es esencial. La socialización temprana dentro del medio ambiente familiar interviene en la adquisición de normas y creencias hacia el consumo; por ello, es común que en los hogares donde existe el consumo de sustancias, los niños desarrollen a menudo estilos de bebida basados en las formas de beber de los miembros adultos de la familia, aunque ésta no es la única institución que cumple tal función. En México, mientras el hombre es el que ha dado la pauta acerca de cómo beber alcohol, la mujer se ha adjudicado el deber de soportar las consecuencias del consumo.

Respecto a los efectos del consumo de alcohol y drogas, es imposible cuantificar la contribución a la salud y malestar a la mujer y cómo afecta de varias formas a los miembros de la familia, ya sean adultos o niños. Diferentes factores tienen una influencia directa e indirecta en los riesgos y consecuencias del abuso de sustancias.

Salud psicológica y física

Los resultados, obtenidos mediante el estudio mencionado en párrafos anteriores respecto a la salud psicológica y física, confirman los hallazgos de investigaciones previas que sugieren que los familiares cercanos de consumidores de sustancias tienen un alto riesgo de presentar problemas de salud mental, independientemente del contraste cultural y de las condiciones de vida (Orford, Natera, Davies y cols., 1998). Se observó que los familiares en México obtuvieron mayores puntuaciones que los ingleses en la subescala de síntomas somáticos de la Escala de Síntomas (SRT, por sus siglas en inglés), atribuible en parte a los desacuerdos familiares para enfrentar el problema.

Tales hallazgos fueron corroborados al contrastar a la submuestra de mujeres (madres-esposas) en ambos países, que mostró diferencias significativas para la subescala de síntomas físicos, la cual fue mayor en el caso de México. Respecto a los síntomas psicológicos, se observaron algunas variaciones en síntomas específicos, por ejemplo los "ataques de pánico" fueron más representativos entre las mujeres inglesas que en las mexicanas, mientras que los "nervios" fueron más frecuentemente mencionados en México, ya que en nuestra cultura son una forma cotidiana de expresar el malestar psicológico (Mora, 1998). De igual manera, los sentimientos de culpa son muy comunes en ambas culturas; así, la mujer siempre se atribuye a sí misma el origen del consumo excesivo del hijo o la hija, porque piensa que no supo cuidarlo, o cuidarla, que no le dio lo necesario o que lo(a) consintió en exceso, experiencias que suelen describir las madres de consumidores (Natera y Mora, 1995). Si bien pudo haber errores en la crianza, lo que no toman en cuenta estas madres es que hoy día existe un ambiente en el que el consumo de sustancias está muy difundido socialmente, pues el acceso a las drogas cada vez es mayor y en el caso del alcohol, para el cual existe una legislación, ésta no la cumplen las autoridades correspondientes.

Relacionar las formas de enfrentamiento que incluyen respuestas de tolerancia e inacción y la salud mental implica un costo emocional que se refleja en las altas correlaciones obtenidas entre estos mecanismos de enfrentamiento y la presencia principalmente de sintomatología física. En México se encontró una asociación positiva entre la percepción de conflicto familiar y las estrategias de *tolerancia e inacción*, ejercidas sobre todo por las mujeres, tuvo como resultado la presencia de mayor malestar psicológico (Orford y cols., en prensa).

Violencia y abuso de sustancias

Existen evidencias científicas de que la violencia familiar, así como el abuso de alcohol se vinculan con los antecedentes de violencia en las familias de origen, cuyo efecto es diferente en hombres y en mujeres (Graham y cols., 1998); esta concepción ha llegado al imaginario colectivo de la población. Por ello, en nuestro estudio fue común que al indagar sobre las causas del abuso de alcohol de los hombres, se encontró una tendencia generalizada en el grupo de esposas a atribuir el problema a las experiencias de negligencia y maltrato que padecieron los consumidores durante su infancia, o bien, el consumo excesivo de alcohol de sus familiares cercanos. Ellas emplean estos argumentos para explicarse el origen del problema; sin embargo, no ponen en duda por qué ellas tienen que sufrir y resolver estos errores de crianza.

Si bien el alcohol puede ser un precipitante de la violencia, lo que no ha llegado a aclararse es "por qué ésta generalmente esta dirigida a la mujer y en especial a la esposa" (Heise, 1994). En nuestro país aún no se ha cuantificado el nivel nacional, pero en una encuesta de hogares realizada al sur de la ciudad de México se encontró una prevalencia de 38% de incidentes violentos dirigidos a las esposas por parte de sus cónyuges, en los que el consumo excesivo de alcohol fue un indicador de violencia asociado estrechamente con los *actos físicos* (Natera, Tiburcio y Villatoro, 1997).

Una de las experiencias más comúnmente reportadas y que tiene importantes repercusiones en la salud mental de las mujeres fue expresado en un gran número de testimonios de violencia ligados al consumo de alcohol y drogas. Las mujeres generalmente mencionaron la violencia física y las amenazas por parte de los cónyuges con consumo crónico de alcohol, pero tal vez la violencia más importante dentro del contexto que analizamos, sean las amenazas, incluso de muerte, que el esposo hace a la familia si acude a pedir ayuda. La justificación que ellos les dan es: "su forma de consumo no resulta problemática porque ellos pueden dejar de beber cuando quieran" o "nadie tiene por qué enterarse de sus problemas familiares", por lo cual varias mujeres entrevistadas acudieron a escondidas de su cónyuge o pareja.

Los incidentes de violencia física y psicológica por parte del consumidor hacia algún familiar eran dirigidos principalmente a la madre o esposa y en menor proporción a otros miembros de la familia, como padres, hijos o hermanos. De hecho, 73% de los entrevistados reportaron por lo menos un incidente de violencia relacionada con el consumo (Natera, Mora y Tiburcio, 1996). De éstos, siete utilizaron armas para amenazar (cuchillo, pistola o palos) a los familiares; no obstante, estos sucesos, que generalmente se viven como experiencias muy desagradables, han servido para atreverse a buscar ayuda especializada.

Fue común que los padres y hermanos mayores recurrieran a acciones violentas en un afán por controlar al consumidor (lo insultan, lo corren de la casa o incluso lo amenazan con llamar a la policía); sin embargo, esto, más que ayudar, puede agravar la situación al poner en riesgo a otros miembros de la familia. Estas actitudes afectan gravemente a las madres, quienes prefieren enfrentar en silencio los problemas inherentes al consumo, para evitar otros conflictos mayores; esto, además de incrementar su estrés, también favorece la adopción de conductas de encubrimiento al consumidor.

¿Cómo enfrenta la mujer el consumo de alcohol y drogas de los demás?

Un deterioro más significativo ha sido observado en la salud de la mujer –sobre todo cuando es la madre o la esposa del consumidor de drogas– que en la de otros miembros de la familia, pues tiene que enfrentar las consecuencias del consumo, y finalmente se autorresponsabiliza de lidiar con la cohesión familiar y en buscar alternativas de apoyo para el consumidor (Natera, Mora y cols., 1997).

En México, las esposas y madres reportaron significativamente más experiencias respecto a las formas de enfrentar el problema que cualquier otro miembro de la familia, involucrándose con el consumidor de manera emocional, controladora y apoyadora. En comparación con Gran Bretaña, las esposas mexicanas presentan más mecanismos de enfrentamiento de tolerancia e inacción hacia los esposos consumidores crónicos de alcohol. Esta actitud la presentan las mujeres inglesas más cuando el marido es consumidor de drogas ilegales (Orford, Natera y cols., en prensa).

A su vez, la religión desempeña un papel determinante como amortiguador del estrés en el empleo de las estrategias de enfrentamiento, ya que contribuye a mantener una serie de valores tradicionales y colectivistas (Triandis, 1993) frente a los problemas de consumo. Al establecer la comparación transcultural con Inglaterra, se encontró que en México los familiares que participaban activamente en la religión tendían a emplear más estrategias de tolerancia-inacción, esto es, de sacrificio o resignación y de aceptación (Orford, Natera y cols., en prensa). Los resultados comparativos entre la cultura mexicana e inglesa indican que en esta última, los familiares, sin importar el rol, tienden a emplear con mayor frecuencia estrategias de independencia frente al problema de consumo. Para las madres inglesas, la forma más apropiada de respuesta consiste en involucrarse con los hijos, de modo tal que dan afecto al consumidor, lo cuiden y lo comprendan, aunque se mantienen en un estado de incertidumbre constante por no saber hasta dónde ayudarle.

Un padre o una madre pueden ser tolerantes, controladores o dar apoyo e intentar comprender al consumidor; sin embargo, esta conducta ha sido calificada como "sobreprotectora, con una connotación patologizante y peyorativa, asumiendo que se trata de un comportamiento anormal de los padres, cuando tal vez sea una forma de relación parental implícita en la crianza que se deriva del papel de padre en condiciones de reto muy altas, como lo es vivir con un hijo(a) que consume drogas excesivamente" (Orford y cols., en prensa).

Algunos de los aspectos que explican la forma como la mujer en México enfrenta el consumo de alcohol y drogas están determinados por la percepción cultural que se tiene de estas sustancias, así como del concepto de su rol de género y de la relación familiar.

Percepción cultural de las drogas

En el estudio de familias se corroboró que en México existe menor aceptación para el consumo de drogas que de alcohol, porque las drogas se perciben como un problema muy grave, aberrante e ilegal; a su vez, los familiares temen que el problema aumente y se vuelva incontrolable. Tienen mayor conciencia (aunque no necesariamente sea un conocimiento veraz) de las consecuencias negativas y de los daños que puede producir el consumo a corto plazo de manera irreversible. Además, cuando el consumo de drogas resulta evidente para la familia (generalmente para la madre o esposa), es porque ya ha pasado un tiempo en que estuvo oculto, por el temor a ser descubierto principalmente por su carácter de ilegal. Esta percepción hace que la mujer, aun en contra del esposo, recurra en búsqueda de ayuda más rápidamente, primero con los familiares y después con las instituciones de salud que éstos les recomienden.

Sin embargo, el periodo que transcurre desde que la mujer detecta el problema de consumo de cualquier droga hasta que pide ayuda es mucho más corto que en los casos del alcohol. Esto sucede principalmente por la aceptación cultural del alcohol, por su legalidad y porque al principio no se da la relevancia necesaria a los problemas y los accidentes se ven como algo azaroso hasta que se vuelven crónicos. Además, reconocer las consecuencias negativas del consumo excesivo de alcohol dentro del hogar (violencia, problemas económicos, etcétera) aún representa un estigma y vergüenza. Este sentimiento de vergüenza, junto con el clima de conflicto (Natera y Mora, 1997) del que continuamente se quejan las mujeres, son los aspectos más dominantes en las familias en México al compararse con otras culturas, como la inglesa.

El consumo de alcohol y tabaco suele privilegiarse en México sobre otras drogas, lo cual se refleja en el comentario que uno de los padres entrevistados hace a su hijo, quien es consumidor de inhalables, "por qué no consumes algo normal como el alcohol o el tabaco", pues existe la percepción de que los solventes "secan el cerebro".

Papel que desempeña el género frente a las adicciones

En este apartado no se hace énfasis en comparar las diferencias por género de cómo hombres y mujeres enfrentan a los familiares consumidores de diferente sexo, que desde luego son muy importantes y requerirán un estudio exhaustivo; más bien, alude principalmente a la posición de las mujeres frente a los problemas inherentes a las adicciones en la familia, aunque en la mayoría de los casos el consumidor fue el hombre.

La mujer se siente más responsable de convencer al adicto consumidor de drogas o de alcohol de buscar soluciones, alternativas y de acompañarlo al tratamiento. Este proceso se asume como algo natural.

Las madres son particularmente afectadas ya que se ven presionadas por la sociedad para hacer frente a las consecuencias negativas del consumo, de manera que suelen renunciar a sus actividades cotidianas en el hogar y el trabajo en la desgastante tarea de controlar el consumo, dejan de relacionarse con amigos y familiares y tratan de mantener oculta la "gran vergüenza" que representa para ellas tener un hijo adicto (Natera, Mora y Tiburcio, 1997). Asumir el papel de cuidadora tiene un costo emocional muy alto, pues, a pesar de que la madre obtiene control y poder aparentes, actuar de esta manera le representa un gran sufrimiento. Se mantiene constantemente en un estado de preocupación y de soledad, evitando compartir estos problemas con los demás por temor a las reacciones impredecibles del consumidor o, en todo caso, se dedica a disculparlo y encubrirlo. Esta conducta puede ser pasiva o activa, parte de esto último sería comprar la bebida al consumidor o beber con él. Una forma más pasiva es cuidar que los hijos pequeños no perturben al consumidor, no pedir nada al consumidor, etcétera (Natera y Mora, 1995).

Las mujeres, en su papel como hija-esposa-hermana-madre-suegra-abuela, se encuentran en un dilema, aunque pueden llegar a censurar y quejarse de las consecuencias del consumo (pero no del consumo mismo) como la violencia, por la falta de recursos económicos, etcétera; además, no se deciden a abandonar al consumidor por la preocupación de lo que puede sucederle, ya que lo perciben como un ser desvalido. En el caso de las esposas, sienten temor pues piensan que si se quedan solas no podrán salir adelante por sí mismas en la manutención de los hijos, por lo cual prefieren buscar otras soluciones en el interior de la familia. Por ejemplo, es común que las mujeres piensen que pueden resolver el problema del consumo, que depende de la buena voluntad de parte de ellas en el hogar; además, empiezan a solicitar consejos, a consultar a yerberos, farmacéuticos y otros familiares, etcétera, para saber cómo ayudar al consumidor; sin embargo, la mayoría de estos consejos llevan buenas intenciones, no siempre son los mejores, lo cual favorece que las mujeres soporten por más tiempo de forma tolerante e inactiva.

Si bien este capítulo está dedicado a analizar a las mujeres, no podemos dejar al margen algunos aspectos observados en los hombres en su rol de padres. Los padres sustituyen a la madre como cuidadores de la salud de los hijos involucrados en el consumo de drogas cuando ellos sienten culpa y han sido consumidores de alguna sustancia, están en rehabilitación; cuando la esposa trabaja y no puede llevar al adicto a tratamiento; cuando hay conductas de los hijos que consideran severas (por ejemplo: robos, reprobación de año escolar, etcétera); cuando no están de acuerdo con la actitud de la esposa, (por ejemplo: consiente al usuario(a)); o cuando la ven que está muy afectada (generalmente deprimida) por la conducta del hijo o hija. En general se observó una gran preocupación en los padres, pero su participación no fue porque haya una conciencia de género, sino más bien una preocupación legítima de padre (Natera, Mora y Orford, 1998). Las conductas de ellos se orientaron más a lo que Torres (1998) ha llamado *aspectos positivos del machismo*.

Estrés

Diferentes explicaciones tienen las mujeres para actuar como lo hacen y para manejar sus consecuencias. Sabemos que la forma como enfrentan la situación depende del grado y la naturaleza del estrés asociado con el problema (ya sea de drogas o alcohol), del parentesco con el consumidor y de las relaciones de género. Los estresores son de índole diferente: van desde el sufrimiento observado por la salud y el daño que se hace el adicto, hasta los efectos negativos del consumo en la economía, pues en muchos casos los familiares tienen la necesidad de pedir dinero prestado y contraer deudas para salvar al adicto, por ejemplo: cuando se encuentra en periodos largos de internamiento para la desintoxicación, o cuando produce algún daño a terceras personas, o cuando tiene que pagar alguna multa para sacarlo de la cárcel. Las esposas se quejan constantemente de la irresponsabilidad de sus cónyuges en el hogar y en el trabajo.

Otra fuente de estrés es el comportamiento impredecible del usuario, que puede ir desde la irritabilidad y la violencia verbal, hasta la violencia física o cualquier otra conducta de abuso. Los celos y el hostigamiento sexual son frecuentes, sobre todo en hombres alcohólicos. Aunque existen otras acciones que ponen en riesgo la vida de la familia, como el descuido y la negligencia del usuario (por ejemplo: consumir alcohol o drogas con amigos dentro de la casa, dejar encendidos cigarros por la noche, cargar armas y cuchillos, etcétera), es muy difícil que la mujer abandone al consumidor.

Cuando el adicto es consumidor de drogas ilegales, se añaden fuentes de tensión más específicas, como los robos a familiares y extraños, los problemas con la policía, el aislamiento familiar y el temor cuando el adicto consume dentro de la casa por miedo a que los hijos pequeños se enteren. Una tensión adicional son los conflictos y desacuerdos entre los diferentes miembros de la familia nuclear y extensa sobre la manera de enfrentar el problema de consumo (Natera, Mora y Tiburcio,

1997). Como fue mencionado en párrafos anteriores, es común que los familiares acusen a la madre por sobreproteger al consumidor o critiquen a las esposas de ser las propiciadoras del consumo; ésta es una forma de estrés más específica para las mujeres que para los hombres.

Sin embargo, hasta muy avanzado el problema del consumo, las madres o esposas agotaron todos los recursos a su alcance y se les ocurre pensar en que tal vez pueden hacer algo para ellas o para sus hijos, con el fin de mejorar su situación, aunque el adicto o adicta no deje de consumir drogas o no asista al tratamiento.

Tipo de relación familiar

La forma de enfrentar los problemas derivados del consumo de drogas o alcohol es resultado de las relaciones de género y de los papeles familiares tradicionales que se reproducen. No es lo mismo cómo se enfrenta a un esposo o un hijo, como una hija se enfrenta a un padre, etcétera. Un ejemplo de ello es la influencia que pueden ejercer las suegras o las madres que aconsejan tolerar al alcohólico como lo hicieron ellas o sus madres o incluso sus abuelas y darles consejos acerca de cómo resolverlo, impidiendo de esta manera que se rompa el estatus de la familia (Natera, Mora y Tiburcio, 1996). Por otra parte, es común que, por un conflicto de lealtades, la madre proteja al consumidor aunque esté casado, y que se oponga a todas las estrategias de resolver el problema por parte de la esposa. Algo similar sucede con las abuelas cuando el consumidor es el nieto, lo cual se convierte en una fuente más de estrés para la mujer.

El apoyo social[2] como forma de enfrentar el estrés

Sarason y Pierce (1990) mencionan la importancia de comprender los mecanismos por los cuales el apoyo social regula y actúa sobre la salud. El apoyo social es no sólo un moderador del estrés que funciona como

[2] El apoyo social es definido como la asistencia a personas, ya sea mediante información y acciones (reales o potenciales), que permite a los individuos y a los grupos dentro de las comunidades sentir que son cuidados y valorados por alguien o que están en posición de recibir ayuda por otros cuando ellos la necesiten (Heller, 1979).

una de las mejores formas de prevenir la enfermedad cuando está disponible y al alcance de la población (Cassel, 1976), sino también el apoyo social brinda protección en estados patológicos y acelera la recuperación de la enfermedad (Cobb, 1976).

Sin embargo, para que el apoyo social funcione, también es necesario, señalan Sarason y cols (1990), saber que el individuo tiene un sentido de aceptación, de querer ser cuidado, de querer comunicar su intimidad, conocer qué se da como apoyo y de qué manera puede estar disponible en situaciones específicas. El apoyo social debe construirse como parte de la cultura, entenderse y explicarse a la luz de los valores de los habitantes de una comunidad.

De acuerdo con los conceptos anteriores, las mujeres manifestaron no saber a dónde acudir para ayudar al consumidor; además, no saben que ellas pueden ser ayudadas, independientemente de que el consumidor no quiera asistir a tratamiento. Por otra parte, cuando las mujeres acudieron a buscar un apoyo, la atención fue deficiente en general, por ejemplo: los médicos las regañan, amenazan al consumidor, presionan a la mujer para que acuda el consumidor y nunca se les ofreció ayuda formal a ellas para enfrentar de la mejor forma estos problemas. El estereotipo del alcohólico y del drogadicto también permea los servicios de salud y no fue fácil que los médicos estuvieran dispuestos a dar atención, pues generalmente los canalizaron a AA y hasta ahí llegó su orientación. Tampoco se reportó como una ayuda eficiente a los grupos de autoayuda, pues el consumidor deserta y las granjas para alcohólicos fueron reportadas como muy negativas (incluso las esposas los ayudan a escapar de ellas).

Los recursos de apoyo social en adicciones son percibidos como muy limitados, no obstante que hay más de 50 centros de integración juvenil en el Distrito Federal. Existen diversas razones que explican por qué la búsqueda de ayuda profesional, sobre todo para el alcohol, ocurre sólo cuando el problema de consumo ha avanzado, por ejemplo, poca claridad en qué consiste un apoyo externo que no provenga de la familia, hay dudas acerca de qué instituciones pueden brindarlo, en qué momento solicitarlo y, sobre todo, un gran desconocimiento de los centros de atención especializados a donde pueden recurrir. En consecuencia, el principal recurso es la familia cercana (porque se considera que el consumo excesivo es un problema privado que se resuelve en el ámbito familiar), aunque intervienen otros miembros de la familia para hacer frente al consumo en un familiar cercano, como los tíos, los padrinos o madrinas, etcétera.

El problema se agudiza cuando las familias se encuentran en condiciones de pobreza, como las aquí estudiadas, de modo que no podían acceder fácilmente a los centros, pues el costo social y económico que implicaba era muy elevado (recorrer largas distancias, no contar con tiempo, tener limitaciones económicas), y muchas veces no ven resultados a corto plazo, pero tal vez lo más importante es que no visualizan qué pueden hacer los demás por ellos. Al haberse difundido que las adicciones son un problema originado por la forma como se desarrollan las relaciones familiares en la infancia de los adictos y al no poder dar marcha atrás en estos aspectos, se crea gran escepticismo de que alguien pueda ayudarlos o, en otros casos, prevalece el temor a que la policía intervenga y empeore la situación.

Al establecer los análisis comparativos entre México e Inglaterra, se observó una gran dificultad en nuestro país, para definir con claridad lo que constituye un apoyo positivo o adecuado para ellos. Lo cierto es que en Gran Bretaña hay mayor conocimiento de los recursos institucionales disponibles y existe un buen sistema de "red" para canalizar a los usuarios a centros especializados a partir de la consulta a un médico familiar, además de que la vergüenza y el miedo no son tan dominantes. La familia en Gran Bretaña también resultó ser un apoyo, pero no siempre lo reportan como bueno (Orford, Natera y cols., 1998a).

Finalmente, para que el apoyo social funcione es necesario proporcionar información, la cual constituye una parte necesaria pero no suficiente del apoyo social, ya sea instrumental o funcional (Thoits, 1995); sin embargo, algo tan sencillo y fácil de lograr ha limitado a la mujer a tener acceso a los lugares disponibles para solicitar ayuda oportuna. Con todo, no sólo se trata de promover el conocimiento, sino también se requiere incidir en las creencias, las actitudes y las conductas mencionadas, las cuales obstaculizan que las mujeres acudan oportunamente a los centros especializados para su atención. Debe hacerse sentir a la mujer que ella puede ser ayudada a manejar su estrés y sus sentimientos, sin necesidad de que el adicto o consumidor esté en tratamiento.

Las mujeres acuden a un servicio de salud únicamente cuando se ven obligadas por las circunstancias, cuando existe un suceso que rebasa sus posibilidades de acción, en muchos casos cuando los consumidores son canalizados por medio de los sistemas de justicia o educativos, cuando ocurre algún incidente de violencia que involucra a familiares y vecinos, o cuando existe un problema de salud severo en el consumidor, como alucinaciones, intoxicaciones o algún otro padecimiento crónico grave. La información debe servir tanto a consumidores como a familiares a identificar cuándo un consumo normal de alcohol se convierte en abuso y en un problema de salud, y solicitar ayuda de manera más oportuna.

¿Hacia dónde deberían ser orientadas las políticas de salud?

En resumen, podemos mencionar que en México la familia, por medio de las mujeres (como esposas, madres o hijas), constituye la principal red de atención ante un problema de adicciones. ¿Por qué las mujeres enfrentan el consumo de alcohol y drogas de los esposos e hijos principalmente con tolerancia o involucramiento emocional, que las lleva a cuidar de los demás y les impide desarrollarse de forma independiente? La respuesta es variada; como vimos, en parte cuentan con el reforzamiento cultural de que ésta es la manera natural de respuesta de una madre o esposa; en segundo lugar, no tienen información de otras alternativas de respuesta, ni saben que existan apoyos sociales que puedan ayudarles a resolver estos problemas; y, aunado a ello, están los sentimientos de vergüenza, miedo y culpa. Los familiares manifiestan su temor a ser señalados o criticados al tratar de buscar ayuda externa. La representación social que se tiene del alcohólico en la sociedad, en legos y profesionales, continúa siendo la del vicioso, irresponsable, culpable de todos los males y de la violencia; esta imagen impide que el alcohólico se reconozca como un enfermo que requiere ayuda. Sin embargo, la mujer podría responder de manera más eficiente para sí misma y para el consumidor si con las políticas pusieran en práctica estrategias de intervención basadas en los hallazgos de investigación.

De acuerdo con lo anterior, las políticas propuestas deben estar basadas en una óptica de salud, entendida desde el punto de vista médico y social, por medio de la cual se proporcione atención integral a la familia en pro del bienestar de los otros miembros y no sólo del consumidor, con el fin de que no sólo las mujeres tengan que lidiar con el problema. Para alcanzar este objetivo, las políticas deben tomar en cuenta que no es suficiente que la población conozca la existencia de los servicios de salud e incluso que sean gratuitos, sino también saber por qué es limitada su utilización. A lo largo de este amplio estudio en familias hemos observado que generalmente, además de las adicciones, existen otros problemas en las familias, como pobreza, fuertes preocupaciones por satisfacer las necesidades de sobrevivencia y tener que elegir entre ir a trabajar o acudir al tratamiento, todo lo cual contribuye a incrementar las fuentes de tensión y limitar la asistencia a centros de apoyo. Esta situación podría subsanarse parcialmente si se adoptara una perspectiva de "enlace" de los diferentes servicios de salud, desde los generales hasta los más especializados a fin de que la familia reciba la atención adecuada en el menor tiempo posible. Además, existe una necesidad apremiante de que el Estado proporcione niveles más elevados de calidad de vida que garanticen la posibilidad de asistencia.

La forma más convencional de aprovechar los servicios de salud es intervenir individualmente, ya sea con el bebedor o bebedora y esporádicamente con uno o más familiares. La intervención más novedosa es tomar como centro de interés al familiar que está más preocupado y convive cotidianamente, aunque el consumidor no quiera asistir. Esta visión se fundamenta en el alcance que puede tener la intervención con los familiares, pues éstos son los primeros en reconocer y darse cuenta de los problemas de consumo en uno de sus miembros, por lo que al ayudar al familiar se realiza una forma de intervención temprana.

Es necesario buscar nuevos mecanismos para que la comunidad cuente con difusión de estrategias de prevención que influyan en las actitudes y que promuevan, por ejemplo, el aprendizaje de conductas moderadas hacia el consumo de alcohol, en este sentido existen programas como el de "Uso responsable de bebidas alcohólicas" (Sánchez Craig, 1994), que puede difundirse a nivel masivo por medio de los medios de comunicación. En países que tienen patrones moderados y socialmente aceptados de consumo de alcohol, como los europeos, parece que los jóvenes tienen menos problemas relacionados con el consumo de alcohol.

El cambio de actitud debe centrarse en ayudar a modificar el estereotipo en la sociedad, en este caso el estigma que representa tener un familiar adicto y que lleva a las mujeres a ocultar el problema –alentada en general por el consumidor excesivo (de que la solución debe buscarse sólo en la familia)–, y evitar que las mujeres sean el grupo especialmente vulnerable, al tomar la injusta responsabilidad del control del consumo del otro. La información debe llevar mensajes que las impulsen a buscar nuevas formas de solución en centros especializados en adicciones o bien en centros de apoyo donde les brinden oportunamente la atención psicológica, legal, médica, etcétera, para que aprendan nuevas estrategias más benéficas para ellas. Al respecto se elaboró un manual para orientar a las familias, como resultado de esta investigación (Natera y Orford, 1998).

Hay que hacer las políticas repensando en las nuevas formas de estructura familiar, pues la mujer ya no debe ser la única cuidadora y responsable, como fue considerada durante mucho tiempo, que estaría siempre disponible en el hogar para garantizar el cuidado de la salud y la educación de los hijos y del esposo. Hoy día sabemos que esto ha dejado de funcionar, al incorporarse la mujer a la vida laboral.

Por otra parte, la estructura de la familia no es universal, sino que evoluciona a lo largo del tiempo en respuesta a circunstancias sociales y de desarrollo, aun dentro del mismo país. Su funcionamiento tampoco es estándar y varía de acuerdo con la etapa del ciclo vital, la estructura familiar, la cultura, la etnicidad, el momento histórico, los estresores situacionales, la clase social y los factores económicos, por mencionar unos ejemplos (Patterson, 1996). Por ello, es importante considerar estos aspectos en el desarrollo de políticas sociales en salud.

El diseño de políticas no es una tarea fácil, sobre todo en el contexto del abuso de sustancias, porque intervienen múltiples intereses económicos y porque el consumo no es una condición homogénea. Existen los consumidores experimentales, los que han desarrollado un hábito y quienes son propiamente adictos. En el caso de la salud, aunque hay oferta de servicios, el acceso a ellos es muy desigual; además, la heterogeneidad cultural y socioeconómica de la población hace que el costo de oportunidad de acceder a un servicio de salud esté en función de los recursos económicos de las personas.

Privilegiar la estrategia de políticas sociales[3] en salud, orientadas hacia el apoyo de las familias y que lidien directamente con el problema,

[3] Díaz Polanco y Thaís Mingón señalan que el concepto de política social no es un

es esencial. Se requiere la formación de recursos humanos en salud para lograr objetivos de difusión, información y canalización oportuna tanto a los familiares como a los consumidores. En este proceso, es imperativo generar una actitud de servicio, así como sensibilizar al personal, al médico y en general a las ciencias de la salud y sociales con los problemas de las adicciones y las consecuencias en el nivel no sólo psicológico, sino también físico en la familia, con una visión de género y del papel social de los diferentes actores, a fin de brindar un apoyo más efectivo.

Asimismo, debe disponerse de unidades de atención primaria a la salud, que abarquen a la población rural y urbana a nivel comunitario, en áreas accesibles en su vida cotidiana, como las escuelas, las iglesias, los mercados, los centros de salud en general, los clubes, las organizaciones comunitarias, etcétera.

En nuestra sociedad, el consumo de alcohol y drogas tiene un papel político y social; además, su aparición y su exacerbado crecimiento ha afectado cada vez más a un mayor número de personas, independientemente de la edad, del género y de la clase social hasta convertirse en un problema de salud. De hecho, los organismos internacionales han señalado la existencia de factores como el profundo deterioro social que ha provocado iniquidades, agudizando las desigualdades socioeconómicas de subsistencia en las poblaciones. La pobreza, la falta de oportunidades de empleo, el estrés ocasionado por "condiciones de vida intolerables, aburrimiento, frustraciones, regímenes políticos represivos", etcétera, (Desjarlais y cols., 1997), que producen desesperanza en las expectativas de vida, son parte de las motivaciones para incrementar el consumo de alcohol y drogas. De acuerdo con este contexto, es poco lo que la familia puede hacer, pero mucho lo que se espera de ella; por tanto, hay que proporcionarle empoderamiento al grupo y en especial a la mujer.

---

término técnico ni tiene significado exacto. Este concepto puede incluir aquellas políticas públicas dirigidas a realizar algún cambio en la estructura de la sociedad. La dificultad para definir la política social se refiere principalmente a que está relacionada de manera compleja con el bienestar social. Ambos autores expresan la naturaleza y la estructura del sistema social. En todo caso, Sabino (1996) la define como un conjunto de acciones desarrolladas por el Estado con dos fines: incrementar el bienestar social de la población y resolver los problemas sociales que se presentan en determinados sectores de la población.

Las adicciones son un problema que requiere políticas muy claras y valientes tanto hacia la oferta, como hacia la producción y distribución del alcohol y las drogas, por ejemplo: orientar dichas políticas hacia la reducción de la demanda y del daño, además de dar información a la sociedad para fomentar la participación comunitaria a fin de fortalecer las redes de apoyo disponibles para las familias, así como convocar a las mujeres para participar en el diseño, ejecución, seguimiento y evaluación de las políticas públicas.

Ha sido demostrado que al buscar ayuda especializada, la situación en el hogar cambia, pero pasa mucho tiempo antes de recurrir a este tipo de ayuda; no obstante, con la intervención de los grupos de autoayuda y del apoyo terapéutico, las mujeres pueden adoptar acciones más asertivas y de independencia, lo cual se refleja en la preocupación por su salud y bienestar personal, más que por el adicto y su consumo (Natera, Mora y Tiburcio, 1997).

Referencias bibliográficas

Bordieu, P., "A propos de la famille comme categorie realisee", *Actes de la recherche en sciences sociales* 100, 1993, 32-36.

Cassel, J., "The Contribution of the Social Environment to Host Resistance", *American Journal of Epidemiology* 104, 1976, 107-123.

Cobb, S., "Social Support as a Moderator of Life Stress", *Psychosomatic Medicine* 39, 1976, 300-314.

Desjarlais, R., L.. Eisenberg, B. Good y A. .Kleinman, *Salud mental en el mundo. Problemas y prioridades en poblaciones de bajos ingresos*, Organización Panamericana de la Salud, 1997, 590 p.

Díaz-Guerrero, R., *Psicología del mexicano. Descubrimiento de la etnopsicología*, 6ª edición, Trillas, México, 1994, 412 p.

Díaz Polanco, J. y T. Maingón, "La reforma del sector salud en América Latina: las políticas de salud en los 90'", *IV Congreso Latinoamericano de Ciencias Sociales y Medicina*, Cuernavaca, Morelos, junio 2-6 de 1997.

Graham, K., S. Wells y P. West, "A Framework for Applying Explanations of Alcohol-Related Aggression to Naturally Occurring Aggressive Behavior", *Contemporary Drug Problems* 24(4), 1977, 625-666.

Heise, L. L., "Violence Againt Women: An Integrated, Ecological Model", *The Health and Development Policy Project*, Takoma Park M. D.

Heller, K. "The Effects of Social Support: Prevention and Treatment Implications, en A. P. Golstein y F. H. Kanfer (eds.) *Maximizing Treatment Gains: Transfer Enhacement in Psychotherapy*, Academic Press, Nueva York, 1979, pp. 253-382.

Instituto Nacional de Estadística, Geografía e Informática, Estados Unidos Mexicanos, *Conteo de Población y Vivienda 1995*, resultados definitivos, tabulados básicos, INEGI, México, 1996.

Mora Ríos, J. *Salud mental en la mujer: Un estudio transcultural en el campo de las adicciones*, tesis para obtener el grado de Maestría, Facultad de Psicología, Universidad Nacional Autónoma de México, 1998.

Natera G. y M. Holmila, "El papel de los roles sexuales en la familia y el consumo de alcohol. Una comparación entre México y Finlandia" *Salud Mental* 13 (3), 1990, 20-26.

_____ y J. Mora, "Atribuciones al género femenino en la prevención de las adicciones", en *Género y salud femenina. Experiencias de investigación en México*, Universidad de Guadalajara, Centro de Investigaciones y Estudios Superiores en Antropología Social, 1995, 109-123.

_____, J. Mora y M. Tiburcio, "Familia, rol y adicciones. Investigación sobre familias y fenómenos sociales emergentes", UNAM-UAM-DIF, reporte interno, Instituto Mexicano de Psiquiatría, 1996.

_____, J. Mora y M. Tiburcio, "Las adicciones y la violencia familiar en México", en G. R. Jiménez (comp.), *¿Y la familia?*, Centro Universitario de Estudios para la Familia, Universidad Autónoma de Tlaxcala, 1996, 93-102.

_____, J. Mora y M. Tiburcio, "El rol de las mujeres mexicanas frente al consumo de alcohol y drogas en la familia", *Revista de Psicología Social y Personalidad* 13(2), 1997, 165-190.

_____, J. Mora y M. Tiburcio, "Aspectos estructurales y funcionales del apoyo social en la familia con consumidores de drogas", en G. R Jiménez (comp.), *Familia: una construcción social*, Centro Universitario de Estudios para la Familia, Universidad Autónoma de Tlaxcala, 1998, 385-412.

_____, J. Orford y M. Tiburcio, *Orientación para las familias de los trabajadores*, OIT-OMS-SSA-IMP, 1998, 20 pp.

_____, J. Orford, M. Tiburcio y J. Mora, *Prevención del consumo de alcohol y drogas en el trabajador y sus familiares. Manual para el orientador*, OIT-OMS-SSA-IMP, 1998, 90 pp.

_____, M. Tiburcio y J. Villatoro, "Marital Violence and its Relationship to Excessive Drinking in Mexico", *Contemporary Drug Problems* 24(4), 1997, 787-804.

Orford, J., "Alcohol Problems and the Family: An International Review of the Literature with Implications for Intervention and Research", en L. Kozlowski, T. Annis, Cappel, H. D.Glase y cols. (eds.), *Research Advances in Alcohol and Drug Problems*, vol. 10, Plenum Press, Nueva York, 1989, 81-155.

_____, Control, "Confront or Collude: How Family and Society Respond to Excessive Drinking", *British Journal of Addictions* 87, 1992, 1513-1525.

_____, G. Natera, J. Davies, A. Nava, J. Mora, K. Rigby, C. Bradbury, A. Copello y R. Velleman, "Stresses and Strains for Family Members Living with Drinking or Drug Problems in England and México", *Salud Mental* 21(1), 1998a, 1-13.

_____, G. Natera, J. Davies, A. Nava, J. Mora, K. Rigby, C. Bradbury, N. Bowie, A. Copello y R. Velleman, "Tolerate, Engage or Withdraw: A Study of the Structure of Family Coping in England and Mexico", *Addiction* 93(12), 1998b, 1799-1813.

_____, G. Natera, R. Velleman, A. Copello, N. Bowie, C. Bradbury, J. Davies, J. Mora, A. Nava, K. Rigby y M. Tiburcio, Ways of Coping and the Health of Relatives Facing Drugs and Alcohol Problems in Mexico City and South West England, *Addiction* 96: 761-774, 2001.

Organización Mundial de la Salud, "Programme on Substance Abuse. Psychosocial Impact of Substance Use on Families", *A Literature Review*, OMS, Ginebra, 1993.

Patterson, J. M. "Family Research Methods: Issues and Strategies", en C. A. Heflinger, C. T. Nixon (eds.), *Families and the Mental Health System for Children and Adolescents. Policy, Services and Research*, SAGE Publications, Thousand Oaks, CA., 1996, 117-144.

Sabino, C., "Concepciones y tendencias actuales en la definición de las políticas sociales", en *Revista Venezolana de Economía y Ciencias Sociales* 1, 1996, 71-84.

Salles, V., y R. Tuirán, "Cambios demográficos y socioculturales: familias contemporáneas en México", en B. Schmukler (comp), *Familias y relaciones de género. Cambios trascendentales en América Latina y el Caribe*, Population Council-Edamex, México, 1998, 83-126.

Sánchez Craig, Martha, *The Alcohol Risk Assessment and Intervention*, Addiction Research Foundation, 1994, adaptado a México por Silvia Carreño y cols., "Uso responsable de bebidas alcohólicas", IMP-SSA-CONADIC, 1998.

Sarason, B. R., I. G. Sarason y G. R. Pierce, "Traditional Views of Social Support and Their Impact on Assessment", en B. R. Saranson, I. G. Saranson y G. R. Pierce (eds.), *Social Support: An Interactional View,* Wiley, Nueva York, 1990, 9-25.

Segalen, M., *Antropología histórica de la familia,* Taurus Universitaria, Madrid, 1992.

Torres, B., "Masculinity and Gender Roles Among Puerto Rican Men: Machismo on the US Mainland", *American Journal of Orthopsychiatry* 68(1), 1998, 16-26.

Triandis, H. C., "Collectivism and Individualism as Cultural Syndromes", *Cross-Cultural Research* 27, 1993, 155-180.

Thoits, P., Stress, "Coping and Social Support Processes: Where are we?" *Journal of Health and Social Behaviour,* (número especial), 1995, 53-79.

7

Salud mental y trabajo extradoméstico

Maricarmen Acevedo,
María Asunción Lara

Introducción

El objetivo del presente capítulo es presentar un panorama general de los efectos del trabajo extradoméstico en la salud física y mental de las mujeres en México. Para entender la relación que existe entre trabajo y salud, se revisarán algunos estudios acerca de las condiciones del trabajo femenino y se agruparán con los rubros siguientes: participación femenina en la fuerza laboral en México, peculiaridades del trabajo femenino en cuanto a condiciones laborales, salariales y políticas de ascensos; hostigamiento sexual, discriminación laboral, el vínculo entre el trabajo extradoméstico y otros ámbitos de la vida de las mujeres (como el trabajo doméstico, la relación de pareja y el cuidado de los niños). Finalmente, se revisarán los efectos del trabajo en la salud física y mental de las mujeres.

Condiciones socioeconómicas que afectan el empleo y la salud

Las políticas económicas a partir de la década de 1980 han afectado las condiciones de trabajo, el poder adquisitivo y los niveles de salud de la población mexicana. Rangel (1998), en una revisión sobre el tema, menciona que 15 años de políticas neoliberales, que privilegiaron la macroeconomía, la reducción del gasto social y el adelgazamiento del Estado, han tenido un efecto nocivo en los trabajadores respecto a una disminución del poder adquisitivo y un incremento de los niveles de pobreza. Entre las políticas más nocivas concernientes a las condiciones de trabajo están los pactos de productividad, la excelencia, la flexibilidad y la modificación del sistema de seguridad social.

En cuanto a las trabajadoras, la misma autora destaca que la globalización económica ha recaído en las mujeres, aprovechando su condición social de responsables de la reproducción e incrementando la explotación de su tiempo, energía y trabajo. Por otro lado, la reducción en los sistemas de seguridad social ha limitado los servicios de apoyo al trabajo doméstico y aumentado sus cargas de trabajo.

La crisis económica ha sido enfrentada por las familias más pobres con muy variadas estrategias de sobrevivencia, entre las que se encuentra una amplia utilización de mano de obra femenina. En muchos casos la incorporación de las mujeres al mercado laboral se ha dado con preparación y experiencia escasas, lo cual genera que acepten trabajos en condiciones más desfavorables que los varones en cuanto a puestos, turnos y salarios. Debido a esta situación, si bien en un inicio la mayor posibilidad de incorporación de la mujer al trabajo remunerado, tuvo beneficios pues se abrieron nuevos sectores para su participación, la incorporación en estas condiciones desventajosas ha aumentado los efectos negativos sobre su vida cotidiana al incrementarse su jornada asalariada y doméstica (Rangel, 1998). De ahí que la situación económica de las familias no ha mejorado, sino los recursos son cada vez más escasos y, por consiguiente, las condiciones de vida más difíciles y su salud, estado alimenticio y educativo han declinado. En el caso de las mujeres de los sectores medios, se pusieron en práctica otras estrategias destinadas a enfrentar la crisis económica, como la reducción de gastos y satisfactores, tanto para ellas como para sus familias. No obstante estos esfuerzos, la duración de la crisis hace que los resultados sean escasos e incluso nulos, lo que genera sentimientos de desesperanza en las mujeres (Oliveira, 1989).

Participación laboral femenina en el México actual

Durante las últimas décadas, el número de mujeres que se incorpora a la población económicamente activa se ha incrementado. Para ilustrarlo con datos, cabe señalar que la tasa de participación económica femenina se duplicó de 1970 a 1987. En 1993, 33% de las mujeres de 16 años y más se reportaron como económicamente activas (INEGI y STPS, 1994); en 1995, 34.4% (INEGI y STPS, 1996) y para 1996 dicho número se incrementó a 34.8% (INEGI y STPS, 1997). Estos datos muestran la magnitud de dicho aumento, sobre todo en ciertos grupos de edad, como el de 20 a 49 años, en el que el aumento de mujeres en el mercado laboral nacional ha sido especialmente significativo.

Es interesante puntualizar que en décadas pasadas, en dicho rango de edad se observaba un decremento importante, debido a que las tareas relacionadas con la reproducción alejaban a las mujeres del empleo remunerado y hacían que abandonaran el trabajo en cuanto contraían matrimonio. La adecuación a su papel de esposas, madres y amas de casa, aunado a que sus parejas a menudo "las sacaban de trabajar" y "no les daban permiso" de desempeñar actividades fuera de su hogar, explicaban el bajo número de mujeres asalariadas. Aunque la situación anterior prevalece, diversos cambios sociales han hecho más frecuente que las mujeres tengan que asumir el papel de proveedoras principales de su hogar, es decir, convertirse en jefas de familia. Muchas mujeres en el extremo superior del rango mencionado, se incorporan al trabajo, debido a su condición de abandono, separación, divorcio o de madre soltera (García y Oliveira, 1992).

La jefatura femenina de familia en México ha pasado de 13.6% en 1977 a 14% en 1980 y a 17.3% en 1990. Esto significa, de acuerdo con el censo de 1980, que en ese año existían en México por lo menos 1 883 100 hogares con jefas mujeres. Algunas de las características de esas unidades domésticas, en contraste con los hogares con un jefe de familia varón, son tener una edad mayor, contar con menor escolaridad y poseer menores ingresos las jefas de familia. Según Acosta (1998), esto lleva a condiciones de vulnerabilidad en dichas composiciones domésticas, a las cuales se suman las desventajas del propio trabajo femenino, que mencionaremos a continuación.

Empleo femenino

Sectores en los que se ubica el empleo femenino

Las mujeres se desempeñan primordialmente en el sector de los servicios (40.9%), en actividades comunitarias y sociales (la docencia y la enfermería), además de su presencia tradicional como empleadas domésticas. En estas ocupaciones, consideradas femeninas, además de la segregación laboral que mantiene a las mujeres en puestos de menor jerarquía, se provoca una segregación salarial. Tal situación lleva a que 81% de las mujeres ocupadas reciba dos salarios mínimos o menos (Rangel, 1998).

Las trabajadoras domésticas representan 96.7% de las personas que trabajan en este ramo (Mercado, 1998); la mayoría de ellas son mujeres pobres que emigran del campo a la ciudad y encuentran un trabajo caracterizado por horarios prolongados sin periodos de descanso, carencia de beneficios de la ley, explotación económica, aislamiento emocional y hostigamiento sexual (Lara y Salgado, 1998), además de poca valoración de las actividades que desempeñan (Sánchez, 1989).

Es común encontrar que las trabajadoras del sector de los servicios, principalmente las enfermeras, amplíen su papel femenino tradicional de *cuidado afectivo* al área laboral, lo cual incrementa el estrés emocional que involucran de por sí dichas ocupaciones. Este involucramiento emocional es con frecuencia nocivo para su salud y se le ha reconocido como el *síndrome de burnout*. Algunas trabajadoras del sector de los servicios enfrentan otros problemas, por ejemplo: las condiciones de trabajo insalubres, como el caso documentado de las taquilleras del metro (Garduño y Rodríguez, 1990).

El 28.5% de la población femenina económicamente activa se ubica en el comercio, un gran número de ellas en el comercio informal, sin goce de prestaciones de ley. Dentro de este ramo, un grupo particularmente vulnerable es el de mujeres que se desempeñan en el comercio ambulante. De acuerdo con los datos referidos por Hernández y Zetina (1996) en una investigación realizada en la ciudad de México, las trabajadoras en la vía pública enfrentan largas jornadas de trabajo que llegan a las 52 horas semanales, se encuentran expuestas a factores como las inclemencias del tiempo, la contaminación, etcétera, y no cuentan con servicios de salud ni de cuidado para sus hijos. Estas condiciones representan riesgos sobre la salud, así como enfermedades diarreicas, respiratorias y accidentes en sus hijos. Este estudio señala que la cuarta parte de las trabajadoras ambulantes aporta la mayoría del gasto familiar, son jóvenes con un promedio de edad de 26 años y tienen alrededor de tres hijos.

En el sector industrial, la presencia femenina se ubica en 14.6%. Las mujeres se emplean con mayor frecuencia en la industria tradicional y en la industria maquiladora de exportación. Al respecto, se ha podido observar que en la industria maquiladora de exportación se abarataron los costos para los fabricantes, quienes así quedaron exentos de cualquier obligación contractual: “modificándose, de hecho, las estipulaciones de la Ley Federal del Trabajo, desregulándolas al introducir mecanismos laborales flexibles (sin contrato, por trabajo a destajo, sin seguridad en el empleo ni prestaciones), aprovechando la inexperiencia y la falta de organización de las mujeres, así como el desconocimiento de sus derechos y su gran necesidad económica» (Rangel, 1998, p.17). Estas condiciones llevan a las mujeres a desarrollar su trabajo en ambientes de gran restricción, exigencia y tensión, desempeñando con frecuencia funciones repetitivas y aburridas (Márquez y Romero, 1988) y a menudo expuestas a sustancias tóxicas, que pueden generar enfermedades físicas en ellas, o en sus hijos durante el periodo de gestación (Cerón, Sánchez y Harlow, 1993).

En cuanto a las mujeres que viven en áreas rurales, sus condiciones de trabajo son más precarias que las que se encuentran en zonas urbanas, sobre todo porque, además del trabajo doméstico, realizan labores relacionadas con la manutención de la familia, como el trabajo en la parcela familiar. A mediados de 1980, de los 5.4 millones de jornaleros del país, cerca de un tercio eran mujeres y niños que no asistían a la escuela (Jusidman y Salles, 1998). Las mujeres que se desempeñan como jornaleras no tienen horarios determinados y están a expensas de las condiciones climáticas, tanto para trabajar cotidianamente (en esquemas “a destajo” o por hora) o por tiempos determinados (tierras de temporal), carecen de seguridad social y perciben menos ingresos que los jornaleros de sexo masculino. A su vez, las mujeres participan en todas las etapas de la producción agrícola. A las condiciones extenuantes ya conocidas (como el trabajo de pie, la exposición a insecticidas, etcétera) se aúnan las de la agroindustria actual, que establece trabajos escalonados o temporales, en los que las mujeres trabajan jornadas mayores a las 12 horas y tienen que habitar (en el mejor de los casos y cuando el patrón otorga alojamiento), en galerones de techo de lámina y pisos de tierra, con escasos servicios sanitarios, falta de gas, luz y agua potable, servicio de recolección de basura, etc. (Lara, S. M., 1998).

Discriminación de las mujeres en el espacio de trabajo

Como se ha mencionado, el ingreso en grandes números de las mujeres al trabajo asalariado se dio en condiciones desiguales y desventajosas, frente a un mercado laboral oportunista. La discriminación se inicia hacia la mujer desde el momento de la solicitud, con requisitos como el estado civil (hay preferencia por las solteras), la no gravidez y el número de hijos (Mercado, 1998). Otros atributos como la "excelente presentación", la cual implica que la mujer sea esbelta y atractiva, descalifica a muchas, sobre todo cuando se busca el estereotipo sajón, que actualmente promueven los medios de comunicación.

En ciertas ocupaciones, el embarazo constituye el preludio del despido o "congelamiento", por lo cual las trabajadoras son sometidas constantemente a exámenes de gravidez, aunque no existen reglas explícitas al respecto, a partir del razonamiento de que una empresa "gasta" más de lo que "gana" cuando emplea a una mujer embarazada. De esta manera se ejerce una forma de marginación.

En general, las mujeres que trabajan reciben aproximadamente 25% menos del sueldo que perciben los varones por el mismo trabajo (Rangel, 1998). No obstante la menor paga, se les exige más respecto a la calidad o cantidad de trabajo, pues desempeñan labores en las que demuestran superioridad, dadas su habilidades (Welti y Rodríguez, 1994). Por ejemplo, en el sector manufacturero, las mujeres son altamente apreciadas, debido a que poseen características como la precisión y rapidez en las líneas de ensamble (Márquez y Romero, 1988).

Como se ha mencionado, en el caso de las ocupaciones en que las mujeres son mayoría, se observa una devaluación del trabajo por ser considerado "de mujeres", por otro lado, en las ocupaciones en que son minoría, además del rechazo de los varones, las posibilidades de ascensos, capacitación y desempeño de labores, incentivos, repartos de utilidades y premios pueden verse seriamente afectadas, básicamente porque a los hombres se les otorgan los mejores puestos (Mercado, 1988).

Con frecuencia estas prácticas son justificadas a partir de información no científica utilizada de manera inadecuada en los medios de información. Un ejemplo de ésta es la reportada en un periódico, en la cual se afirma que "los factores físicos, particularmente el ciclo menstrual y la menopausia, descalifican a las mujeres para ocupar puestos ejecutivos" (Lara y Acevedo, 1996).

Hostigamiento sexual

Actualmente no se pueden precisar cifras acerca del número de mujeres que son víctimas de este ilícito, sobre todo debido a que a menudo no denuncian los hechos de hostigamiento por temor a ser objeto de represalias por parte del agresor, en forma de mayor acoso, violencia o despido, por lo que se ignora cuántos casos de hostigamiento llegan al extremo del abuso sexual o la violación, con las adversas consecuencias que implican estos actos.

Diversas investigaciones realizadas en México señalan que el problema es frecuente, por ejemplo: en 1988, Barroso (citado en Riquer, Saucedo y Bedolla, 1996) encontró datos en Mérida, Yucatán, que mostraron que 90% de las mujeres trabajadoras eran sexualmente hostigadas por jefes o compañeros, e incluso en algunos casos llegaban a la violación. Otro estudio llevado a cabo en trabajadoras de distintas ocupaciones y estudiantes universitarias reveló que de 129 mujeres encuestadas, 40% reportó haber sufrido algún tipo de hostigamiento sexual en su trabajo (Riquer, Saucedo y Bedolla, 1996). Rangel (1998) menciona que muchas mujeres son víctimas de hostigamiento sexual cuando necesitan obtener permisos por enfermedad de sus hijos, justificar faltas, ascender y hasta mantener el empleo.

Riquer, Saucedo y Bedolla (1996) señalan que la vieja creencia de que el hostigamiento se presenta de una persona con mayor jerarquía a otra con menor ya no explica con exactitud el fenómeno, pues se ha encontrado incluso entre compañeros de puestos similares; lo único que resulta ser "requisito" es la interacción hombre-mujer.

Aunque el hostigamiento sexual fue tipificado como delito por primera vez en enero de 1991, aún hace falta mayor conciencia en la población acerca de este problema, para incrementar las denuncias de las afectadas y evitar que permanezca impune este delito.

Preparación para el trabajo

La brecha salarial entre hombres y mujeres tiende a profundizarse en la medida en que se basa en la capacitación formal y en la escolaridad. Como se sabe, el promedio escolar de las mujeres es menor que el de los varones, además de que su acceso a los cursos de capacitación es limitado (Solís, en Rangel, 1998).

Otra variable poco estudiada en este contexto de desigualdad se refiere a las diferencias respecto al significado del trabajo que se inculca a hombres y mujeres desde la infancia, lo cual lleva a que éste forme parte de la identidad masculina, mientras que la maternidad integra la identidad femenina. En función de esto, se socializa a la mujer en formas de pensar, de comportarse y en habilidades femeninas que poco se relacionan con las destrezas necesarias en el desempeño laboral; mientras tanto, los hombres son socializados tempranamente para desempeñarse en este ámbito. Tal situación hace más probable que ellos tengan mayor éxito en dicha área de su vida (Sen y Grown, 1988).

Doble jornada

La división del trabajo por sexos destina a las mujeres todas las responsabilidades de la reproducción, de manera tal que cuando laboran por devengar un salario, las presiones se incrementan al no contar con el apoyo de la pareja para la redistribución de obligaciones y cargas de trabajo. A esta carga hay que aumentar la labor que significa la falta de servicios de guarderías y de cuidado alternativo para los hijos e hijas cuando la madre trabaja. Esto lleva a que las mujeres tengan dobles jornadas laborales y redunda en que trabajen muchas más horas que los varones

(Kandel, Davies y Raveis, 1985). Debido a las demandas de los diversos ámbitos de trabajo, que a menudo se contraponen, las mujeres reducen su tiempo de descanso y en ocasiones sus recursos físicos y emocionales se ven rebasados, afectando su salud. Esto es más grave cuando la doble jornada se ejerce en momentos de crisis, cuando las mujeres tienen que realizar actividades extra para incrementar su ingreso, al tiempo que cuidan de niños, ancianos o enfermos.

Relaciones de pareja

En la sociedad patriarcal, como ya hemos mencionado, que la mujer pueda emplearse dependerá con frecuencia de que su pareja "le dé permiso", por otro lado, la pareja incrementará su control sobre ella en cuanto a salidas y llegadas y exigirá que su trabajo doméstico no se vea afectado por el extra doméstico. Sin embargo, el mayor poder económico, la autoestima y la independencia derivadas de su participación laboral serán factores positivos para que la mujer enfrente las situaciones anteriores.

La relación de pareja se ha identificado como la variable mediadora de mayor importancia entre el empleo y la salud de las mujeres, esto es, una buena relación redundará en mejor salud de la mujer trabajadora (Scarr, Philips y McCartney, 1989).

El empleo extradoméstico hace menos vulnerables a las mujeres cuando se presentan problemas en la relación. Al respecto, se ha observado menos violencia, menos consumo de alcohol y más respeto por parte de sus parejas en las mujeres trabajadoras, quienes parecen ser más activas, seguras de sí mismas, independientes, decididas, con menores rasgos de sumisión, pasividad y conformismo y menos temor al posible abandono de su pareja (Lara y Acevedo, 1995).

Sin embargo, también es cierto que el trabajo femenino fuera del hogar causa problemas a la relación de pareja. Los problemas generalmente tienen que ver con la oposición del cónyuge al empleo de la mujer, con la negociación de actividades tomando en cuenta la participación económica de ella, con el manejo de la relación a partir de una situación de mayor poder de ella y la amenaza al autoconcepto de su compañero (Trovato y Vos, 1992). Debido a esto, en las familias en que ambos cónyuges trabajan se observa mayor incidencia de estrés, en contraste con estructuras más tradicionales (Avery-Clark, 1986). La oposición de la pareja a que la mujer se emplee fuera del hogar produce mayor malestar emocional en las mujeres que tienen un nivel de escolaridad más alto (Lara, Acevedo, López y Fernández, 1993).

Cuidado infantil

De acuerdo con los hallazgos nacionales e internacionales, el cuidado de los hijos constituye la mayor carga y una de las fuentes más importantes de tensión para las madres trabajadoras. En un estudio realizado en enfermeras se observó frecuente tensión en su papel materno, así como conflicto entre el papel de madre y de trabajadora (Lara y cols., 1993).

En México es común que el cuidado de los hijos, cuando la madre trabaja, lo asuma en primera instancia algún familiar y en segunda una guardería (Lara y cols., 1993). Ambas opciones representan dificultades, unas inherentes a las relaciones familiares, estilos de cuidado y de atención cuando un familiar se hace cargo, y otras debidas a problemas asociados con los reglamentos de horarios, enfermedades, etcétera, en el caso de las guarderías. En los hogares donde no se cuenta con apoyo para el cuidado infantil y la madre trabaja jornadas completas, los menores de seis años tienen un riesgo cinco veces mayor de sufrir lesiones accidentales que los niños de madres que no trabajan (Mendoza, Nájera, Arteaga, De la Cruz y Rábago, 1996).

En múltiples trabajos, se ha informado que las madres empleadas se sentirían más tranquilas y menos culpables si supieran que sus hijos están bien cuidados y que el tiempo que les dedican después de su jornada laboral es suficiente para su desarrollo emocional. Se ha observado que el estrés de la madre aumenta al tratar de encontrar un cuidado alternativo de calidad para su hijo/hija a partir de que finaliza el periodo de incapacidad; asimismo, la tensión se incrementa ante la insuficiencia de guarderías y las complicaciones inherentes al traslado de los pequeños a temprana hora a la casa de cuidadores sustitutos (Lara, Acevedo, López y Fernández, 1996).

Otro problema por considerar es la suspensión de la lactancia debido al retorno de la madre al trabajo una vez terminada su incapacidad, dada la imposibilidad de prolongarla por falta de espacios (físicos y temporales) en las empresas. En algunos países se han hecho esfuerzos dignos de tomar en cuenta para propiciar que la lactancia se prolongue, procurando los múltiples beneficios para los infantes (Lara y Acevedo, 1996).

Efectos en la salud

Como hemos expuesto en líneas anteriores, los factores que afectan la salud de las mujeres que realizan trabajo extradoméstico son múltiples, algunos derivados de ambientes laborales nocivos, y otros de políticas tanto económicas como laborales que exigen altas cuotas de productividad y reducen las prestaciones sociales. Observamos bajos salarios, discriminación laboral, hostigamiento sexual, falta de alternativas de cuidado para los hijos e hijas, reducción de los beneficios sociales y carencia de apoyo social para disminuir la jornada doméstica. Esta combinación de situaciones constituye riesgos importantes para la salud física, reproductiva y mental de las mujeres, aunque no en todos los casos han sido documentados aquéllos.

En una revisión sobre los efectos del empleo en la salud de trabajadoras de diversas ocupaciones (maquiladoras, empleadas del metro, costureras), encontramos frecuentes traumatismos laborales, dermatitis de contacto, enfermedades articulares de índole reumático, insuficiencia vascular periférica y patología respiratoria y ginecobstétrica, además de diversos síntomas emocionales, como nerviosismo, cansancio, desesperación, agotamiento y dolores de cabeza (Lara, 1998).

Salud reproductiva

Como ya hemos mencionado, los efectos en la salud también pueden abarcar al producto en el caso de las madres gestantes. Un estudio realizado con trabajadoras en las áreas de los servicios, industria de la transformación y comercio revela bajo peso al nacer en los hijos de madres cuyas condiciones laborales se caracterizan por un alto número de horas a la semana, por horarios de trabajo rotatorios y que no gozaron de licencia de maternidad, así como las ocupaciones que exigen a las mujeres permanecer largos periodos de pie, cargar objetos pesados y someterse a jornadas de trabajo indeterminadas (Cerón y cols., 1993).

La exposición a diferentes sustancias (como solventes industriales, anestésicos, insecticidas, químicos tóxicos, radiaciones, plomo y mercurio), también son riesgosas tanto para el producto como para la madre (Lara y Acevedo, 1996). Entre las ocupaciones relacionadas con la exposición a dichos productos están las de laboratoristas, médicas, enfermeras, químicas, anestesistas, radiólogas, mujeres dedicadas a las actividades agrícolas, farmacéuticas, trabajadoras de la industria del plástico y hule, entre otras.

Salud mental

La bibliografía estadounidense reporta los efectos del trabajo extradoméstico en la salud mental en relación con el desempeño de múltiples papeles. La participación simultánea en el ámbito doméstico y laboral produce tensiones al multiplicarse las demandas y obligaciones (Barnett y Baruch, 1987) y generarse un conflicto de roles (Parry, 1987). Las mujeres dedican mucho más horas al trabajo total que sus compañeros, debido a la resistencia de éstos a flexibilizar sus roles, como respuesta a la nueva situación (Lara y cols., 1993).

Por otro lado, se han identificado algunas variables que protegen a las mujeres trabajadoras de síntomas emocionales, como el apoyo social en el ambiente laboral, ya sea de supervisores o compañeros, la actitud favorable hacia el empleo y el deseo de trabajar por parte de las mujeres (Scarr y cols., 1989; Lara, 1998)

En México, han sido realizados muy pocos estudios acerca de la relación que existe entre el trabajo extradoméstico y la salud mental. Estos estudios han revelado numerosos síntomas emocionales como respuesta a las condiciones laborales descritas. Además de los mencionados, como nerviosismo, desesperación y agotamiento, Rangel (1998), al evaluar las consecuencias de una amplia gama de ocupaciones, informa de estrés femenino relacionado con el desencadenamiento de diabetes, depresión, ataques cardiacos, ansiedad, insomnio, accidentes, úlcera péptica y alergias.

Ahumada (1993), en un trabajo referente a obreras, calculó el riesgo relativo según condiciones laborales estresantes; así, en 51% encontró niveles moderados de tensión asociada a la situación económica, 43.8% a la situación laboral y 40.8% con la salud. Por su parte, Uribe, Ramírez, Romero y Gutiérrez de la Torre (1991) informan que las enfermedades laborales[1] fueron la queja más común en su muestra de maestras, enfermeras y secretarias, sobre todo en las primeras; además, las afecciones físicas y emocionales fueron frecuentes en todas las trabajadoras. En cuanto a operadoras telefónicas, se han encontrado síntomas de depresión, ansiedad, fatiga patológica, irritabilidad y disminución del deseo sexual (Tamez, en Rangel, 1998). Asimismo, entre las maestras se ha observado la presencia de depresión y neurosis (Márquez, Talamantes y Garduño,1992).

Con el objetivo de profundizar en lo concerniente a los efectos del trabajo extradoméstico sobre la salud mental, describiremos con mayor amplitud un trabajo referente a enfermeras, en el que se les comparó con amas de casa, realizado en el Instituto Nacional de Psiquiatría Ramón De la Fuente. Las enfermeras seleccionadas para el estudio reunían las características siguientes: tener por lo menos un hijo entre 5 y 6 años de edad, contar con una pareja estable y no tener en el hogar una persona con limitaciones físicas o mentales. Se les comparó con amas de casa que compartían estas características salvo que no estaban empleadas. En términos generales, fue observado que sus familias tenían un ingreso de 4.7 (enfermeras) y 3.5 (amas de casa) salarios mínimos para sostener a alrededor de cinco personas y su vivienda consistía en tres cuartos en promedio (una estancia y dos recámaras). Las enfermeras reportaron trabajar, en su mayoría, por razones económicas; además, el promedio de años que habían trabajado fue de alrededor de 12. Un poco más de la mitad de las amas de casa (cuya escolaridad fue similar a la de las enfermeras) había trabajado con anterioridad y expresaron dejar de hacerlo por atender a los hijos, haberse casado, porque no las dejaba el esposo o por embarazo. Aunque 71% de ellas mencionó que le gustaría trabajar, solo 9% había buscado empleo.

Al comparar ambos grupos respecto a su salud emocional, se encon-

[1] Definidas como "toda afección a la salud cuya relación con el trabajo es percibida y referida por la persona encuestada y no determinada institucionalmente", p. 103.

traron mayores niveles de depresión entre las amas de casa; también ellas reportaron mayor conflicto entre el papel de trabajadora y ama de casa, esto es, había más mujeres no trabajadoras que deseaban hacerlo que enfermeras que pensaran que no deberían emplearse. En menor proporción, las amas de casa también manifestaron menor satisfacción con la ayuda que reciben en las labores del hogar y con los hijos y mayor frecuencia de conflictos con la pareja, así como de síntomas somáticos.

Entre las no trabajadoras se observó que tener una casa más pequeña (menos recursos y más hacinamiento) se relacionó con mayor conflicto entre "desear trabajar y no hacerlo", quizá por saber que al contar con una escolaridad que les permitiría emplearse y por haber trabajado con anterioridad muchas de ellas, podrían elevar el ingreso de la familia.

Respecto a las enfermeras, la depresión estaba relacionada con el aumento en la tensión ocupacional (exceso de trabajo, pocas recompensas), laborar en el turno vespertino (de 14:00 a 21:00, horario en el que los niños probablemente necesitan más atención), trabajar en un área muy demandante (cirugía, terapia intensiva, recuperación y urgencias) y vivir en una casa más pequeña (mayor hacinamiento y menores recursos). Los síntomas somáticos se presentaron cuando la ayuda con los hijos o en casa provenía de un familiar femenino (al que es difícil exigirle y puede generar mayor conflicto que un no familiar), tenían una casa más grande (más trabajo doméstico) y laboraban en un área de alta demanda.

Es importante resaltar que tanto las enfermeras como las amas de casa reportaron niveles de depresión muy altos, comparados con la población general. En este sentido, aunque las enfermeras reportaron menos síntomas que las amas de casa, su situación también es preocupante y las autoras la interpretan en términos de la trascendencia de la situación económica.

Una mejor situación de las mujeres empleadas en comparación con las amas de casa ha sido reportada en la bibliografía internacional, en cuanto a menos síntomas y menos enfermedades crónicas (Parry, 1987; Verbrugge, 1983; Reppeti y cols., 1989), mayor satisfacción con sus vidas, mejor autoaceptación y menos síntomas depresivos (Repetti y cols., 1989; Gore y Mangione, 1983; Trovato y Vos, 1992). Algunos resultados nacionales también muestran una mejor salud física y mental en mujeres trabajadoras (Uribe y cols., 1991; Lara y cols., 1993) y mayor presencia de trastornos agudos y ánimo depresivo entre las amas de casa mexicanas (Caraveo y cols., 1986; Lara, 1991).

Algunas de las hipótesis propuestas para explicar esta situación han sido resumidas por Lara (1998) de la manera siguiente: a) las mujeres que se incorporan a la fuerza de trabajo lo hacen porque tienen mejor salud, b) la participación en varios roles puede hacer que uno de ellos mitigue los efectos adversos de otros, c) la incorporación al trabajo remunerado aumenta el apoyo social, mientras que el trabajo de ama de casa propicia el aislamiento social y tiene características depresógenas, d) el involucramiento social puede reducir algunas enfermedades y daños, y e) las ganancias directas del ingreso más las ganancias secundarias (como logros y reconocimientos) pueden influir en una mejor salud. De esta manera, pese a las condiciones adversas en que es desempeñado el trabajo femenino, para muchas el ingreso al mercado laboral ha significado logros importantes: haber pasado de ser dependientes económicas a agentes independientes y haber propiciado la demanda de socializar el cuidado de las familias; además, la experiencia en el terreno laboral y sindical les ha permitido organizarse y plantear demandas en busca de obtener mejores condiciones (Rangel, 1998).

Conclusiones y propuestas

En la revisión anterior se ha tratado de hacer un recuento de los principales factores que afectan la salud de las mujeres que desempeñan un trabajo extradoméstico. Como hemos mencionado, estos factores están relacionados con políticas económicas y laborales, con un contexto de inequidad de género en el ámbito laboral y con la doble jornada de trabajo, resultado de la ausencia de redistribución de responsabilidades respecto al cuidado de los hijos y las tareas domésticas en la familia y en la sociedad en general. La combinación de estos factores constituye riesgos importantes para la salud general, reproductiva y mental de las mujeres.

Ante tal panorama, es necesario multiplicar esfuerzos en diversos ámbitos, con el fin de mejorar la situación de las mujeres con trabajo extradoméstico. Algunas de nuestras sugerencias son las siguientes.

1. Es necesario incrementar nuestro conocimiento acerca de las condiciones laborales que afectan la salud de las mujeres trabajadoras, mediante un mayor impulso a la investigación en esta área, pues en la actualidad ésta es casi nula. Son necesarios proyectos que utilicen meto-

dologías adecuadas, que –entre otros aspectos– partan de un enfoque de género, no hagan generalizaciones a partir de muestras de trabajadores varones, incluyan medidas objetivas de salud así como reportes subjetivos del malestar emocional, y analicen la doble jornada de trabajo como parte integral de las condiciones que afectan la salud de las mujeres. Por otro lado, habría que considerar que una fuente importante de información puede generarse de mejorar el registro de accidentes y enfermedades laborales por parte de las instituciones de salud y de las direcciones de medicina y de trabajo correspondiente, pues en la actualidad ha sido documentado un subregistro.

2. Es preciso revisar la legislación de manera tal que se garantice la equidad en el trabajo al procurar la igualdad de oportunidades laborales, fomentar el respeto a los derechos humanos y la no discriminación por situaciones relacionadas con la condición reproductiva de la mujer, así como sancionar el acoso y el hostigamiento sexual. En este sentido ha habido un avance, en tanto que existe una propuesta de la Comisión de Equidad y Género de la Cámara de Diputados,[2] que pretende modificar varias leyes y códigos para eliminar todas las formas de discriminación de género.

3. Es importante buscar mecanismos mediante los cuales se mejoren las condiciones laborales de las mujeres en empleos de menor posición, como el de las obreras, trabajadoras rurales, en el comercio informal, etcétera.

4. Debe pugnarse por la creación de mayores alternativas de turnos y jornadas de trabajo acordes con las necesidades de las madres trabajadoras, sin que pierdan su derecho a las prestaciones de ley, mediante la inclusión de esquemas flexibles en relación con las eventualidades que surjan respecto a juntas escolares, consultas médicas, etcétera.

5. Debe buscarse, por diversos medios, eliminar estereotipos de género que llevan, por un lado, a que recaigan en la mujer todas las responsabilidades de la reproducción y, por otro, a una asignación desigual del poder en la pareja.

6. Es necesario ampliar los servicios de apoyo al trabajo doméstico y de cuidado de los hijos (sobre todo el de guardería), a la vez que me-

---

[2] Cámara de Diputados, LVII Legislatura (4 de marzo de 1999), *Gaceta Parlamentaria* núm. 217, págs. 4-8.

jorar la atención para proporcionar un cuidado de calidad, que responda a las necesidades de horario de los padres y cercanos a los centros de trabajo de las mujeres.

La salud de las mujeres podrá mejorar si se impulsa la prestación de servicios de salud de calidad para las mujeres, que incluyan horarios accesibles para quienes trabajan y que al mismo tiempo consideren el cuidado de los hijos/hijas mientras ellas asisten a consulta.

Hace falta mayor conciencia de los riesgos laborales por parte de mujeres, empleadores e instituciones, para mejorar las condiciones laborales de las trabajadoras. En la medida en que las políticas sociales, laborales y de salud apoyen los rubros más importantes de estos problemas, se conseguirá una mejor calidad de vida para ellas y para sus familias.

Referencias bibliográficas

Acosta, F., "Hogares con jefas mujeres y bienestar familiar en México", en B. Schmukler (coord.), *Familias y relaciones de género en transformación*, Population Council y EDAMEX, México,1998, 155-207.

Ahumada, T., *Exposición a condiciones estresantes laborales y efectos en la salud de un grupo de trabajadoras y trabajadores*, IV Congreso Nacional de Investigación en Salud Pública, Cuernavaca, Morelos, enero 25-27 de 1993.

Avery-Clark, C., "Sexual Disfunction and Disorder Patterns of Working and Nonworking Wives", *Journal of Sex and Marital Therapy* 46(2), 1986, 93-107.

Barnett, R. y G. Baruch, "Social Roles, Gender and Psychologicaldistress", en R. Barnett, Biener y G. Baruch, *Gender and Stress*, The Free Press, 1987.

Caraveo, J., L. Ramos y C. González, "Diferencias en la sintomatología psíquica de uno y otro sexo, en una muestra de pacientes de la consulta médica general", *Salud Mental* 9(2), 1986, 85-90.

Cerón, S., C. Sánchez, y S. Harlow, *Efectos del trabajo materno sobre el peso al nacimiento*, ponencia presentada en el Foro sobre mujer, trabajo, salud y pobreza, El Colegio de México, mayo 12 de 1993.

García, B. y O. Oliveira, "El nuevo perfil del mercado de trabajo femenino 1976-1987", en M.L. Tarrés (comp.), *La voluntad de ser. Mujeres en los noventa*, El Colegio de México, México, 1992, 157-171.

Garduño, M. A. y J. Rodríguez, "Salud y doble jornada: taquilleras del metro", *Salud Problema* 20, 1990, 41-45.

Gore, S. y T. Mangione, "Social Roles, Sex-roles and Psychological Distress: Additive and Interactive Models of Sex Differences", *Journal of Health and Social Behavior* 24(4), 1983, 300-312.

Hernández, P. y A. Zetina, "Cuidado y salud en hijos de vendedoras ambulantes de la ciudad de México", en C. Stern (coord.), *El papel del trabajo materno en la salud infantil*, The Population Council / El Colegio de México, México, 1996, 267-292.

INEGI y STPS, *Encuesta nacional de empleo*, INEGI y STPS, México, 1994.

_____, *Encuesta nacional de empleo*, INEGI y STPS, México, 1996.

_____, *Encuesta nacional de empleo*, INEGI y STPS, México, 1997.

Jusidman, C. y V. Salles, "Privación y vulnerabilidad: las mujeres en la pobreza", en P. Bonfil, y V. Salles (comps.), *Mujeres pobres: salud y trabajo*, serie temas de discusión 1, GIMTRAP, México, 1998, 77-94.

Kandel, D., M. Davies y V. Raveis, "The Stressfulness of Daily Social Roles for Women: Marital, Occupational and Household Roles", *Joumal of Health and Social Behavior* 25, 1985, 64-78.

Lara, M. A., "Masculinidad, feminidad y salud mental. Importancia de las características no deseables de los roles de género", *Salud Mental* 14(1), 1991, 12-18.

_____, M. Acevedo, E. K. López y M., Fernández, "La salud emocional y las tensiones asociadas con los papeles de género en las madres que trabajan y en las que no trabajan", *Salud Mental* 16(2), 1993, 13-23.

_____, "Investigación sobre trabajo femenino y salud: avances y propuestas", en J. G. Figueroa (comp.), *La condición de la mujer en el espacio de la salud*, El Colegio de México, México, 1998, 131-160.

_____ y M. Acevedo, "Relación de pareja y bienestar emocional en mujeres y amas de casa", *Revista Psicopatología* 15(2), 1995, 59-65.

_____ y M. Acevedo, "Incorporación de la mujer al trabajo remunerado: repercusiones para su salud reproductiva", en A. Langer, y K. Tolbert (eds.), *Mujer: sexualidad y salud reproductiva en México*, The Population Council / EDAMEX, México, 1996, 119-152.

_____, M. Acevedo, E. K. López y M. Fernández, "Efectos del estatus laboral de la madre sobre su salud emocional y sobre los patrones de apego de los(as) hijos(as)", en C. Stern (coord.), *El papel del trabajo materno en la salud infantil*, The Population Council / El Colegio de México, México, 1996, 229-265.

_____ y V. N. Salgado de Snyder, "Pobreza femenina y salud mental", en P. Bonfil y V. Salles (comps.), *Mujeres pobres: salud y trabajo*, serie temas de discusión 1, GIMTRAP, México, 1998, 109-116.

Lara, S. M., "Mujer, trabajo y pobreza en el medio rural mexicano", en P. Bonfil y V. Salles (comps.), *Mujeres pobres: salud y trabajo*, serie temas de discusión 1, GIMTRAP, México, 1998, 117-125.

Márquez, M. y J. Romero, "El desgaste en las obreras de la maquila eléctrico electrónica", *Salud Problema* 14, 1988, 9-24.

_____, C. Talamantes y A. Garduño, *La salud enfermedad de las maestras: una experiencia participativa*, Universidad Autónoma Metropolitana, unidad Xochimilco, mimeografiado, México, 1992.

Mendoza, D., A. Nájera, E. Arteaga, L. De la Cruz y A. Rábago, "Efectos de la participación de la mujer en la fuerza laboral y de las estrategias de cuidado infantil en la morbilidad de las menores de seis años, en la ciudad de México", en C. Stern (coord.), *El papel del trabajo materno en la salud infantil*, The Population Council / El Colegio de México, México, 1996, 229-265.

Mercado, P., "Mujer y trabajo remunerado", en P. Bonfil, y V. Salles (comps.), *Mujeres pobres: salud y trabajo*, serie temas de discusión 1, GIMTRAP, México, 1998, 109-116.

Oliveira de, O., "Empleo femenino en México en tiempos de recesión económica: tendencias recientes", en J. Cooper, T. de Barbieri, T. Rendón, E. Suárez, y E. Tuñón (comps.), *Fuerza de trabajo femenina urbana en México. Volumen primero. Características y tendencias.* UNAM / Miguel Ángel Porrúa, México, 1989, 29-66.

Parry, G., "Sex-roles Beliefs, Work Attitudes and Mental Health in Employed and Non-employed Mothers", *British Journal of Social Psychology* 26, 1987, 47-58.

Rangel, G., *Problemática actual de las trabajadoras asalariadas: vulnerabilidad de los niveles de bienestar,* (serie de Cuadernos de Trabajo No. 5), GIMTRAP / UNIFEM, México, 1998.

Reppeti, R., K. Matthews e I. Waldron, "Employment and Women's Health. Effects of Paid Employment on Women's Mental and Physical Health", *American Psychologist* 44(11), 1989, 1394-1401.

Riquer, F., Saucedo y P. Bedolla, "Agresión y violencia contra el género femenino: un asunto de salud pública", en A. Langer y K. Tolbert (eds.), *Mujer: sexualidad y salud reproductiva en México,* The Population Council / EDAMEX, México, 1996, 247-287:

Sánchez, M. J., "Consideraciones teórico-metodológicas en el estudio del trabajo doméstico en México", en O. Oliveira (coord.), *Trabajo, poder y sexualidad,* El Colegio de México, México, 1989, 59-80.

Scarr, S., D. Phillips y K. McCartney, "Working Mothers and Their Families", *American Psychologist* 44(11), 1989, 1402-1409.

Sen, G. y K. Grown, *Desarrollo, crisis y enfoques alternativos: perspectivas de la mujer en el tercer mundo,* El Colegio de México, México, 1988.

Trovato, F. y R. Vos, "Married Female Labor Force Participation and Suicide in Canada, 1971 and 1981", *Sociological Forum* 7(4), 1992, 661-676.

Uribe, G., J. C. Ramírez, L. Romero y N. Gutiérrez de la Torre, "El trabajo femenino y la salud de cuatro grupos de mujeres en Guadalajara, México", *Boletín de la Oficina Sanitaria Panamericana* 111(2), 1991, 101-110.

Verbrugge, L., "Multiple Roles and Physical Health of Woman and Men", *Journal of Health and social Behavior* 24(1), 1983, 16-30.

Welti, C. y B. Rodríguez, "La investigación en México sobre participación de la mujer en la actividad económica en áreas urbanas y los efectos en su condición social", en J. Alatorre, G. Careaga, C. Jusidman, V. Salles, C. Talamantes y J. Towsend (coord.), *Las mujeres en la pobreza,* GIMTRAP / El Colegio de México, México, 1994, 121-177.

8

Salud mental de las mujeres rurales: problemas, necesidades y alternativas

V. Nelly Salgado de Snyder,
María de Jesús Díaz Pérez

Introducción

El objetivo de este trabajo es presentar una perspectiva general del estado del conocimiento acerca de la salud mental de las mujeres rurales de México. Para lograr dicho objetivo, primero describiremos la ruralidad en México, en la cual se señala a la pobreza como el elemento social más importante de este grupo poblacional. Posteriormente se identifican algunos factores de riesgo que contextualizan la vida cotidiana de las mujeres rurales y que parecen desempeñar un papel determinante en el desarrollo de la patología mental. Factores como los roles de género tradicionales, altas tasas de fecundidad, bajo nivel educativo y problemas que aquejan a sus cónyuges, entre otros, son analizados en cuanto a su participación en la manifestación de problemas mentales en ese grupo poblacional.

En otro apartado de este capítulo se mencionan algunas características de la salud mental de las mujeres rurales, y se pone énfasis en el trastorno de los nervios. Esta sección es estudiada a partir de resultados de investigaciones recientes; a su vez, el acceso a los servicios de salud y de salud mental es analizado de forma similar. Finalmente, se presentan las conclusiones y se proponen intervenciones encaminadas a entender y ayudar a resolver los problemas de salud y salud mental de la mujer rural desde una perspectiva multidisciplinaria.

En cuanto a la elaboración de este capítulo, es importante reconocer que la bibliografía sobre el tema es escasa y no existe información sistematizada al respecto, por lo cual el presente trabajo toma forma a partir de la búsqueda, integración y análisis de material bibliográfico no siempre relacionado directamente con el tema central de esta contribución. Sin embargo, esta limitante no resta relevancia a lo que aquí se reporta, por el contrario, la carencia de información referente a los 15 millones de mujeres rurales que habitan en nuestro país debe llevarnos a la acción y producción de material encaminado a promover su bienestar psicológico y social.

Ruralidad, pobreza y salud

De acuerdo con datos recientes de la Organización Mundial de la Salud (Desjarlais, Einsberg, Good y Kleinman, 1995), en los últimos 50 años los pobladores de casi todos los países del mundo han experimentado cambios favorables de salud debido a mejores cuidados de salud y mejores condiciones de vida. Así, gracias a esos cambios, la expectativa de vida ha aumentado, muchas epidemias han sido erradicadas, las tasas de mortalidad infantil han disminuido y, en general, el nivel de educación de los adultos ha incrementado en gran medida.

Paradójicamente, de manera simultánea a estos logros en salud, un estudio realizado por el Banco Mundial (1993) indica que en el mismo período ha habido un aumento de problemas mentales, de conducta y sociales en los pobladores de los cinco continentes. Esta situación ha sido atendida por los gobiernos de las naciones más desarrolladas e industrializadas, los cuales no sólo han proporcionado atención especializada a los que padecen estos problemas, sino además han puesto en marcha programas de prevención masiva. Por su parte, los países más pobres se han limitado a reconocer la existencia de estos problemas, ya que no cuentan con los recursos para prevenirlos o tratarlos.

México parecería encontrarse a medio camino. Si bien, por un lado, estadísticas recientes revelan que las condiciones de salud de los mexicanos en general han mejorado significativamente (Consejo Nacional de Población, Conapo, 1997), al profundizar en los datos es claro que los esfuerzos de salud se han concentrado en las áreas urbanas de nuestro país. Los pobladores rurales no han recibido de manera equitativa estos beneficios, debido posiblemente a que la República Mexicana es una nación de grandes contrastes, con una composición étnica compleja y una distribución poblacional que se concentra mayoritariamente en las áreas urbanas. De acuerdo con el último Censo de Población, 72% de los habitantes de México reside en áreas urbanas y el resto en áreas rurales (INEGI, 1996).

Es conveniente señalar aquí que la población rural en México se define oficialmente como la que reside en localidades con menos de 2 500 habitantes (INEGI, 1996). Esta definición es inadecuada a todas luces, pues se limita a utilizar la densidad poblacional como único criterio de ruralidad; no emplea como parámetros el tipo de actividad económica preponderante, la ausencia de servicios, la carencia de infraestructura básica, ni el contexto de marginación que prevalece en estas localidades rurales. Evidentemente, todos estos factores contribuyen a que los pobladores rurales mantengan condiciones de vida inferiores a los de zonas urbanas.

También debemos reconocer que no sólo existen grandes diferencias entre las condiciones de vida de los pobladores de localidades rurales y urbanas, sino que aun dentro de estas dos categorías poblacionales hay concentraciones de grupos marginales identificables fácilmente por sus múltiples carencias, por ejemplo: los 56 grupos étnicos de México, que representan alrededor de 15% de la población nacional, se concentran en el medio rural. En estos grupos se magnifican los problemas económicos, sociales y de salud que prevalecen en ese medio. En el ámbito rural, los grupos indígenas no sólo son estigmatizados por su origen étnico, sino además tienen los índices más altos de analfabetismo, desnutrición y desempleo, así como los ingresos más bajos, comparados con los de sus contrapartes rurales no indígenas (Ortega Padilla, 1997).

La pobreza y la marginación son problemas característicos de la población rural de México y, por tanto, afectan primordialmente a campesinos y artesanos (González, 1994). Es importante puntualizar que la pobreza en México afecta no sólo a la población rural e indígena; algunos reportes que revelan que la mayor cantidad de pobres absolutos se localiza en los grandes centros urbanos. Sin embargo, la población rural se ve más afectada por la pobreza, porque carece de muchos otros recursos que están disponibles para los habitantes de zonas urbanas (Salles, 1994).

En el medio rural específicamente se mezclan diversos factores (económicos, políticos, sociales, religiosos, culturales, personales, etcétera) que determinan un contexto caracterizado por altas tasas de subempleo y desempleo, desnutrición, analfabetismo y los niveles más bajos de servicios básicos *per capita* en la República Mexicana (INEGI, 1996). En estas zonas, las familias viven aisladas y carentes de infraestructura básica, como alumbrado, pavimentación, alcantarillado, agua entubada, etcétera. Este entorno determina que la pobreza sea el marcador social de los pobladores rurales indígenas y no-indígenas.

La mujer rural de México es sumamente vulnerable debido a que, como lo refiere Ortega Padilla (1997): "en ella se expresan y combinan todos los problemas que resultan del desarrollo desigual del país, añadiéndose el sometimiento tradicional de su condición, el sometimiento del grupo en una mayor desigualdad que se manifiesta principalmente en un alto grado de: a) discriminación por ser mujer; b) marginación por pertenecer a los sectores más desposeídos; c) opresión cultural por pertenecer a una minoría étnica (en el caso de las mujeres indígenas); d) feminización de la pobreza, ya que el índice es mayor en la población femenina, y *e.* analfabetismo" (pp. 105-106).

La pobreza que caracteriza a los habitantes de zonas rurales ejerce un influencia más drástica en la salud de las mujeres, pues sus problemas de salud se encuentran vinculados estrechamente a carencias nutricionales, cargas excesivas de trabajo (que incluyen tanto el trabajo doméstico como el de labores del campo), viviendas y medio ambiente insalubre, embarazos frecuentes y falta de atención adecuada durante el periodo prenatal, el parto y el puerperio (Conapo, 1997). Además de estos problemas de salud, muchos otros pueden ser explicados por las características generalmente insalubres del medio ambiente en que viven (González, 1994), por ejemplo: Martínez (citada en Lara, 1998) informa que las estrategias de sobrevivencia que utilizan las mujeres rurales en un medio tan inhóspito, contrario a lo que se esperaría, no contribuyen a mejorar su estado de salud general. En el medio rural existe mayor prevalencia de enfermedades y una proporción de enfermos más alta, sobre todo entre aquellos con bajos niveles de escolaridad y los no asalariados.

Factores de riesgo para la enfermedad mental en mujeres rurales

De acuerdo con la Organización Mundial de la Salud, salud "es un estado pleno de bienestar físico, psicológico y social", el cual parecería estar negado a los pobladores rurales, sobre todo a las mujeres. Los paradigmas recientes para explicar la disfunción psicosocial, que podría culminar en la manifestación de psicopatología, atribuyen un carácter importante a la presencia y persistencia de situaciones crónicas productoras de estrés (Cervantes y Castro, 1985).

Debido al contexto de crisis permanente en que viven los grupos marginados, es común que sus demandas rebasen su capacidad para enfrentar problemas, lo cual conlleva el surgimiento de manifestaciones conductuales inadecuadas. En cuanto a esta situación de impotencia frente a la iniquidad social, Lagarde (1990) sugiere: "los sujetos enfrentan crisis desestructuradoras también cuando por su voluntad o sin ella indagan opciones diferentes de la norma, o cuando sobresale en su particular modo de vivir el lado negativo de su existencia" (p. 677). Parece que éste fuera el caso de las mujeres rurales.

Muchos de los problemas relacionados con la salud mental femenina en el medio rural son resultado de una interacción de factores vinculados directamente con dos realidades estigmatizantes: su posición de desventaja en relación con los hombres y el contexto de pobreza en que viven. Este doble estigma de la mujer rural ejerce una influencia incuestionable en su salud mental.

A continuación presentamos algunos factores de riesgo que están presentes cotidianamente en la vida de las mujeres rurales. Estos factores han sido reportados en la bibliografía como determinantes para el desarrollo de conflictos psicosociales.

Roles de género tradicionales

En todos los niveles socioeconómicos se han reportado diferencias en las expectativas acerca de los roles de hombres y mujeres; sin embargo, en los grupos con menores ingresos y en la población rural se manifiestan más claramente (Lara, 1993). En la mayoría de las comunidades rurales de México se observan roles de género muy tradicionales; así, el papel de la mujer gira en torno al matrimonio y a la procreación de los hijos, además de ser ella la responsable directa y única de las tareas domésticas. La conducta femenina que se promueve se caracteriza por la sumisión y el sacrificio; por otro lado, el papel del hombre gira en torno a demostrar su autoridad, fuerza y poder mediante su capacidad como proveedor económico y por medio de la paternidad, las cuales son consideradas pruebas de masculinidad y trascendencia (Tuirán, 1995; Salgado de Snyder y Díaz-Pérez, 1995). Las demandas y expectativas vinculadas a los roles de género se han relacionado con la salud emocional, por ejemplo: ha sido documentado que la subordinación en que viven las mujeres y las exigencias del rol materno se asocian con depresión, angustia, sentimientos de culpa, hostilidad reprimida y trastornos psicosomáticos (Lara, 1993).

Carga de trabajo excesiva

Las mujeres en el medio rural muchas veces son devaluadas en tanto que son consideradas como consumidoras mas no miembros productivos de la localidad, aunque de ellas depende la reproducción y el mantenimiento de la unidad familiar (González, 1994). Estas mujeres tienen una carga excesiva de trabajo doméstico debido al gran número de hijos, además se involucran en actividades extradomésticas al participar en las labores agrícolas de la familia, el servicio doméstico o la maquila. Existen datos que indican que la jornada laboral de una mujer rural llega a ser de hasta 18 horas diarias, considerando todas las actividades que lleva a cabo (Ortega Padilla, 1997).

Las mujeres rurales aportan ingresos en especie a las unidades domésticas y llevan a cabo otro tipo de estrategias que les permiten aumentar sus ingresos, por ejemplo: en los últimos años ha surgido en el medio rural la producción industrial en pequeños talleres de maquila a domicilio, sobre todo en el ramo textil (González, 1994; Salgado de Snyder y Díaz-Guerrero, en prensa d). Otra estrategia utilizada por las mujeres es la emigración hacia centros urbanos para integrarse al sector informal de la economía en la venta de servicios y mercancías (como empleadas domésticas o vendedoras ambulantes) (Casillas, 1985); sin embargo, estas actividades pueden ser temporales y/o eventuales, además de irregulares en cuanto a horarios y remuneración. Evidentemente, ninguna de las actividades productivas en las que participa la mujer rural recibe beneficios sociales (Goldsmith, 1990).

Bajo nivel de educación

Como mencionamos anteriormente, la marginación que rodea a las mujeres rurales y la obligación que tienen de satisfacer las necesidades más apremiantes de su familia no les permiten obtener educación escolarizada; sin lugar a dudas, esta carencia es el factor más limitante para el avance de la mujer rural. En un informe reciente (Conapo, 1997) se indica que 30% de las mujeres de 15 años o más, que habitan en localidades rurales, son analfabetas. Este problema se agudiza en la población indígena, en la cual 50% de las mujeres de 15 años o más no saben leer ni escribir, además de que una de cada cinco habla únicamente la lengua de su grupo étnico.

Altas tasas de fecundidad

Las mujeres rurales tienen familias numerosas, cuyo promedio de hijos es de 4.7, lo cual representa dos hijos más, si este promedio se compara con el de las mujeres de localidades más urbanizadas (Conapo, 1997). La maternidad en este contexto es una situación de alto riesgo, pues las mujeres no acceden a servicios que brinden cuidados prenatales, lo cual puede significar mayor número de complicaciones prenatales y posparto, que a su vez se relacionan con altas tasas de mortalidad materno-infantil.

Las tasas de fertilidad, significativamente más altas en las zonas rurales que en las zonas urbanas, pueden ser explicadas por tres factores: primero, en el medio rural la maternidad es altamente valorada, pues se considera símbolo de femineidad; segundo, los hijos (sobre todo los varones) son percibidos como generadores de ingresos adicionales para la familia, por lo cual se promueven las familias numerosas y tercero, los servicios de salud reproductiva, concretamente de planificación familiar, no han logrado incidir en esta población, debido quizá a la influencia del catolicismo y a la de otras creencias que prevalecen en la cultura local (Tuirán, 1995; Amuchástegui, 1996).

Finalmente, en las comunidades más tradicionales, debido a que su rol de género demanda la satisfacción de los deseos de sus esposos, es común que las mujeres rurales accedan a participar en diversas prácticas sexuales de alto riesgo con sus cónyuges. Esto puede traer como consecuencia embarazos no deseados, enfermedades de transmisión sexual y VIH y sida (Salgado de Snyder, Díaz-Pérez y Maldonado, 1996; y Salgado de Snyder, 1998b).

Alcoholismo en el cónyuge

En la población rural, como en otros grupos poblacionales, los hombres consumen alcohol con más frecuencia y en mayor cantidad que las mujeres. A pesar de que el uso y abuso de alcohol en comunidades rurales se reporta como una conducta casi exclusiva de los hombres, esta conducta afecta de manera importante a las mujeres, por ejemplo: algunos datos sugieren que las mujeres que son parejas de alcohólicos tienden a presentar sintomatología física y clínica, particularmente malestar depresivo y violencia (Natera, Casco, Herrejón y Mora, 1993).

Consumo de alcohol en las mujeres

Las mujeres reportan poco e infrecuente consumo de alcohol; sin embargo, se ha documentado que cuando las mujeres beben, aun en cantidades muy moderadas, tienden a revelar más consecuencias negativas derivadas de este consumo que los hombres, como problemas personales (enfermedades y sintomatología depresiva) y sociales (inasistencia al trabajo o escuela y problemas con las autoridades) (Medina-Mora, 1988).

Migración masculina

Una estrategia de supervivencia en algunas familias rurales que se observa sobre todo en la región centro-occidental del país es la migración masculina de carácter laboral a Estados Unidos. Los hombres se ausentan por temporadas largas durante las cuales se integran al mercado laboral, principalmente en la agricultura y servicios de aquel país, con el objetivo de generar mayores ingresos y así mejorar el nivel de vida de su familia en México. Ante la ausencia del cónyuge, las mujeres deben asumir solas la responsabilidad del cuidado de los hijos, la satisfacción de sus necesidades primarias, así como la preservación y supervivencia de la familia, lo cual las transforma de facto en jefas de hogar sin estar preparadas para llevar a cabo tal tarea. Este nuevo papel que asume la mujer rural provoca altos niveles de estrés psicológico y sintomatología depresiva (Salgado de Snyder, 1993; Salgado de Snyder, Díaz-Pérez, Acevedo y Natera, 1996).

Violencia doméstica

A pesar de que no existen datos sistematizados que lo demuestren la violencia ejercida contra las mujeres es común. Existen informes aislados que sugieren la presencia de violencia doméstica en el medio rural (Lara citado en Lara y Salgado de Snyder, 1994). Por su parte, González de la Rocha (1988) señala que las mujeres pobres admiten que sus parejas las golpeen, las agredan verbalmente y en general les den malos tratos con tal de no ser abandonadas. Este temor entre las mujeres rurales tiene su origen en que ellas consideran que carecen de las habilidades necesarias (educación, experiencia laboral, etcétera) para trabajar, ganar dinero y responsabilizarse totalmente de la manutención y el cuidado de sus numerosos hijos.

También se ha reportado que la mujer rural frecuentemente es objeto de violencia física, verbal y psicológica por parte del esposo, los hijos, los padres y los hermanos, violencia que acepta sin protestar por no tener alternativas (Salgado de Snyder y Maldonado, 1994; Salgado de Snyder y cols., 1996; González de la Rocha, 1988). Este problema puede agravarse en relación con el consumo y abuso de alcohol por parte de los hombres, por ejemplo: algunos datos indican que tener relaciones sexuales con un hombre alcoholizado sitúa a la mujer en una posición de extrema vulnerabilidad para ser víctima de abuso sexual, físico y psicológico (Saltijeral y Ramos, 1996; Salgado de Snyder, 1998b).

Cuidadoras de otros

En el medio rural, la modalidad de organización familiar que prevalece es la familia extensa. Este hecho posiciona a la mujer en alto riesgo para tener problemas de salud y salud mental, ya que si bien por un lado le proporciona una red de apoyo social inmediata, también aumenta las demandas que debe cubrir para cada miembro de la familia. De esta forma, para dichas mujeres, los problemas se multiplican en la medida en que son responsables del cuidado de un mayor número de personas (como los padres o familiares ancianos) (Salgado de Snyder y Padilla, 1987). Las mujeres se sienten también responsables del sufrimiento emocional que aqueja a sus esposos e hijos, debido a problemas como el desempleo, bajos o nulos ingresos y abuso de alcohol y/o drogas, entre otros.

Situación actual de la salud mental en mujeres rurales

Como hemos mencionado anteriormente, la salud mental en la población rural de México es aún un tema poco estudiado. Desconocemos muchos aspectos importantes en la etiología, manifestación y tratamiento de problemas mentales que padecen los pobladores en este medio. Obviamente, la ausencia de información no significa que estén libres de trastornos mentales, sino es un indicador de que los habitantes del México rural no han recibido atención suficiente ni adecuada tanto por investigadores como por prestadores de servicios en el campo de la salud mental (Salgado de Snyder, Díaz-Pérez y Maldonado, 1995; Durán, Reisman, Becerra y Pucheu, 1984).

Los datos que presentamos en seguida fueron generados a partir de cinco proyectos de investigación que se llevaron a cabo entre 1990 y 1998, en aproximadamente 76 comunidades rurales de la parte central de México, en los estados de Jalisco y Michoacán. Estos trabajos han sido publicados en varios foros y las citas completas se pueden encontrar en la sección de referencias al final de este capítulo.

Como preámbulo a esta sección, es importante reconocer que la manifestación de problemas mentales está determinada por el contexto cultural de las comunidades. Existe un número importante de trabajos teóricos y empíricos (por ejemplo Ángel y Thoits, 1987; Guarnaccia y Farias, 1988) que demuestran la influencia de la cultura en la percepción individual de cambios físicos y psicológicos. Concretamente, en relación con los desórdenes afectivos, éstos están claramente influidos por las formas culturales de expresión del estrés y los significados específicos asociados a tal experiencia (Koss, 1990), por ejemplo: la sintomatología depresiva en las mujeres de origen rural es un problema de salud mental importante, pues tienden a manifestar este tipo de síntomas con mayor frecuencia, duración e intensidad que otros grupos de mujeres mexicanas. Los síntomas depresivos de la mujer rural se caracterizan por la total ausencia de afecto positivo y la presencia de afecto negativo y desesperanza, además de problemas somáticos (Salgado de Snyder y Maldonado, 1994).

Si bien la depresión, la sintomatología depresiva y en general los trastornos del afecto son las condiciones que más afectan a las mujeres en todo el mundo (Desjarlais y cols., 1995), el padecimiento mental más prevalente en las mujeres de México y otros países latinoamericanos es, sin lugar a dudas, el de los nervios. Esta enfermedad popular constituye un ejemplo claro de la influencia cultural en la expresión e interpretación del malestar emocional (Salgado de Snyder y Díaz Pérez, 1999; Salgado de Snyder, Díaz-Pérez y Ojeda, en prensa b; Salgado de Snyder y cols., 1995).

Los nervios son una enfermedad culturalmente legitimada en el contexto de la cultura mexicana y de otros grupos latinoamericanos. La literatura acerca de tal padecimiento sugiere que éste tiende a presentarse particularmente en las mujeres que viven en contextos de carencias y opresión social. Su manifestación incluye alteraciones psicológicas y somáticas, como dificultad para respirar, náusea, diarrea, vómito, dolores de cabeza, estómago, pecho y espalda, irritabilidad, tristeza, angustia, llanto, falta de concentración, temores y desesperanza (Salgado de Snyder, Díaz-Pérez, y Ojeda en prensa b).

En 1996 llevamos a cabo un estudio cualitativo con 21 pobladores rurales (12 mujeres y 9 hombres) y un curandero de Jalisco, con el propósito de explorar el significado de los nervios y otros malestares. Los participantes se refirieron a los nervios como una enfermedad causada por una idea que preocupa a una persona a grado tal que no le permite funcionar adecuadamente. Dichos participantes informaron que una preocupación constante por algo ocasiona "la fijación de una idea en la mente", y esto origina la enfermedad de los nervios. La mayoría de los entrevistados de ambos sexos respondió que los nervios son una enfermedad observada con mayor frecuencia en las mujeres que en los hombres y constituye un padecimiento esperado y aceptado en casi todas las mujeres, por su condición "natural" de vulnerabilidad.

CUADRO 1. ORIGEN DE LOS NERVIOS EN HOMBRES Y MUJERES DE ACUERDO CON LOS ENTREVISTADOS

Origen	*Mujeres (n = 12)*	*Hombres (n = 9)*
PSICOSOCIAL		
Problemas de relación con la familia y los amigos	3	6
Falta de ingresos económicos	0	6
Problemas personales (estrés, encerramiento, soledad, etc.)	4	2
Uso de alcohol	0	1
FISIOLÓGICO		
Menopausia, debilidad, falta de sueño, vejez, etc.	5	5

Como se observa en el cuadro 1, el padecimiento de los nervios entre las mujeres fue atribuido sobre todo a preocupaciones acerca de situaciones relacionadas íntimamente con su vida cotidiana y con los roles de género tradicionales que prevalecen en estas comunidades, por ejemplo: problemas conyugales, tensión familiar, falta de dinero, aburrimiento, monotonía, etcétera.

Los nervios entre las mujeres también fueron asociados a preocupaciones por problemas fisiológicos, como tumores, dolores de cabeza, infertilidad y abortos espontáneos. Sin embargo, estos problemas fisiológicos siempre fueron mencionados como parte de problemas con una carga emocional muy alta:

> Yo, en mi caso, fue un temor de una etapa de mi vida, que a lo mejor no sabía cómo afrontarla y me daba miedo... yo no tenía hijos, duré seis años sin hijos, hasta que me embaracé y tuve un aborto, esto para mí fue muy dramático.

Por otro lado, entre los hombres, el origen de los nervios fue atribuido principalmente a preocupaciones relacionadas con el cumplimiento de su papel de proveedores económicos en la familia. En repetidas ocasiones se mencionó como causa principal de los nervios la preocupación por la falta de ingresos necesarios para el bienestar de la familia, así como a las fricciones en el interior de la unidad familiar, también como consecuencia de sus limitados recursos económicos. Es interesante señalar que entre los hombres fue más común que entre las mujeres atribuir el origen de los nervios a preocupaciones por problemas fisiológicos (por ejemplo: complicaciones después de una cirugía, enfermedades crónicas como el cáncer, o el deterioro de la salud en la vejez); sin embargo, ninguno mencionó como causa única de los nervios la preocupación por algún problema físico.

Los síntomas asociados con los nervios que reportaron los participantes fueron variados y fueron clasificados como manifestaciones fisioló-

CUADRO 2. LA MANIFESTACIÓN DE LOS NERVIOS EN HOMBRES Y MUJERES DE ACUERDO CON LOS ENTREVISTADOS

Manifestaciones	*Mujeres (n = 12)*	*Hombres (n = 9)*
FISIOLÓGICAS		
Malestar físico	4	4
Falta de sueño	4	1
Falta de apetito	2	1
Dolor de cabeza	2	1
Mal semblante	1	2
Dolor de "cerebro"	2	0
Dolor de "pescuezo"	1	1
Temblor	1	1
Dolor de oídos	1	0
Falta de respiración	1	0
Cansancio	1	0
Taquicardia	1	0
PSICOLÓGICAS		
Irritabilidad	10	12
Desesperación	9	9
Intranquilidad	7	6
Comportamiento inadecuado	5	1
Preocupaciones	4	1
Aislamiento	3	2
Imaginarse cosas	4	1
Llanto	2	2
Desesperanza	3	1
Tristeza	2	1
Angustia	0	2
Conducta violenta	1	1
Tensión	1	1
Miedo/temor	0	1
Vicios (cigarro y alcohol)	1	0
Histeria		

gicas, categoría en la cual se incluyeron alteraciones de las funciones corporales, y manifestaciones psicológicas, que abarca alteraciones emocionales, de conducta y cognitivas.

Es importante destacar que los participantes manifestaron que las mujeres presentan mayor número de síntomas somáticos que los hombres. Los síntomas fisiológicos reportados más a menudo fueron malestar físico, falta de sueño y apetito, mal semblante, dolor de cabeza, "cerebro", "pescuezo" y oídos.

En relación con los síntomas psicológicos de los nervios, se encontraron claras diferencias por género. Los síntomas atribuidos a las mujeres son aquellos relacionados con su condición de debilidad y vulnerabilidad, por ejemplo: tres de las mujeres entrevistadas que dijeron haber padecido o padecer nervios indicaron haber experimentado sobre todo angustia, tristeza y desesperación. También expresaron haber sufrido alteraciones fisiológicas, como dificultad para respirar, trastornos en el ritmo cardiaco, insomnio y falta de apetito.

> ...lo que tengo son nervios; siento que me ahogo, siento que me palpita hasta de a dos veces el corazón, a ratos siento como que me pierdo... la gente también me dice que son nervios.
> ...por los nervios yo casi no duermo; hay días en que no puedo ni comer... pero hay otras mujeres que no pueden ni caminar, no salen de sus casas...
> ...sabía que eran nervios por la intranquilidad que sentía, no dormía, estaba muy tensa, la vida me parecía muy triste, me angustiaba por todo y no tenía físicamente ninguna cosa para decir que estaba mal, que estaba enferma...
> ...me siento mal hasta ahogarme, queriendo correr, pues feo. No me puedo ni dormir, siento que la respiración se me quiere ir; son nervios, seguro, pues amanezco viva, siempre no me muero...

Los hombres que indicaron haber padecido o padecer de nervios fueron solamente dos y reportaron síntomas somáticos y psicológicos. En su caso, los nervios se manifestaron con conductas propias del rol de género masculino prescrito en la comunidad, como irritabilidad, agresividad, mal humor y consumo de alcohol.

Las estrategias que los pobladores rurales utilizaban para solucionar sus problemas de nervios se resumen en el cuadro 3 y pueden clasificarse en tres grandes categorías: a) autocuidados, que incluyen el autocontrol y llevar a cabo actividades para aliviar sus síntomas (por ejemplo: salir a caminar, divertirse, etcétera); b) uso de remedios caseros y medicamentos de uso común (por ejemplo: mejorales, aspirina, vapo-rub, etcétera) y c) búsqueda de ayuda externa (por ejemplo: consultar a amigos, médico, sacerdote, etcétera).

CUADRO 3. FUENTES DE AYUDA PARA TRATAR LOS NERVIOS EN HOMBRES Y MUJERES DE ACUERDO CON LOS ENTREVISTADOS

Origen	*Mujeres (n = 12)*	*Hombres (n = 9)*
ESTRATEGIAS PERSONALES		
Autocuidados (remedios, Medicamentos)	5	4
Aguantarse	2	3
Ingesta de alcohol, uso de mariguana	0	3
FUENTES DE AYUDA EXTERNA		
Médico general	11	9
Amigos y/o familiares	5	5
Sacerdote	2	2
Psiquiatra	1	0

Se observa que los autocuidados son una estrategia común para enfrentar los problemas de nervios tanto en hombres como en mujeres. Cabe mencionar que los autocuidados son una estrategia diferente de otra utilizada con frecuencia, que consiste en aguantarse, la cual no conlleva acciones encaminadas a resolver el problema, sino a resistir los embates emocionales asociados al problema. El consumo de diversas sustancias, como el tabaco, el alcohol y la mariguana, también fue mencionado para aliviar los síntomas de nervios, aunque únicamente en el caso de los hombres. Una mujer entrevistada dijo: "desesperarse, embriagarse, buscar puertas falsas en drogadicciones o en el alcoholismo... creo que los hombres se enfrentan más difícilmente a problemas de nervios".

En relación con las fuentes de ayuda externa, el médico fue señalado como el recurso al que acuden con mayor frecuencia tanto hombres como mujeres, seguido de los amigos, familiares y el sacerdote. Sin embargo, la red social de apoyo para llegar al médico no sólo es fundamental para el enfermo, sino también proporciona apoyo moral e instrumental, a la vez que valida la severidad del malestar del individuo y justifica así la búsqueda de ayuda externa.

El psiquiatra también fue mencionado como posible fuente de ayuda, no obstante, es necesario señalar que la posibilidad de contacto de los pobladores de la comunidad con especialistas en el tratamiento de las enfermedades mentales, como son psicólogos y psiquiatras, es casi nula. Por esta razón, algunas formas de tratamiento como la psicoterapia son desconocidas y pueden suscitar desconfianza. Esto se refleja en el relato de una mujer que padecía de nervios y que acudió solamente una vez al psiquiatra en Guadalajara:

> ...ya tiene muchos años que sufrí de nervios, todo empezó porque se fueron mis hijos a Estados Unidos... y me llevaron con un señor que era un psiquiatra que nomás me hacía preguntas y preguntas... ¡ay no! Le dije a mi hermana, a mí no me anden llevando a doctores de esos que nomás plática y plática... casi me duermo... nomás fui a perder el tiempo... ya no lo volví a ver, (fue la) única y última vez.

Es importante notar que, independientemente del origen del problema, los participantes reconocieron que los nervios provocan el deterioro gradual del funcionamiento cotidiano de la persona, situación que, de no atenderse adecuadamente, puede agravarse y llegar a provocar enfermedades mentales: "...si la persona no se atiende a tiempo, la idea que le preocupa se le empieza a cargar en la cabeza, empieza a cargarle memoria... y se enferma de la mente".

De tal forma que, desde el punto de vista de los entrevistados, es necesario buscar ayuda para curarse de la enfermedad de los nervios antes que este mal avance y ocasione otros problemas físicos y hasta la muerte: "...supongamos que por los nervios usted padezca un dolor de cabeza; si no se lo cura, con el tiempo se le hace un tumor; entonces ya no se va a poder curar porque le va a ocasionar hasta la propia muerte esa desidia".

A partir de los resultados de ese estudio, diseñamos un instrumento para evaluar la presencia, duración y severidad de los síntomas que configuran la enfermedad de los nervios. El instrumento fue utilizado ulteriormente en un estudio que tuvo como objetivo explorar la prevalencia de algunos trastornos mentales entre los pobladores rurales de Jalisco (Salgado de Snyder, 1998a). Los resultados de esa investigación indicaron que la prevalencia de nervios alguna vez en la vida, basada en el autorreporte, fue de 21%, entre las mujeres y de 9% entre los hombres. Los resultados de ese estudio revelan una prevalencia de por vida de depresión mayor y distimia también mucho mayor entre las mujeres (9.1 y 5.2%, respectivamente) que entre los hombres rurales (2.9 y 1.4%, respectivamente). Las prevalencias más altas de estos tres trastornos se ubicaron en las mujeres de edades entre los 30 y 49 años, sin escolaridad, las que trabajaban o estaban desempleadas, las casadas y las que tenían más de cuatro hijos. En las mujeres se encontró una alta comorbilidad de nervios y trastornos de ansiedad y del afecto. En general, las mujeres evaluaron su salud mental y física como "regular" o "mala" con mayor frecuencia que los hombres (Salgado de Snyder y Díaz Pérez, 1999; Salgado de Snyder y cols., en prensa b).

Con base en lo anterior, concluimos que, más que una crisis aislada, los nervios son un proceso de deterioro paulatino que debilita a las mujeres rurales tanto física como psicológicamente. Este debilitamiento coloca frecuentemente a las mujeres rurales en riesgo de desarrollar algún trastorno mental. El padecimiento de nervios se ha encontrado relacionado con recursos internos y externos limitados, así como con el desgaste físico y psicológico que conllevan las demandas familiares, sociales, culturales y personales que enfrentan las mujeres en el medio rural (Salgado de Snyder y Díaz-Pérez, 1999).

Situación de servicios de salud y salud mental

En relación con los servicios generales de salud, en comunidades rurales de 5 000 habitantes o más existen clínicas dependientes de la Secretaría de Salud que proporcionan atención primaria por medio de acciones como programas de vacunación, campañas de planificación familiar y el manejo de enfermedades comunes. El personal de esas clínicas está integrado por un médico residente y dos enfermeras, quienes en general no alcanzan a satisfacer la demanda de servicios.

Por otro lado, la mayoría de los habitantes de esas localidades no tienen acceso a los servicios proporcionados en los centros urbanos por instituciones como IMSS o ISSSTE. En general, se emplean en el sector informal, en labores artesanales y en aquellas relacionadas con la agricultura dirigidas al autoconsumo, por lo cual no existe una relación obrero-patronal que les garantice atención médica. Es importante mencionar que en muchas de las localidades rurales de México existen médicos generales en práctica privada que ofrecen sus servicios a los pobladores de la región; sin embargo, acudir a este tipo de servicios representa un costo económico que la mayoría de las familias en ese medio no puede pagar (Salgado de Snyder, Díaz-Pérez, Maldonado y Bautista, 1998).

Los servicios especializados de salud mental en las comunidades rurales de México son inexistentes. Cuando los pobladores requieren atención para problemas emocionales acuden a familiares y amigos cercanos, al sacerdote, al médico general y a otros practicantes de medicina tradicional, como los curanderos. Los resultados de un estudio reciente con pobladores rurales acerca de la búsqueda de ayuda para la solución de problemas de salud mental señalan que los recursos utilizados con mayor frecuencia para enfrentar ese tipo de padecimientos son los autocuidados y las recomendaciones de su red de apoyo social (Salgado de Snyder y cols., 1998).

En México, los servicios especializados de salud mental se ofrecen sólo en los centros urbanos, generalmente alejados de los pequeños pueblos, por lo que existen barreras importantes para acudir a ellos. Entre las barreras más frecuentes se encuentran el costo económico que conlleva transportarse de una comunidad rural a la ciudad más cercana; tener que dejar a los hijos pequeños al cuidado de otras personas, y el elevado costo de la consulta y los medicamentos, entre otras. Otros problemas graves son el tiempo que se invierte en ir a la ciudad, el tiempo de espera para ser atendido, el tiempo de consulta, y regresar al pueblo. Esto representa muchas veces dedicar por lo menos un día completo para asistir a una consulta médica.

Conclusiones y propuestas

El estado del conocimiento de la salud mental de las mujeres rurales en México se limita a unas cuantas investigaciones, que, si bien representan contribuciones valiosas en el ámbito regional, no existen estudios que hayan abordado este problema en el entorno nacional. Por tanto, desconocemos aún la naturaleza y la magnitud de los problemas mentales que aquejan a la población rural de nuestra nación, particularmente las mujeres.

En cuanto al estudio realizado, es de vital importancia estimular la producción de estudios sobre problemas mentales, su incidencia y prevalencia, distribución por región geográfica, sexo, grupos etáreos, grupos étnicos, ocupación, ingresos y otras variables sociodemográficas. También es necesario destacar la investigación encaminada a profundizar sobre los aspectos culturales involucrados en la etiología y sintomatología asociados con los problemas emocionales y/o de salud mental en las mujeres rurales, así como la percepción de la eficacia de diversos tratamientos. Finalmente, en este rubro, es indispensable asignar prioridad de financiamiento a proyectos de investigación que se lleven a cabo con pobladores rurales, así como motivar y estimular a los investigadores a trabajar en ese medio.

En cuanto a los servicios de salud mental, la prevención social de la enfermedad mental mediante el trabajo comunitario debe destacarse en el medio rural. Es necesario reconocer que la prevención primaria en el campo de la salud mental es una tarea eminentemente social y multidisciplinaria. Para llevar a cabo programas culturalmente sensibles de intervención en el medio rural, se requiere contar con información en detalle derivada de la investigación, así como la participación activa de todos los recursos humanos e institucionales disponibles, desde profesionales e investigadores auténticamente multidisciplinarios, quienes no deben renunciar a las identidades teóricas y metodológicas de sus disciplinas, hasta educadores, líderes sociales, religiosos, políticos, miembros de la comunidad e instituciones en esas localidades.

Es igualmente importante definir prioridades en la prestación de servicios de salud mental con base en las características y necesidades de cada grupo poblacional, por ejemplo: en el medio rural es necesario destacar el trabajo con familias como una propuesta en salud mental. En esas localidades, la familia es el eje alrededor del cual se llevan a cabo todas las actividades cotidianas, de forma tal que este ámbito debe ser considerado el recurso central para promover la salud mental de sus miembros, especialmente las mujeres.

Para concluir, cabe afirmar que en la actualidad las políticas en materia de salud mental no han trascendido en las mujeres del medio rural. Además de reflexionar acerca de sus problemas en publicaciones como ésta, es necesario diseñar y poner en marcha estrategias de investigación y servicios adecuados para el beneficio de este grupo poblacional tan ignorado.

Referencias bibliográficas

Amuchástegui, A., "El significado de la virginidad y la iniciación sexual. Un relato de investigación", en I. Szasz y S. Lerner (eds.), *Para comprender la subjetividad. Investigación cualitativa en salud reproductiva y sexualidad,* El Colegio de México, México, 1996, 137-172.

Ángel, R. y P. Thoits, "The Impact of Culture on the Cognitive Structure of Illness", *Culture, Medicine and Psychiatry* 11, 1987, 465-494.

Casillas, A., *La mujer en dos comunidades de emigrantes (Chihuahua)*, Secretaría de Educación Pública, México, 1985.

Cervantes, R. C. y F. G. Castro, "Stress Coping and Mexican-American Health", *Hispanic Journal of Behavioral Sciences* 7, 1985, 1-73.

Consejo Nacional de Población (Conapo) *Programa Nacional de la Mujer. Situación de la Mujer en México*, 1997, disponible en: http://serpiente.dgsca.unam.mx/conapo/mujer/tres.htm

Desjarlais, R., L. Einsberg, B. Good y A. Kleinman, *World Mental Health. Problems and Priorities in Low Income Countries,* Oxford University Press, Nueva York, 1995.

Durán, L., A. Reisman, A. J.Becerra y R. C. Pucheu, "Pronóstico de necesidades de recursos humanos en el campo de la salud mental en México", *Boletín de la Oficina Sanitaria Panamericana*, 96(5), 1984, 387-395.

Goldsmith, M., "El servicio doméstico y la migración femenina", en E. Ramírez y H. Dávila (comps.), *Trabajo femenino y crisis en México,* UAM-Xochimilco, México, 1990.

González, S., "Mujeres, trabajo y pobreza en el campo mexicano: una revisión crítica de la bibliografía reciente", en I. Szasz y V. Salles (eds.), *Las mujeres en la pobreza*, El Colegio de México, México, 1994, 179-216.

González de la Rocha, M., "De por qué las mujeres aguantan golpes y cuernos: un análisis de hogares sin varón en Guadalajara", en L. Gaballet y cols. (comps.), *Mujeres y sociedad, salarios, hogar y acción social en el occidente de México,* El Colegio de Jalisco / CIESAS, Guadalajara, 1988.

Guarnaccia, P. J. y P. Farias, "The Social Meanings of Nervios: A Case Study of a Central American Woman", *Social Science and Medicine* 26, 1988, 1223-1231.

Instituto Nacional de Estadística, Geografía e Informática (INEGI) *Conteo de Población y Vivienda 1995. Resultados definitivos nacionales,* 1996, disponible en: http://www.inegi.gob.mx/homepara/conteo/bolrep.html

Koss, J., "Somatization and Somatic Complaints Syndromes among Hispanics: Overview at Ethnopsychological Perspectives. Transcultural psychiatry", *Research Review* 27, 1990, 5-29.

Lagarde, M., *Cautiverios de las mujeres, madresposas, monjas, putas y locas*, UNAM, México, 1990.

Lara, M. A. y V. N. Salgado de Snyder, "Mujeres, salud mental y pobreza", en I. Szasz y V. Salles (eds.), *Las mujeres en la pobreza*, El Colegio de México, México, 1994, 243-291.

_____, "Investigación sobre trabajo femenino y salud: avances y propuestas", en J. G. Figueroa Perea (comp.), *La condición de la mujer en el espacio de la salud*, El Colegio de México, México, 1998, 131-160.

_____, *Inventario de masculinidad y feminidad (IMAFE)*, El Manual Moderno, México, 1993.

Medina-Mora, M. E.,"A Comparative Analysis of Drinking Patterns and Problems in México", en *Cultural Influences and Drinking Patterns: A Focus on Hispanic and Japanese Populations*, research monograph 19, National Institute of Alcohol Abuse and Alcoholism, U. S. Department of Health and Human Services, 1988, 253-272.

Natera, G., M. Casco, E. Herrejón y J. Mora, "Interacción entre parejas con diferente patrón de consumo de alcohol y su relación con antecedentes familiares de consumo en México", *Salud Mental* 16, 1993, 33-43.

Ortega Padilla, M. T., "Educación de la mujer indígena: estrategia de desarrollo regional", en P. Galeana (comp.), *La condición de la mujer indígena y sus derechos fundamentales*, UNAM Coordinación de Humanidades, México, 1997, 103-116.

Salgado de Snyder, V. N., y M. J. Díaz-Pérez, "Los trastornos afectivos en la población rural", Salud Mental 22 (ejemplar especial), 1999, 68-74.

_____, M. J. Díaz-Pérez y V. Ojeda (en prensa b), "The Prevalence of Nervios and Associated Symptomatology Among Inhabitants of Mexican Rural Communities", *Culture Medicine and Psychiatry*.

_____, y R. Díaz-Guerrero (en prensa d), "Eduring Separation: The Psychoscial Implications of Mexico-Unites States Migration", en E. Lionser (ed.), *The Psychological Perspective of World Migrations*.

_____, *La prevalencia de algunos trastornos mentales, su interpretación sociocultural y la utilización de servicios de salud mental en poblaciones rurales: el impacto de la migración Mexico-Estados Unidos*, reporte técnico CONACYT, proyecto núm. 4257H, 1998a.

_____, "Migración, sexualidad y sida en mujeres de origen rural: sus implicaciones psicosociales", en I. Szasz y S. Lerner (comps.), *Sexualidades en México. Algunas aproximaciones desde la perspectiva de las ciencias sociales*, El Colegio de México, México, 1998b, 155-174.

_____, M. J. Díaz-Pérez, M.Maldonado, E. Bautista, "The Pathways to Mental Health Services Among Inhabitants of a Mexican Village With High Migratory Tradition to the United States", *Health and Social Work* 24, 1998, 136-148.

_____, M. J. Díaz-Pérez, A. Acevedo y L. Natera, "Dios y el Norte: The Perceptions of Wives of Documented and Undocumented Mexican Immigrants to the U. S.", *Hispanic Journal of Behavioral Sciences* 3, 1996, 283-296.

_____, M. J. Díaz-Pérez y M. Maldonado, "AIDS: Risk Behaviors Among Rural Mexican Women Married to Migrant Workers in the United States", *AIDS Education and Prevention* 8, 1996, 134-142.

_____ y M. J. Díaz-Pérez, "El impacto de la migración en los roles de género", *Psicología y Salud* 5, 1995, 93-104.

_____, M. J. Díaz-Pérez y M. Maldonado, "Los nervios de las mujeres mexicanas de origen rural como motivo para buscar ayuda", *Salud Mental* 18, 1995, 50-55.

_____ y M. Maldonado, "Características psicométricas de la Escala de Depresión del Centro de Estudios Epidemiológicos (CES-D) en mujeres mexicanas adultas de áreas rurales", *Salud Pública de México* 36, 1994, 200-209.

_____, "Family Life Across the Border: Mexican Wives Left Behind", *Hispanic Journal of Behavioral Sciences* 15, 1993, 391-401.

_____ y A. M. Padilla, "Social Support Networks: Their Availability and Effectiveness", en M. Gaviria y J. D. Arana (eds.), *Health and Behavior: Research Agenda for Hispanics* (monografía núm. 1), Simon Bolivar Hispanic-American Psychiatric Research & Training Program, University of Illinois Chicago, Illinois, 1987, 93-107.

Saltijeral, M. T. y L. Ramos, "Características psicosociales de las mujeres víctimas de violencia intrafamiliar: repercusiones en su estado de salud mental", informe preliminar del Proyecto 4171, División de Investigaciones Epidemiológicas y Sociales, Instituto Mexicano de Psiquiatría, 1996.

Salles, V., "Pobreza, pobreza y más pobreza", en I. Szasz y V. Salles (eds.), *Las mujeres en la pobreza*, El Colegio de México, México, 1994, 47-72.

Tuirán, R., "Familia y valores: cambios y arraigos tradicionales", [Family and Values: Changes and Traditional Roots], *Demos* 8, 1995, 30-31.

World Bank, *World Development Report, 1993: Investing in Health*, Oxford University Press, Nueva York, 1993.

9

Servicios y recursos de atención a la salud mental de la mujer

Shoshana Berenzon Gorn,
María Elena Medina-Mora Icaza

Introducción

Escribir un capítulo acerca de los recursos y servicios de atención a la salud mental de la mujer mexicana es una tarea difícil, pues contamos con muy poca información sobre este tema y es aún más escasa la que permite realizar un análisis diferenciando a hombres y mujeres. Sin embargo, esto, en vez de ser una limitación, constituye un incentivo, ya que la información que aquí se analiza, puede servir para conocer un poco más respecto a las modalidades bajo las cuales las mujeres utilizan los servicios de salud mental.

Para iniciar este trabajo, se presentan algunos modelos que se han propuesto para conocer cómo funciona la utilización de cualquier servicio de salud. La Organización Panamericana de la Salud (OPS, 1977) plantea que debe haber una relación dinámica en la cual intervengan, por una parte, las necesidades y aspiraciones de la población, expresadas por la demanda y, por la otra, los recursos disponibles que configuran la oferta de servicios para satisfacer la demanda. Sin embargo, tal propuesta equipara la demanda de los servicios con la utilización y, como es sabido, la necesidad no siempre se traduce en demanda o ésta no siempre se satisface.

Hulka y Wheat (1985) proponen que la necesidad es la principal generadora del proceso de búsqueda de atención y del uso de los servicios. Aunado a la necesidad, Fielder (1981) propone una clasificación de las características de la población que predisponen, habilitan e impulsan a las personas a utilizar los servicios, como el sexo, la estructura familiar o del hogar, la edad, el grupo social, el ingreso y contar con un servicio de seguridad social, entre otras.

Por su parte, Anderson (1984) sugiere que la utilización de servicios es el resultado de tres variables: a) la necesidad de contar con atención médica (desde el punto de vista del paciente y del personal de salud); b) los factores predisponentes conformados por variables sociodemográficas asociadas a las actitudes y creencias en torno a la salud y a la enfermedad, como edad, sexo, composición familiar, clase social, ocupación, etcétera, y c) los factores capacitantes que se asocian a la condición socioeconómica, ya sea en el ámbito familiar (ingresos, ahorros, seguros médicos, etcétera) o comunitarios (disponibilidad, accesibilidad, etcétera). Fielder (1981) y Rosenstock (1996) coinciden con tal propuesta.

Tomando como punto de partida los modelos citados, el objetivo principal de este capítulo es revisar la bibliografía acerca de los servicios de salud mental en México y sobre todo las investigaciones realizadas en el Instituto Mexicano de Psiquiatría, para analizar cuáles variables influyen y el efecto que tienen en la utilización de servicios de salud mental entre las mujeres mexicanas.

Este capítulo se dividirá en cuatro secciones: en la primera presentamos una breve descripción epidemiológica de las enfermedades mentales en las mujeres; en la segunda, abordamos de manera general las características de los servicios de salud en México, incluida su organización, estructura y cobertura, así como los recursos humanos y materiales con que cuentan. En la tercera, analizamos algunos estudios realizados en México respecto a la utilización de servicios de salud mental por parte de las mujeres mexicanas, y en la cuarta hacemos algunas propuestas acerca de las políticas por seguir para dar mejor asistencia clínica a la población femenina.

Epidemiología de la enfermedad mental en la mujer

En diversos estudios realizados tanto en México como en otros países se ha comprobado que existen diferencias importantes entre los padecimientos mentales que presentan los hombres y los que sufren las mujeres, y se ha señalado que estas disimilitudes son resultado de la combinación de los factores biológicos, culturales y sociales que caracterizan a cada sexo (Romero y Medina-Mora, 1987; Hankin, 1990; Eysenck y Lara, 1992; García, 1997). Los trastornos mentales que más se presentan entre el sexo femenino son cuadros depresivos, de angustia y alteraciones alimenticias, mientras que en los hombres son más comunes los problemas originados por el consumo de alcohol y drogas, la violencia y las conductas antisociales (De la Fuente, 1988; Medina-Mora, Rascón, Tapia, 1992; Tubert, 1992; Lara y Salgado, 1994; Paltiel, 1992.).

Investigaciones realizadas mediante encuestas en hogares mexicanos demuestran lo anterior. En 1988 observamos que los trastornos psicóticos, la epilepsia y los trastornos graves de la personalidad afectaban de manera similar a hombres y mujeres; sin embargo, tres mujeres por cada hombre presentaron trastornos depresivos neuróticos, cinco por cada varón trastornos de ansiedad y dos mujeres por cada hombre trastornos obsesivos. (De la Fuente, Medina-Mora y Caraveo, 1997).

En los trabajos de investigación que se han hecho en hospitales psiquiátricos, también hemos observado estas diferencias, por ejemplo: en un estudio realizado con pacientes hospitalizados en las unidades de la Secretaría de Salud apreciamos que las mujeres presentaron con mayor frecuencia que los hombres demencias orgánicas (5.2 y1.0%, respectivamente), epilepsia (7.0 y 4.0%) y psicosis orgánicas (4.0 y 2.0%). En los hombres fueron más frecuentes los trastornos relacionados con el consumo de drogas y/o alcohol y los trastornos esquizofrénicos (Caraveo, Gómez, Saldívar y González, 1995).

Entre la población que acude a consulta externa, las mujeres presentan con mayor frecuencia trastornos neuróticos (34.0%), mientras que entre la población infantil masculina destacan los problemas conductuales (24.0%) (Gutiérrez y Barilar, 1986).

Aunque se ha reconocido que los trastornos mentales son un problema importante de salud y que afectan a un importante sector de la población tanto masculina como femenina, su relevancia aún no se refleja en la inversión en servicios. Esto se debe a que la enfermedad mental no es una causa importante de muerte, a que las personas con este tipo de padecimientos temen ser estigmatizadas y a que existe gran desconfianza en los procedimientos utilizados para su tratamiento (Medina-Mora, Berenzon, López-Lugo, Solís, Caballero y González, 1997).

Características de los servicios de salud mental en México y sus principales problemas de funcionamiento

Los servicios de salud en México están divididos en dos grandes sistemas, el público y el privado. La Secretaría de Salud es el órgano rector del sistema público, que abarca las instituciones que prestan servicios de salud y asistencia social a población abierta o no asegurada y que beneficia a 33% de la población, y las de la seguridad social, que atienden a la población trabajadora asalariada, como el IMSS (Instituto Mexicano del Seguro Social) y el ISSSTE (Instituto de Seguridad y Servicios Sociales para los Trabajadores del Estado), que atienden a 55% de la población. El sector privado está integrado por profesionales e instituciones que brindan atención tanto ambulatoria como hospitalaria y por personas que practican la medicina tradicional y terapias alternativas (Organización Panamericana de la Salud, 1994). A continuación analizamos las características de los servicios proporcionados en México, tanto en el sector público como en el privado.

Servicios públicos

Es difícil establecer la cobertura de las instituciones que integran los servicios de salud mental, ya que los registros existentes sólo muestran de manera general algunas características de la consulta externa y de la hospitalización, pero no cuentan con un registro adecuado del tipo de padecimientos que presenta la población atendida, ni de las características del servicio, ni del personal que labora en esas instituciones.

Características de los servicios públicos de salud mental

Durante muchos años, los hospitales psiquiátricos han sido el recurso principal para el tratamiento de los trastornos mentales. México cuenta con una red de 30 hospitales psiquiátricos públicos, los cuales se concentran principalmente en la región central del país y en las grandes ciudades, como la capital del país, Guadalajara, Torreón y Hermosillo.

En relación con la consulta externa, cinco hospitales generales tienen servicios de psiquiatría y 20 más cuentan con consultorios psiquiátricos. De acuerdo con los datos aportados por la Federación Mexicana de Sociedades pro Salud Mental, en 1994 había 1 675 psiquiatras, es decir, dos por cada 100 000 habitantes (De la Fuente, Medina-Mora y Caraveo, 1997; y Sistema Nacional de Salud, 1995).

Trastornos mentales atendidos por instituciones del sector público

En cuanto al tipo de padecimientos tratados en el sector público, Caraveo, González, Ramos y Mendoza (1986) plantean que durante ese año, en IMSS (Instituto Mexicano del Seguro Social) los trastornos mentales ocupaban el decimotercer lugar de demanda en el primer nivel de atención y representaban 1.1% de consultas por primera vez. Los trastornos más frecuentes fueron las neurosis y las reacciones de adaptación. De la Fuente (1991) señala que en la ciudad de México, entre una tercera parte y la mitad de las consultas en el primer nivel de atención son atribuibles a problemas psicosociales y psiquiátricos, principalmente depresión y angustia, ya sea como padecimientos principales o relacionados con otras enfermedades.

Datos aportados por la Secretaría de Salud revelan que durante 1995 acudieron a servicios psiquiátricos de consulta externa de todo el país 270 044 individuos, 73% recibió terapia individual, 9% grupal y 18% familiar (Secretaría de Salud, 1996). Durante el primer trimestre de 1998 acudieron a consulta externa a servicios ubicados en el Distrito Federal 35 066 individuos, 13 102 asistieron a centros comunitarios de salud mental y 21 964 a hospitales psiquiátricos. En cuanto a la hospitalización, durante ese período ingresaron 860 personas y el número de altas ascendió a 766 individuos (Secretaría de Salud, 1998).

Problemas en torno a la utilización de servicios públicos

Los problemas relacionados con los servicios de salud mental pueden dividirse en tres grandes grupos: los referentes a la organización del servicio, los asociados con el personal que labora en las instituciones y los vinculados con la búsqueda de atención.

En cuanto a la organización del servicio, Bronfan, Castro, Zúñiga, Miranda y Oviedo (1997) señalan que los usuarios de los servicios de salud perciben que la organización es fuertemente burocrática y que, por tanto, se presentan diversas trabas, como las largas horas de espera, la insuficiencia de fichas y diferir de forma prolongada las citas, entre otras. Por otra parte, la actividad en salud mental se desarrolla dentro del modelo de atención médica que hace énfasis en el diagnóstico y en el tratamiento de la enfermedad, el cual subvalora en gran medida la prevención de ésta y el fomento de la salud, reduciendo de forma considerable su efectividad. Esto se agrava dada la ineficiencia en la calidad y accesibilidad de los servicios, debido, entre otras cosas, a que el cuidado de la salud y la enfermedad mental, por lo general, no los consideran prioritarios por las autoridades de salud, lo cual se traduce en la asignación de presupuestos muy bajos (Yepes y Durán-Arenas, 1994).

En cuanto al personal que labora en las instituciones públicas, las mayores quejas de los usuarios son que los médicos carecen de una capacitación adecuada y que las consultas tienen una duración muy breve, lo cual impide al paciente aclarar dudas acerca de lo que siente y recibir la información adecuada. También hacen notar que en muchas ocasiones surge una relación de enfrentamiento o desencuentro entre el médico y el paciente debido a la falta de comunicación o incluso por un trato autoritario. Este tipo de situaciones puede conducir al desaliento de la población a utilizar los servicios, al retraso de la búsqueda de éstos y a la consecuente complicación de la enfermedad (Bronfan y cols., 1997; Medina-Mora, Rascón, Tapia, 1992; Solís y Medina-Mora, 1994; y Frenk, Lozano y González-Block, 1994).

Aunada a estos problemas, no existe una cultura de uso de servicios de salud mental por parte de la población, en gran medida porque hay gran desconocimiento tanto de los trastornos mentales como de los servicios establecidos para dar asistencia. Los servicios se perciben como poco útiles o existe mucha desconfianza en ellos.

Diversos estudios han demostrado que las tasas estimadas de utilización de servicios son muy bajas, sobre todo cuando se trata de trastornos neuróticos, como depresiones o ansiedades. Cuando se presentan trastornos psiquiátricos mayores, las tasas aumentan, pero después de todo un "proceso de intento de curación", que se inicia con la automedicación o el uso de remedios caseros, búsqueda de ayuda por parte de amigos o familiares y asistencia a servicios alternativos, en los que el médico psiquiatra se presenta como última opción cuando la gravedad del padecimiento resulta tardíamente inmanejable (De la Fuente, 1988, Frenk, Lozano y González-Block, 1994; Solís y cols., 1994; Medina-Mora y cols., 1992; Caravaeo y Mas, 1990; Lara, Medina-Mora, Salgado, Acevedo y Díaz-Pérez, 1996; Salgado, Díaz-Pérez, Bautista y Maldonado, 1998).

En un estudio realizado en cuatro comunidades urbanas de nivel socioeconómico bajo, ubicadas al sur de la ciudad de México, se observó que sólo 22% de los hombres y 26.5% de las mujeres que presentaron trastornos depresivos usaron los servicios de salud. Esto ocurrió en 6.7% de los hombres y 14.7% de las mujeres con trastornos de ansiedad, y en 11.4% de los hombres y 13.5% de las mujeres con distimia (Medina-Mora, Berenzon, López, Solís, Caballero y González, 1997).

De acuerdo con los datos de la Encuesta Nacional de Salud Mental (Medina-Mora y cols., 1992), los recursos más utilizados por la población urbana son los familiares y amigos (54%), siguen la automedicación y los remedios caseros (15%), luego los ministros y sacerdotes (10%) y menos de 5% de la población estudiada acudió a algún centro especializado en salud mental.

En un estudio realizado en dos regiones rurales de Jalisco se observó que cuando la población presenta problemas depresivos o de los "nervios", recurre principalmente al médico general (15.4% de los hombres con depresión y 26.1% de las mujeres con depresión o con distimia) y en segundo lugar al sacerdote (15.4% de los hombres con trastornos depresivos y 22% de las mujeres con depresión o distimia). A su vez, el número de personas que consulta a "especialistas" en salud mental es más reducido. Los recursos más utilizados para contrarrestar este tipo de padecimientos son los autocuidados, que incluyen el uso de medicamentos, remedios caseros, limpias, baños e infusiones (más de 45% de los hombres y mujeres con depresión, 65% de los hombres con distimia y 52% de las mujeres con dicho trastorno recurren a este tipo de recursos) (Salgado y Díaz-Pérez, en prensa).

Otros factores relacionados con la baja asistencia a los servicios de atención son las distancias, tiempos y gastos de transportación, no poder faltar al trabajo, no tener quién cuide a los hijos, carecer de horarios de consulta y tener que esperar mucho tiempo para lograr una cita (Medina-Mora y cols., 1992).

Servicios privados

Como mencionamos, existe muy poca información que permita establecer la cobertura de los servicios de salud mental públicos; en el sector privado, estos problemas se agudizan, ya que es aún más difícil encontrar trabajos que aporten datos acerca de los servicios otorgados. Sin embargo, presentamos una breve semblanza de este tipo de servicios.

Según datos aportados por el Sistema Nacional de Salud, en 1995 el sector privado contaba con 748 psiquiatras, distribuidos en 2 816 unidades médicas. En cuanto a los servicios proporcionados en estas unidades, en un reporte interno se señala que se atendieron 278 casos de psiquiatría; sin embargo, no se especifican, el sexo, ni la edad, ni el nivel socioeconómico de la población atendida (Sistema Nacional de Salud, 1995). En cuanto a las barreras de utilización, los usuarios se enfrentan a un dilema: por un lado perciben que este tipo de servicios explotan en términos económicos a los pacientes y, al mismo tiempo, dan una atención y trato de mejor calidad que el otorgado en los servicios públicos.

Servicios alternativos

De acuerdo con Sugarman y Burk (1998), los servicios alternativos pueden definirse como aquellos sistemas de salud que incorporan modalidades y prácticas que no pertenecen al sistema dominante de salud y que son características de una cultura y de una sociedad. Estos recursos son ejercidos por personal especializado y cuentan con su propia estructura filosófica, teórica y práctica. Ejemplos de servicios alternativos son la homeopatía, grupos de autoayuda, curación por medio de energía, musicoterapia, fitoterapia y medicina tradicional, entre otros.

La Organización Panamericana de la Salud (1993) plantea que en los países latinoamericanos, la atención psiquiátrica especializada y la provista por los servicios generales de salud cubren sólo una parte de las necesidades y demandas de la población, debido, por un lado, a la falta de personal y de clínicas y, por el otro, porque la población estima que este tipo de servicios están muy alejados de su realidad y son poco congruentes con sus valores históricos, culturales y sociales. Por estas razones, un importante sector de la población que presenta trastornos emocionales es atendido por medios provistos por las propias comunidades, como la medicina tradicional, las redes de apoyo social y la formación de grupos de autoayuda.

En un estudio realizado en comunidades urbanas del sur de la ciudad de México observamos que los individuos que presentan trastornos emocionales acuden principalmente al médico general o familiar, le siguen en importancia los psicólogos, los ministros religiosos y los psiquiatras y una de cada 10 personas consulta a curanderos (Medina-Mora y cols., 1997).

Mas y Caraveo (1991), interesados en conocer si los templos espiritualistas constituyen un sistema alternativo importante en la cura de enfermedades mentales, realizaron un estudio en la delegación Xochimilco de la ciudad de México. Los autores plantean que la demanda hacia el templo espiritualista es similar a la observada en el centro de salud y que muchas personas asisten al templo por estar decepcionadas de otros servicios médicos, ya sea porque no habían recibido el trato que esperaban, por no haber entendido el diagnóstico, o por no estar dispuestos a tomar grandes cantidades de medicamentos.

Según Bronfan y cols. (1997), los enfermos crónicos tienden a utilizar tanto los servicios médicos modernos como los tradicionales. Ambos recursos son vistos como un todo integrable, en el cual lo más importante no es el método utilizado como tratamiento, sino lo que resulte más eficaz para encontrar curación a la enfermedad; por ello, resulta indistinto utilizar el servicio de un médico moderno que el del huesero o curandero.

Hasta aquí hemos hecho una breve revisión debido a las limitantes de la bibliografía disponible, a las características de los servicios de salud mental públicos, privados y alternativos, así como a las razones que llevan a la población a elegir determinado servicio. En la sección siguiente revisaremos las investigaciones hechas en torno al uso de servicios por parte de la población femenina.

Servicios de salud mental para las mujeres mexicanas

Como ya lo hemos señalado, el Instituto Mexicano de Psiquiatría ha diseñado una serie de proyectos para estudiar el problema de los servicios de salud mental en México. Si bien algunos estudios no se han enfocado de forma directa a la población femenina, aportan datos interesantes del panorama general de los servicios de salud a las mujeres. En los cuadros 1 y 2 se presentan los resultados derivados de dos grupos de investigaciones; el cuadro 1 muestra investigaciones realizadas en los propios servicios de salud, y el cuadro 2 las llevadas a cabo con población abierta, sobre todo mediante encuestas de hogares y entrevistas. En esta sección se presenta una reseña de los hallazgos más importantes en relación con los padecimientos y la búsqueda y utilización de servicios de salud mental.

Padecimientos y razones por las cuales hombres y mujeres acuden a los servicios de salud mental

Las investigaciones que a continuación describimos ponen de manifiesto que existen diferencias entre las razones por las que hombres y mujeres buscan un servicio de salud mental, por ejemplo: Padilla y Peláez (1985), en un estudio realizado en instituciones de salud con servicios de consulta externa, observaron que las mujeres buscaban ayuda profesional principalmente por presentar trastornos emocionales, mientras que los hombres acudieron para atenderse problemas de alcoholismo y farmacodependencia. También se observó que los mayores porcentajes de consulta los obtuvieron las mujeres. Estos resultados son congruentes con los hallazgos reportados a nivel internacional (Dejarlais, Eisenberg, Good y Kleiman, 1995).

Resultados similares se obtuvieron en un trabajo realizado en los diferentes niveles de atención de servicios públicos de salud, en los cuales observamos que de los 386 individuos que asistieron a una clínica familiar por trastornos neuróticos, 30% pertenecía al sexo masculino y 70% al femenino y de las consultas otorgadas en los servicios de psiquiatría, 39% se dieron a hombres y 61% a mujeres (Caraveo y cols., 1986) (vea el cuadro 1).

Por su parte, Lara y Acevedo (1996), al revisar los estudios sobre de servicios de salud mental, encontraron diferencias importantes en el

Cuadro 1. Investigaciones en los servicios de salud		
Autores	*Población/Fuente*	*Resultados*
Padilla P., y Peláez, O., 1985	Pacientes de un centro de salud, de una unidad de medicina familiar y de un hospital general	En las tres instituciones, los mayores porcentajes de consulta los obtuvieron las mujeres y sobre todo las casadas. Los trastornos emocionales son más elevados en las mujeres que en los hombres y se observa que a medida que aumenta la edad, crece también la frecuencia del trastorno. Se encontraron importantes diferencias entre los porcentajes de pacientes clasificados como "no casos" por los médicos generales, y los clasificados como "casos" por lo profesionales de la salud mental.
Caraveo J., González F., Ramos L., Mendoza P., 1986	Demanda de atención en consulta externa	La principal causa de consulta entre la población entrevistada fueron los trastornos neuróticos; para los hombres, la segunda causa de consulta fue el alcoholismo y en las mujeres los trastornos de inadaptación a situaciones específicas. Los autores plantean que la demanda en el primer nivel de atención es muy baja y pocas veces son detectados los trastornos psiquiátricos, ya que el personal no cuenta con la capacitación necesaria.
Caraveo J., Mas-Condes, C., 1990	142 pacientes, 66 de un centro de salud y 76 de un hospital general de zona, que cuentan con servicio de salud mental	La mayoría de los sujetos entrevistados buscaron ayuda en primera instancia con el médico general o a otros servicios alternativos. Los problemas principales por lo que se buscó ayuda fueron: ansiedad, depresión, síntomas neuróticos y crisis epilépticas. Para los autores, las principales características o circunstancias que obstaculizan la búsqueda y obtención de servicio son las distancias y tiempo de transporte; dificultades para ingresar al servicio y problemas en el interior del establecimiento de salud.

tipo de servicios utilizados entre hombres y mujeres que presentan depresión. Los hombres acuden más a especialistas privados y a centros de salud especializados, mientras que las mujeres se dirigen más a los servicios de salud mental otorgados por instituciones de seguridad social (vea el cuadro 2).

También existen diferencias entre ambos sexos, en cuanto a las razones para acudir a los servicios. Al respecto, García (1997) señala, a partir de un estudio de actitudes en población general de la ciudad de México, que las principales razones para buscar ayuda por parte de las mujeres fueron querer curarse de "los nervios", necesitar orientación y "para sentirse mejor", mientras que los hombres recurren a lo servicios, en primera instancia, también para curarse de "los nervios", pero ulteriormente refirieron querer solucionar problemas específicos al padecimiento que presentaban (vea el cuadro 2).

CUADRO 2. INVESTIGACIONES EN POBLACIÓN GENERAL

Autores	*Población/Fuente*	*Resultados*
Medina-Mora, M., Rascón M., Tapia R., Mariño, M., Juárez F., Villatoro J., Caraveo J., Gómez M., 1992	Encuesta de hogares a población urbana mayor de 18 años	Los familiares y amigos fueron el primer recurso al que acudió la población con trastornos emocionales. la automedicación fue el segundo recurso; los sacerdotes y los ministros constituyeron la tercera fuente de ayuda. Un 5% de la población estudiada solicitó ayuda en los servicios de medicina general y una proporción similar recurrió a servicios especializados de salud mental de seguridad social.
Solís R. y Medina-Mora M., 1994	Dos encuestas nacionales de hogares en personas de entre 12 y 65 años	Tanto hombres como mujeres, prefirieron acudir a un amigo o familiar, a los remedios caseros y a la automedicación. En cuanto a las razones para no asistir a los servicios médicos, los hombres informaron el pensar que otra persona los podía ayudar y el no saber a donde ir. Las mujeres declararon el pensar que nadie las podría ayudar y el tener vergüenza de platicar sus problemas.
Lara M. A. y Salgado N., 1994.	Revisión de la bibliografía sobre salud mental de la mujer mexicana	Existe un vacío en la atención a la salud mental femenina y este vacío se refleja en la proliferación de organizaciones no gubernamentales de ayuda legal, de apoyo psicológico, y de grupos de autoayuda como Neuróticos Anónimos.
Lara M. A., Acevedo, M., 1996	Investigaciones sobre servicios de salud mental realizadas en el Instituto Mexicano de Psiquiatría	Se encontraron diferencias en el tipo de servicios utilizados entre hombres y mujeres que presentan depresiones moderadas. Los hombres acuden más a especialistas privados y centros de salud mental especializados, mientras que las mujeres se dirigen más a los servicios de salud mental otorgados por la seguridad social.
Lara M. A., Medina-Mora M., Salgado N. y cols. 1996	Muestra urbana de hombres y mujeres, de un grupo de mujeres de zona urbana y de un grupo de mujeres de zona rural	Se analizan los resultados de tres estudios sobre utilización de servicios de salud mental. Las mujeres con depresiones severas, a diferencia de los hombres acuden menos con familiares y amigos y solicitan más ayuda profesional. Entre la población femenina urbana, son pocas las mujeres que solicitan ayuda formal cuando presentan síntomas depresivos. En el área rural se observó que se carece de servicios especializados, por lo que es común recurrir a los servicios alternativos, los remedios caseros, la automedicación y el apoyo de sacerdotes, amigos y familiares.
Medina-Mora M., Berenzon	Muestra de población mayor de 15 años de	El 22% de los varones y 27% de las mujeres con trastornos depresivos, y 7% de los hombres y 15% de las mujeres

Cuadro 2. Investigaciones en población general (*continuación*)		
Autores	*Población/Fuente*	*Resultados*
S., y López, L. y cols. 1997	cuatro zonas del sur del D. F.	con trastornos de ansiedad solicitaron ayuda especializada debido a su enfermedad. 36% de los hombres y 42% de las mujeres recurrieron a psicólogos, 35% de los varones y 15% de las mujeres consultaron a psiquiatras, una quinta parte recurrió a un ministro de su religión y uno de cada 10 a curanderos.
García, S., 1997	Población general de la ciudad de México	La experiencia de problemas mentales fue similar para ambos sexos, pero la búsqueda de ayuda fue considerablemente mayor por parte de las mujeres (47.7% hombres y 62.5% mujeres). Las principales razones para buscar ayuda por parte de las mujeres fue querer curarse de los nervios, necesitar orientación y para sentirse mejor.
Caraveo J., Martínez A., Rivera E., Polo A., 1997	Muestra representativa de la población adulta de la ciudad de México	El 5.6% de los hombres y 10.3% de las mujeres entrevistadas reportaron haber presentado un episodio depresivo alguna vez en la vida. El 13.9% del total de enfermos acudió con un profesional de la salud mental. La búsqueda de ayuda fue mayor entre las mujeres que entre los hombres que estaban afiliados en alguna institución de salud. Entre las mujeres, los principales obstáculos para solicitar ayuda fueron la oposición por parte de la familia y el costo del tratamiento; mientras que para los hombres fue el tener que acudir en horarios de trabajo.
Salgado N., Díaz-Pérez M., Maldonado M. (1995)	2 grupos de mujeres mexicanas de origen rural	Las mayoría de las mujeres entrevistadas indicaron que cuando tienen algún problema emocional acuden en primera instancia con un amigo/a o utilizan remedios caseros, el centro de salud o el dispensario médico, ocupó el tercer lugar donde se les proporcionaron medicamentos, remedios y consejos; el sacerdote ocupó el cuarto lugar. La mayoría de las mujeres entrevistadas no acudieron a servicios especializados en salud mental.
Salgado N., Díaz-Pérez M., Maldonado M., Bautista M. (1998)	Entrevistas a hombres y mujeres habitantes de una región rural de alta migración en Jalisco	Se presenta un modelo sobre la "carrera curativa" que sigue esta población cuando presenta problemas de salud mental. El modelo está compuesto por cinco estrategias (autocuidados, búsqueda de ayuda en familiares y amigos, servicios informales, médicos generales y médicos "especialistas" en salud mental. De acuerdo con la percepción del grado de severidad del problema, se determina si es necesario continuar con la siguiente estrategia de ayuda.
Salgado N., Díaz-Pérez M. (en prensa)	Muestra de población rural mayor de 15 años de dos regiones de Jalisco	Se analizó la prevalencia de por vida de depresión (9.1% mujeres y 2.9% hombres), distimia (5.2% mujeres y 1.4% hombres) y nervios (20.8% mujeres y 9.5% hombres). En relación con el uso de servicios, los autocuidados fueron

Cuadro 2. Investigaciones en población general (*continuación*)		
Autores	*Población/Fuente*	*Resultados*
		los recursos más utilizados para el alivio de los síntomas asociados con los padecimientos señalados. En cuanto al servidor consultado, los entrevistados recurrieron principalmente a los médicos generales y al sacerdote.

Dilemas en la búsqueda y utilización de los servicios

Bronfman, Castro, Zúñiga y Miranda Oviedo (1997) plantean que, en general, las mujeres realizan un diagnóstico preliminar a los miembros de su familia y a ellas, mediante el cual determinan el tipo de enfermedad y la gravedad de ésta. Después de dicho diagnóstico, se utiliza algún medicamento que fue empleado con anterioridad, en combinación con algún remedio casero. Si esto no resulta, se busca atención, la cual estará determinada por el tipo de enfermedad: si es una enfermedad muy grave que impida trabajar o hacer las tareas cotidianas, acudirá directamente a un médico; por el contrario, si se trata de un síndrome cultural (como susto, caída de la mollera, etcétera), la opción será un servicio alternativo.

Datos aportados por diversas investigaciones revelan que los familiares, los amigos y los remedios caseros son los principales recursos utilizados por las mujeres cuando presentan problemas emocionales o mentales. Como habíamos mencionado, en una encuesta nacional de salud mental, 50% de las mujeres entrevistadas señalaron que los familiares y los amigos constituyen el principal recurso cuando padecen problemas emocionales, la automedicación es el segundo recurso, y los sacerdotes y ministros representan la tercera fuente de ayuda (Medina-Mora y cols., 1992) (vea el cuadro 2).

En el estudio realizado por Medina-Mora y cols. (1997) sobre el uso de servicios de salud mental por personas con trastornos mentales, se observó que 32% de las mujeres que presentan trastornos afectivos buscaron algún tipo de ayuda, ya fuera formal o informal. En cuanto al tipo de servicio o profesional consultado, informaron haber acudido principalmente al médico general o familiar, y le siguen en importancia los psicólogos, los ministros religiosos y los psiquiatras. Sin embargo, Lara,

Medina-Mora, Salgado, Acevedo, Díaz Pérez y Villatoro (1996), al analizar tres estudios sobre utilización de servicios de salud mental, encontraron que las mujeres con depresiones severas acuden menos con familiares y amigos y solicitan más ayuda profesional que los hombres (vea el cuadro 2).

Investigaciones realizadas con población rural han demostrado que cuando las mujeres tienen algún problema emocional, acuden en primera instancia con un amigo o familiar, seguido de los remedios caseros, el centro de salud o dispensario médico ocupa el tercer lugar y el sacerdote es la cuarta fuente de apoyo (Salgado, Díaz-Pérez y Maldonado, 1995; Salgado, Díaz-Pérez, Maldonado y Bautista 1998, Salgado y Díaz-Pérez, en prensa) (vea el cuadro 2).

Lara y Salgado (1994), luego de revisar la literatura sobre salud mental de la mujer mexicana, hacen notar que existe un vacío en la atención a la salud mental de esta población, el cual se refleja en la proliferación de organizaciones no gubernamentales de ayuda legal, de apoyo psicológico y de grupos de autoayuda, como Alcohólicos Anónimos y Neuróticos Anónimos. Ejemplo de ello es que en la ciudad de México, las mujeres representan 10% de la membresía a Alcohólicos Anónimos (Rosovsky, 1991). Otro ejemplo es el estudio realizado por Mas y Caraveo (1993) en grupos de Neuróticos Anónimos de la zona de Xochimilco, donde observaron que dichos grupos están integrados fundamentalmente por mujeres, y que en la mayoría de los casos provienen de familias con problemas de consumo de drogas y/o alcohol, violencia, abuso sexual, etcétera. Los principales motivos de asistencia a estos grupos son tener manifestaciones de inadapatación social (rechazo, aislamiento, soledad), depresión, ideación suicida, obsesiones y ansiedad (vea el cuadro 2).

Barreras en la utilización de servicios

Como mencionamos, diversos estudios coinciden en que la asistencia por parte de las mujeres con trastornos psicológicos a servicios de salud mental es muy baja. Las principales razones por las cuales las mujeres no acuden a los servicios de salud son: pensar que nadie puede ayudarlas, tener vergüenza de platicar sus problemas, no saber a dónde ir, no contar con alguien que cuide a sus hijos, la oposición por parte de la familia y pensar que el tratamiento podría ser muy costoso (Solís y cols., 1994, Caraveo, Martínez, Rivera, Vargas y Polo, 1997). Otras circunstancias que obstaculizan la búsqueda y obtención de los servicios son las distancias que deben recorrerse para llegar a los mismos, los problemas de transportación y las trabas burocráticas para obtener el servicio, por ejemplo: tener que esperar mucho tiempo para obtener una cita, la asignación de horarios poco convenientes y tener que realizar muchos trámites para acceder al servicio (Padilla y Peláez, 1985; Caraveo y cols., 1986; Caraveo y Mas, 1990) (vea el cuadro 2).

Consideraciones finales

A continuación se presentan algunas sugerencias que ayudarán a mejorar y ampliar los servicios de salud mental destinados a las mujeres mexicanas.

1. Es indispensable que la salud mental sea considerada prioritaria, ya que, como lo demuestra la información reseñada a lo largo de este trabajo, las fuentes de datos acerca del personal que atiende los trastornos mentales, los recursos materiales asignados y los servicios proporcionados son escasas y restringidas. A estas limitaciones debe agregarse que la confiabilidad de las estadísticas sobre uso de servicios es muy deficiente y, en la mayoría de los casos, los datos notificados no se desglosan por sexo ni por edad; en consecuencia, el conocimiento de los problemas emocionales resulta incompleto.

2. Sería recomendable adecuar los instrumentos de medición a las necesidades y expectativas de las mujeres, ya que, como plantea Paltiel (1992), las investigaciones sobre salud mental se realizan a menudo con instrumentos que contienen preguntas que no corresponden a las condiciones o problemas de la mujer; además, en muchas ocasiones las mujeres desean relatar de manera más profunda sus experiencias e ideas más importantes pero no se les interroga al respecto.

3. Los datos obtenidos en las investigaciones sobre salud mental deben analizarse con una visión de género, pues es común que se interpreten de acuerdo con expectativas parciales respecto a la constitución del hombre y de la mujer, sin citar las diferencias de contexto.

4. Es necesario mejorar e incrementar los servicios destinados a la salud mental. Los estudios consultados para escribir el presente capítulo proporcionan información relevante acerca de las deficiencias en cuanto a la capacitación del personal y la escasez de recursos materiales, sobre todo en el primer nivel de atención, donde podrían tratarse problemas que, debido a su gravedad, no sería necesario canalizar a instancias más especializadas

5. Es importante que los profesionales de la salud sean adiestrados debidamente en una orientación de género, para que entiendan que existen diferencias físicas, psicológicas y sociales entre hombres y mujeres y que, por tanto, el servicio otorgado también ha de ser distinto. Deben ser capacitados para que tengan una actitud positiva hacia la mujer, de modo que se dé a ésta una atención adecuada y se respete su sensibilidad.

En ese sentido, Lara y Salgado (1994) señalan que las mujeres acuden más a solicitar consulta, ya sea para ellas o para sus familiares; sin embargo, existe poco conocimiento y reconocimiento de que el malestar emocional en la mujer está asociado de forma estrecha a estilos de vida enfermantes, los cuales se relacionan con las expectativas y roles de género socialmente asignados. Además, el sistema de salud está dominado por criterios masculinos que tratan de adaptar a la mujer a su condición insatisfactoria mediante fármacos o "consejos".

6. Es indispensable realizar mayor número de proyectos de investigación que se orienten hacia la acción para explorar enfoques destinados a fortalecer la participación de la mujer en la prevención y el tratamiento de los problemas emocionales.

7. Se deben impulsar agrupaciones de mujeres, en las cuales éstas se den un apoyo mutuo y un conocimiento de sus problemas y diseñen estrategias conjuntas que tengan que ver con sus propias necesidades.

8. Por último, las mujeres deben participar activamente en la formulación de los servicios necesarios para prevenir y solucionar los problemas de salud mental. En este sentido, la colaboración de las mujeres podría consistir en incorporarse a dichos servicios y prepararse para realizar un trabajo comunitario de detección, apoyo y prevención de trastornos mentales en su comunidad. Asimismo, ellas deberán servir de enlace entre los centros de salud y las comunidades, además de exponer la urgencia de adecuar los servicios de salud mental a las necesidades y problemas propios del género femenino.

Referencias bibliográficas

Anderson, R., "A Behavioral Model of Families, Use of Health Services. Centre for Health Administration Studies, University of Chicago", en A. E. Joseph, D. R. Phillips (ed.), *Accessibility and Utilization*, Geographical Perspectives on Health Care Delivery, Cambridge, Harper and Row Publishers, Mas., 1984.

Bronfman, M., R. Castro, E. Zuñiga, C. Miranda y J. Oviedo, "Hacemos lo que podemos: los prestadores de servicios frente al problema de la utilización", *Salud Pública de México* 39(6), 1997, 546-553.

Caraveo, J., C. González, L. Ramos y P. Mendoza, "Necesidades de la población y desarrollo de servicios de salud mental", *Salud Pública de México* 28(5), 1986, 504-514.

_____ y C. Mas, "Necesidades de la población y desarrollo de servicios de salud mental", *Salud Pública de México* 32(5), 1990, 523-531.

_____, M. Gómez, G. Saldívar y E. González, "Encuesta nacional de pacientes psiquiátricos hospitalizados", *Salud Mental* 18(4), 1995, 1-9.

_____, A. Martínez, E. Rivera, A. Vargas y A. Polo, "Prevalencia en la vida de episodios depresivos y utilización de servicios especializados", suplemento de la revista *Salud Mental* 20(2), 1997, 15-23.

Desjarlais, R., L. Eisenberg, B.Good y A. Kleinman, *World Mental Health: Problems and Prioirties in Low-income Countries*, Oxford University Press, Nueva York, 1995, 382pp.

De la Fuente, R., "Semblanza de la salud mental en México", *Salud Pública de México* 30(6), 1988, 861-871.

_____, "Problemas mentales y conductuales que afectan la salud en sociedades en desarrollo", en *Investigación en salud: informe de la comisión de investigación para el desarrollo*, A. Martínez (coord.), El Colegio Nacional, México, 1991, 299-315.

_____, M. Medina-Mora y J. Caraveo, *Salud mental en México*, Fondo de Cultura Económica, México, 1997, 427 pp.

Eysenck, B. y M. A. Lara, "Estudio Transcultural de la personalidad en niños mexicanos e ingleses", *Salud Pública de México* 39(1), 1992, 50-57.

Fielder, J., "A Review of the Literature on Access and Utilization of Medical Care With Special Emphasis on Rural Primary Care", *Soc Sci and Med* 21(15), 1981, 129-142.

Frenk, J., R. Lozano, M. González-Block y cols., "Economía y salud: propuestas para el avance del sistema de salud en México", informe final, Fundación Mexicana para la Salud, México, 1994.

García, S., "Necesidades de atención y utilización de servicios de salud mental", suplemento de la revista *Salud Mental* 20(2), 1997, 39-46.

Gutiérrez, A. y R. Barilar, "Morbilidad psiquiátrica en el primer nivel de atención de la ciudad de México", *Bol Of Saint Panam* 101(6), 1986, 648-658.

Hankin, J., "Gender and Mental Illness", en J. Greenley, (ed.), *Research in Community and Mental Health* 6, 1990, 183-213.

Hulka, B. y J. Wheat, "Patterns of Utilization. The Patient Perspective", *Med Care* 23(5), 1985, 438-460.

Lara, M A. y N. Salgado, "Mujer, pobreza y salud mental", en *Mujeres en la pobreza*, Javier Alatorre, El Colegio de México, grupo interdisciplinario sobre mujer, trabajo y pobreza, 1994, 243-294.

_____, M. Medina-Mora, N. Salgado, M. Acevedo, M. Díaz-Pérez y J. Villatoro, "Utilización de servicios para problemas de salud mental en población femenina: tres estudios", *Salud Mental* 19(2), 1996, 42-49.

_____, M. Acevedo, "Patrones de utilización de servicios de salud mental", suplemento de la revista *Salud Mental,* 1996, 14-18.

Mas, C. y J. Caraveo, "La medicina folclórica un estudio sobre la salud mental", *Revista Interamericana de Psicología* 25(2), 1991, 147-160.

_____ y J. Caraveo, "Resultados preliminares del estudio de un grupo de neuróticos anónimos" *Anales del Instituto Mexicano de Psiquiatría*, núm. 4, México, 1993, 180-183.

Medina-Mora, M., M. Rascón, y C. Tapia, "Trastornos emocionales en población urbana mexicana: resultados de un estudio nacional", *Anales del Instituto Mexicano de Psiquiatría* 3, 1992, 48-55.

_____, S. Berenzon, E. López, L. Solís, M. Caballero y J. González, "El uso de servicios de salud por los pacientes con trastornos mentales: resultados de una encuesta en una población de escasos recursos", suplemento de la revista *Salud Mental* 20:2, 1997, 32-38.

Organización Panamericana de la Salud, "Extensión de la cobertura de los servicios de salud con las estrategias de la atención primaria a la salud y participación de la comunidad", *Bol Oficina Sanit Panam* 83(6), 1977, 479 pp.

_____, *II Reunión de directores de programas nacionales de salud mental de países sudamericanos, Río de Janeiro*, Washington, D.C., 1993.

_____, *Las condiciones de salud en las Américas*, vol. II, Publicación Científica núm. 549, Washington, D.C., 1994.

Padilla, P., y O. Pelaez, "Detección de trastornos mentales en el primer nivel de atención médica", *Salud Mental* 8(3), 1985, 66-72.

Paltiel, F. "La salud mental de las mujeres de las Américas", en *Género, mujer y salud en las Américas*, Organización Panamericana de la Salud, Publicación Científica núm. 541, 1992, 143-162.

Romero, M. y M. Medina-Mora, "Validez de una versión del cuestionario general de salud para detectar psicopatología en estudiantes universitarios", *Salud Mental* 10(3), 1987, 90-97.

Rosenstock, I., *Why People Use Health Services*, Milbank Memorial Fund Q, XLIV(3), 1996, 94-127.

Rosovsky, H., L. Casanova y C. Pérez, "Las características de los grupos y de los miembros de alcohólicos anónimos", *Anales del Instituto Mexicano de Psiquiatría* 2, México, 1991, 138-142.

Salgado, N., M. Díaz-Pérez y M. Maldonado, "Los nervios de las mujeres mexicanas de origen rural como motivo para buscar ayuda", *Salud Mental* 18(1), 1995, 50-55.

_____, M. Díaz-Pérez, M. Maldonado y E. Bautista, "Pathways to Mental Health Services Among Inhabitants of a Mexican Village", *Health & Social Work* 23(4), 1998, 249-261.

_____, M. Díaz-Pérez, "Los trastornos afectivos en la población rural", aceptado para su publicación en *Salud Mental.*

Secretaría de Salud, *Informe de Labores 1995-1996*, México, 1996, 131 pp.

_____, *Informe de Labores 1997-1998*, México, 1998, 131 pp.

Sistema Nacional de Salud, "Recursos y Servicios", *Boletín de Información Estadística,* núm. 15, 1995, 539 pp.

Solís, L., y M. Medina-Mora, "La utilización de servicios de atención para la salud mental por mujeres mexicanas: resultados de 2 encuestas nacionales", *Salud Mental* 17(1), 1994, 7-10.

Sugarman, J., y L. Burk, "Physician's Ethical Obligations Regarding Alternative Medicine", *Journal of the American Medical Association* 280(18), 1998, 1623.

Tubert, S., "Mujer: psicopatología y malestar en la cultura", *Acta Psiquiar Psicol Am Lat* 38(3), 1992, 205-212.

Yepes, F.,y L., Duran-Arenas, "Gestión empresarial de los sistemas locales de salud", *Salud Pública de México* 36(2), 1994, 190-199.

10

Redefiniendo el "tecito" como conclusión

V. Nelly Salgado de Snyder

Después de haber leído los trabajos incluidos en esta obra, debe ser evidente para los lectores que el popular "tecito" para calmar los malestares de las mujeres no es siquiera la forma básica de hacer frente a los problemas de salud mental de este grupo poblacional. Los trabajos aquí presentados ubican a la salud mental femenina en un marco contextual que no sólo permite concluir de manera objetiva que el "tecito" es del todo inadecuado, sino también es inminente redefinir el modo como tradicionalmente se han estudiado los problemas mentales de las mujeres mexicanas.

Es importante, primero, reconocer que los casi 100 millones de mexicanos y mexicanas que habitamos este país nos hemos visto afectado por un acelerado proceso de globalización. En el contexto nacional se observa una interacción de factores sociales, económicos, políticos, religiosos y culturales que determinan un ámbito sumamente complejo que refleja la coexistencia de condiciones pretransicionales y postransicionales, las cuales acentúan la iniquidad entre los mexicanos. Problemas asociados a la pobreza (como el desempleo, los bajos salarios, la desnutrición y el bajo nivel educativo) afectan a la mayoría de la población, pero tienden a concentrarse en las mujeres porque un gran número de hogares mexicanos tienen jefatura femenina y en nuestro país aún se observan acciones discriminatorias hacia las mujeres en el sector laboral.

Por otro lado, la salud mental, entendida como un estado de bienestar generalizado, ha sido ignorada como un campo legítimo e integral de la salud poblacional; por ello, no obstante los grandes avances logrados en materia de salud pública en nuestro país, no podemos afirmar categóricamente que la salud mental de los mexicanos y mexicanas haya avanzado en el mismo plano. Las políticas en materia de salud parecen no reconocer las consecuencias debilitadoras que la enfermedad mental conlleva tanto para los pacientes como para los que les rodean. Por esto, es evidente la necesidad de llevar tales problemas a la luz pública y reconocer la importancia de la salud mental, sobre todo en las mujeres, a quienes a pesar de ser el grupo poblacional mayoritario, históricamente se les ha negado el reconocimiento de su participación en la sociedad.

Las mujeres mexicanas han sido idealizadas en la bibliografía popular y académica; además, se les han atribuido características de debilidad, sometimiento y dependencia, atribuciones que reflejan la autoridad incuestionable del hombre sobre la mujer y que promueven tanto la presencia como la permanencia de una significativa discriminación en las acciones hacia las mujeres. En realidad, el papel de la mujer mexicana ha cambiado desde hace años, debido principalmente a su inserción en la economía del país por medio del trabajo remunerado, lo cual ha generado cambios importantes que han afectado el funcionamiento psicológico y social de las propias mujeres, de los miembros de sus familias y de sus comunidades. Desafortunadamente, la información disponible en relación con el funcionamiento psicosocial de las mujeres mexicanas es escasa, dispersa, no ha sido sistematizada y por lo general se basa no en datos derivados de investigaciones empíricas, sino anécdotas y observaciones aisladas.

Pese a las limitaciones existentes, la salud mental femenina en el ámbito mundial ha empezado a constituirse en una línea importante de investigación con un enfoque feminista, lo cual ha contribuido considerablemente a entender las necesidades psicosociales de este grupo. Desde la subjetividad femenina, la utilización de metodologías más adecuadas ha permitido reconocer los contextos en que viven las mujeres, analizar su entorno y apreciar cómo la cultura afecta su funcionamiento cotidiano. Conforme ganamos espacios y experiencia en este campo del conocimiento, reafirmamos la necesidad de conocer y entender la experiencia femenina y de examinar las implicaciones de lo que conlleva y significa ser mujer en los diferentes contextos nacionales. Como investigadoras hemos empezado a poner en duda las formas como tradicionalmente se han estudiado los problemas de salud mental de las mujeres y hemos replanteado la situación femenina con modelos que reconocen los contextos socioculturales en los que el simple hecho de ser mujer suele constituir un factor de riesgo.

Los trabajos en esta obra apuntan hacia una comprensión de la salud mental de las mujeres que, más que diferente, es complementaria a trabajos previos realizados en diversas regiones del mundo acerca de la salud mental femenina, que señalan la necesidad inminente de modificar la manera como las dificultades psicosociales de las mujeres son evaluadas, interpretadas y enfrentadas. Por ello, en cada capítulo, además de indentificar los conflictos, ofrecemos propuestas concretas y recomendaciones adecuadas al contexto cultural y a la realidad nacional de las mujeres de México.

Por último, es importante destacar que este libro es un esfuerzo por describir y analizar algunos problemas de salud mental que han sido poco tratados de manera sistemática con base en la investigación o que no habían sido examinados con anterioridad desde una perspectiva de género, muchos de los cuales habían sido ignorados, silenciados y reprimidos por alejarse del ideal femenino. Con esta colección de trabajos intentamos aclarar sólo la punta de iceberg que representa los problemas de salud mental entre las mujeres, con el doble propósito de remediar por lo menos algunas de las omisiones, sesgos y miopía que han prevalecido en este campo en México y de sentar las bases para promover esta línea de investigación como legítima y necesaria.

Los problemas de salud mental de las mujeres

La bibliografía acerca de la salud mental, en particular los estudios epidemiológicos, inadvertidamente han tendido a ocultar la situación particular de las mujeres al reportar resultados globales referentes a grupos poblacionales sin hacer distinciones ni analizar con detalle la variable género, ni los contextos específicos en los que diferencialmente se desarrolla la vida cotidiana de hombres y mujeres. A esta omisión de información se atribuye parcialmente que los problema identificados y analizados en este libro (como la violencia doméstica, social y sexual, las adicciones, las condiciones laborales de las mujeres y el estilo de vida de las mujeres rurales) hayan permanecido indocumentados o distorsionados en la bibliografía.

Es importante aquí reconocer que muchos de los problemas que afectan negativamente la salud mental de las mujeres mexicanas están asociados de forma estrecha a factores sociales, como la pobreza y la falta de acceso a la escolarización y a los roles tradicionales de género. Estas situaciones parecen promover algunos de los problemas analizados en este volumen, como la violencia doméstica y social que rodea a muchas amas de casa, a las niñas callejeras y a las prostitutas, así como las adicciones en las mujeres y los problemas de salud mental de poblaciones vulnerables como las mujeres que trabajan y las mujeres rurales. Todos estos grupos son con frecuencia victimizados doblemente, ya que se han convertido en el blanco de explotación y rechazo social.

Los dilemas que enfrentan estos grupos de mujeres han sido ocultados y silenciados y, en el caso de las niñas de la calle y las mujeres adictas, diluidos en la mayoría masculina. De forma similar, la prostitución, al ser un fenómeno poco estudiado por el estigma social que acompaña a sus actoras y por ser difícilmente erradicable, tampoco se ha estudiado adecuadamente. El abuso de bebidas alcohólicas y la adicción a drogas –lícitas e ilícitas–, aunque afectan a un número reducido de mujeres en México, la severidad con que se presentan daña todas las facetas del funcionamiento social, familiar y personal de las mujeres consumidoras; más aún, las normas socioculturales en torno al consumo de alcohol en las mujeres mexicanas funcionan como barreras para obtener tratamiento. En general, las mujeres que presentan adicción y dependencia al alcohol y a las drogas son rechazadas socialmente y experimentan grandes problemas que por lo general son desconocidas, debido a que la mayoría de ellas oculta su problema de uso y abuso de sustancias. Por desgracia, las conductas y actitudes herméticas para prevenir el rechazo social, lejos de ayudar, impiden tanto la detección temprana como las intervenciones adecuadas y a tiempo.

Por otro lado, es importante reconocer los conflictos psicosociales que enfrentan la mayoría de las mujeres mexicanas en su papel de cuidadoras de otros. Estos problemas parecen ser exacerbados al sentirse responsables de las dificultades que enfrentan miembros de la familia, por ejemplo: en las adicciones. Frecuentemente, en su afán de cumplir con su papel asignado –cuidar al consumidor y procurarle bienestar–, las mujeres inadvertidamente no solucionan estas conductas de consumo en sus familiares, aumentando de esta forma la magnitud del problema. Ellas se desgastan, se deprimen y por lo general no buscan atención para sus problemas.

Finalmente, dos grupos vulnerables son el de las mujeres trabajadoras y el de las mujeres rurales. A pesar de que cada día se incorporan más mujeres a la vida laboral de México, las mujeres que trabajan fuera del hogar son un grupo poco estudiado desde la perspectiva de los conflictos psicosociales que enfrentan. Las mujeres trabajadoras pasan por múltiples situaciones adversas, como horarios inadecuados, excesiva carga de trabajo, bajos salarios, falta de acceso a promociones, abusos y hostigamiento sexual, entre otros, que afectan negativamente su salud mental. De forma similar, la situación de las mujeres rurales es de suma importancia, ya que constituyen un grupo poblacional en riesgo de sufrir enfermedades físicas y mentales debido a las grandes carencias que padecen. El aislamiento geográfico, la falta de acceso a servicios básicos, las familias numerosas, la carga de trabajo excesiva en el campo, el nulo reconocimiento de sus contribuciones, los roles de género tradicionales y el aparente olvido de este grupo por parte de instancias gubernamentales son factores que han contribuido a que las mujeres rurales desarrollen una gran tolerancia al sufrimiento y padezcan condiciones poco estudiadas (por ejemplo: los nervios) como respuesta a la opresión y los problemas sociales que enfrentan.

Recomendaciones en investigación

El campo de investigación sobre salud mental femenina en México, como mencionamos anteriormente, es aún incipiente. Queda patente en esta obra que por medio de nuestras recomendaciones de investigación pretendemos insistir en que la salud mental femenina en sí misma constituye un campo legítimo del conocimiento científico. Por esta razón, la primera recomendación general es generar bases de datos utilizando enfoques cuantitativos acerca de problemas prioritarios en las mujeres mexicanas.

Es fundamental llevar a cabo investigaciones epidemiológicas que sean sensibles al contexto que rodea a las mujeres, para determinar la distribución de la enfermedad mental en mujeres con diferentes características sociodemográficas y estilos de vida. Es primordial también investigar de forma sistemática y multidisciplinaria los factores de riesgo y las consecuencias a corto y largo plazos de la enfermedad mental en las mujeres, así como los costos asociados a la atención de estos conflictos. Son necesarias investigaciones que permitan identificar en la población femenina el peso de la enfermedad mental y los problemas asociados, como la explotación, la victimización y la violencia.

Las investigaciones cualitativas son esenciales en este campo, sobre todo aquellas que ayuden a entender y a escuchar desde las propias mujeres sus problemas y vivencias asociados con la etiología y la sintomatología de los trastornos mentales. Asimismo, es necesario obtener su opinión en cuanto a tratamientos sensibles y relevantes que además sean percibidos como eficaces por las propias mujeres.

En general, las acciones de investigación propuestas requieren en todos los casos el diseño cuidadoso de instrumentos de evaluación capaces de detectar adecuadamente los problemas de las mujeres, de modo que permitan interpretar datos de investigación en el contexto particular que rodea a los diferentes grupos de mujeres mexicanas.

Recomendaciones en servicios

Cada uno de los capítulos de este libro presenta un análisis de los servicios y recursos de atención a la salud femenina y, en general, todos proponen estrategias para adecuar, mejorar y ampliar los servicios existentes. Las propuestas están encaminadas a modificar el contexto que prevalece en la forma como actualmente se prestan servicios de salud mental para las mujeres, mediante acciones sensibles a las diferencias de género.

En primer lugar, proponemos la necesidad de llevar a cabo estudios multidisciplinarios encaminados a planear acciones preventivas de salud física y mental, así como a determinar la condición legal y social de las mujeres en México. Para ello, es necesario crear equipos interdisciplinarios que se aboquen a diseñar y poner en marcha programas de intervención adecuados a las necesidades reales de las mujeres. Asimismo, deben elaborarse, instrumentarse y evaluarse planes de acción estratégicos con el propósito de promover el desarrollo de nuevos factores protectores, fortalecer los factores protectores ya existentes, y disminuir los factores de riesgo que cotidianamente enfrentan las mujeres.

La colaboración interinstitucional es indispensable para diseñar acciones preventivas y mejorar la calidad de la atención a las mujeres con problemas de salud mental y para disminuir los riesgos a la salud en este grupo. Aunado a esto, debe darse educación a las mujeres (no únicamente información) acerca de sus problemas y concientizar a los prestadores de servicios sobre las diferencias que existen entre hombres y mujeres en la manifestación de trastornos mentales, así como formar recursos humanos especializados y facilitar el acceso a los servicios básicos de salud a mujeres, incluso de comunidades marginadas y remotas.

La violencia, como un problema que parece afectar selectivamente a las mujeres, debe ser atendido de manera global, por lo que es recomendable proporcionar servicios de prevención y tratamiento no sólo a las víctimas, sino también a los agresores. Igualmente importante es proporcionar a las mujeres información y educación que les permita tener poder y ejercerlo de manera adecuada y justa.

El incremento en el consumo de sustancias en las mujeres es una consecuencia de la feminización de la pobreza, ya que algunas mujeres tienden a beber alcohol y a consumir otras drogas para aliviar el sufrimiento asociado con las limitaciones que enfrentan. La atención a este tipo de problemas requiere una respuesta social organizada para enfrentar los cambios económicos y sociales que afectan selectivamente a las mujeres. Por esto, deben instrumentarse acciones encaminadas a la prevención, tratamiento y rehabilitación de mujeres directa o indirectamente afectadas por el consumo del alcohol y drogas y asegurar su participación activa en programas de intervención adecuados a sus necesidades. De forma similar, deben diseñarse estrategias de prevención que tengan un impacto en la promoción de actitudes y conductas moderadas respecto al consumo, la reducción de la demanda y la disminución del daño. Estas políticas deben estar fundamentadas en un replanteamiento de la estructura familiar, la cual se modifica y evoluciona como respuesta a los propios cambios sociales, políticos y económicos del país.

El contexto que rodea a las mujeres trabajadoras es muchas veces un factor de riesgo importante para el desarrollo de problemas mentales; por tanto, es recomendable el acceso a servicios de apoyo como guarderías en los centros de trabajo, apertura en las jornadas de trabajo y esquemas flexibles que permitan a las mujeres participar en actividades asociadas al cuidado de sus hijos. En el ámbito rural, es esencial repensar que la prevención de las enfermedades mentales en la zonas rurales es una tarea eminentemente social-comunitaria y multidisciplinaria. Los programas encaminados a servir a este grupo poblacional requieren la participación activa de recursos humanos e institucionales; además, deben priorizarse la prestación de servicios con base en las características socioculturales y necesidades de las zonas rurales, así como reforzar y maximizar los recursos internos y externos que ya existen en los pobladores rurales. Finalmente, la organización de las redes de apoyo social de las mujeres, la creación de grupos de apoyo y la participación de las propias mujeres en la formulación de planes de acción encaminados a solucionar los problemas que enfrentan es un paso indispensable para iniciar cambios en los servicios.

Recomendaciones en políticas públicas

Es esencial que la salud mental sea considerada prioritaria, pues sólo así la asignación de recursos y los servicios proporcionados tendrán una influencia visible que se reflejarán en una mejor calidad de vida de las mujeres mexicanas. La coordinación de esfuerzos libres de actitudes discriminatorias tanto por parte de entidades gubernamentales como de las ONG deben sumarse, primero, para detectar grupos de mujeres en riesgo como las mujeres violentadas, las prostitutas, las adictas y las niñas de la calle, y posteriormente para proporcionarles la atención que requieren.

En relación con la violencia hacia las mujeres (que incluye a niñas de la calle, las prostitutas y las amas de casa) se destaca la necesidad de considerar a la violencia hacia la mujer como un problema de salud pública, por lo que es inminente diseñar políticas de salud encaminadas a modificar los enfoques políticos, económicos y sociales bajo los cuales actualmente se analiza este problema. Para las niñas de la calle recomendamos el diseño de políticas sociales y legislativas que favorezcan el desarrollo de las menores, intervenciones en el primer nivel de atención para problemas de salud, así como la prestación de servicios comunitarios accesibles.

Por otra parte, la situación de las mujeres que trabajan necesitan ser reevaluada mediante la revisión de la legislación laboral que garantice la equidad en salarios y condiciones de trabajo para hombres y mujeres. Tal legislación debe contemplar, entre otras cosas, fomentar el respeto a los derechos humanos y laborales de las mujeres trabajadoras, sanciones a los hostigadores y medidas de prevención para las mujeres, diseñar mecanismos para mejorar sus condiciones laborales en el comercio informal, además de crear mayores alternativas, horarios accesibles en sus turnos laborales y prestaciones de ley. Eliminar la discriminación de género en el ámbito laboral indudablemente contribuirá a que las mujeres trabajadoras tengan una mejor calidad de vida.

Para concluir, es necesario subrayar que con este libro iniciamos una línea de importancia que apunta hacia una mejor y mayor comprensión de la salud mental de las mujeres en el contexto mexicano y que destaca la necesidad de identificar y entender con mayor profundidad los factores que contribuyen al malestar femenino. Invitamos a los lectores y lectoras a cambiar de lente, a expandir sus perspectivas para generar preguntas nuevas y replantear conceptos que inspiren nuevas investigaciones o fortalezcan las existentes; además, los convocamos a diseñar estudios con metodologías novedosas y creativas cuyos resultados tengan un impacto real en el desarrollo ulterior de teorías y estudios que a su vez deriven en cambios en los servicios especializados y en las políticas públicas. Finalmente, deseamos subrayar la necesidad de reexaminar las posturas actuales, de concebir nuevas perspectivas y de crear cambios sobre todo en los modelos hegemónicos que asumen lo que es apropiado o valioso investigar en las mujeres, pues sólo una estrategia coordinada nos permitirá desengancharnos de los límites impuestos acerca de la realidad cotidiana que viven las mujeres en México.

Notas biográficas de las y los autores

Maricarmen Acevedo Corona

Licenciada en Psicología y especialista en Psicoterapia de Grupo en Instituciones por la UNAM. Galardonada con la Medalla Gabino Barreda en dos ocasiones. Ha sido investigadora en la UNAM y en el Instituto Nacional de Psiquiatría Ramón de la Fuente Muñiz. Es autora y coautora de artículos de investigación y capítulos en libros. Desarrolló un sistema de Evaluación e Interpretación del MMPI. Actualmente es docente en la Universidad Intercontinental y atiende su consulta privada.

Shoshana Berenzon Gorn

Licenciada en Psicología por la Universidad Nacional Autónoma de México (1994). Investigadora Titular "A" en la Dirección de Investigaciones Epidemiológicas y Psicosociales del Instituto Nacional de Psiquiatría Ramón de la Fuente Muñiz. Realiza investigaciones dirigidas al estudio de la salud mental, utilización de servicios y medicina alternativa. Profesora de asignatura en la Escuela de Trabajo Social de la UNAM. Ha participado en 38 congresos nacionales e internacionales, ha publicado 39 trabajos de investigación y tiene 74 citas.

Miguel Ángel Caballero

Licenciado en Psicología Clínica por la UNAM. Tiene estudios completos de maestría en Psicología Clínica en la misma institución. Investigador Asociado "C" en la Dirección de Investigaciones Epidemiológicas y Psicosociales en el Instituto Nacional de Psiquiatría Ramón de la Fuente Muñiz. Su línea de investigación ha sido la violencia y el estrés postraumático. Ha publicado más de 15 artículos y ha participado en congresos nacionales e internacionales. Cursó el diplomado de Antropología de la Violencia en Menores de Edad en la Escuela Nacional de Antropología e Historia.

María de Jesús Díaz Pérez

Licenciada y maestra en Psicología Social de ITESO y UNAM, respectivamente. Investigadora del Instituto Nacional de Psiquiatría Ramón de la Fuente Muñiz de 1993 a 2001. Actualmente dirige un programa de investigación del sistema de centros comunitarios de salud Plan de Salud del Valle en Colorado. Investiga los factores que afectan el funcionamiento psicosocial de los inmigrantes mexicanos y sus familias en Estados Unidos. Cuenta con 15 publicaciones que incluyen artículos y capítulos de libros nacionales e internacionales. Ha participado en múltiples foros tanto en México como en Estados Unidos.

Alejandro Díaz Martínez

Médico psiquiatra, director del Departamento de Psiquiatría y Salud Mental de la Facultad de Medicina de la UNAM. Miembro de la Academia Nacional de Medicina y ex-presidente de la Asociación Psiquiátrica Mexicana. Cuenta con 45 publicaciones nacionales e internacionales.

Jorge Galván Reyes

Licenciado en Psicología Social por la UNAM. Recién egresado de la maestría de Salud Mental Pública de la Facultad de Psicología de la Facultad de Medicina de la UNAM. Investigador Titular "A" del Instituto Nacional de Psiquiatría Ramón de la Fuente Muñoz. Ha participado en numerosos congresos nacionales e internacionales y publicado trabajos científicos. Su campo de interés es la investigación social en la línea de adicciones.

Rafael Gutiérrez

Licenciado en Psicología, investigador asociado "C" de la Dirección de Investigaciones Epidemiológicas y Psicosociales, DIES del Instituto Nacional de Psiquiatría Ramón de la Fuente Muñiz. Está a cargo de la instrumentación del Proyecto Niños Callejeros de OMS y participa en el diagnóstico de la explotación sexual comercial infantil de UNICEF y DIF nacional. Tiene diversas ponencias en congresos nacionales e internacionales y cuenta con 30 publicaciones en revistas científicas nacionales e internacionales y en capítulos de libro.

María Asunción Lara

Maestra en Psicología Aplicada y en Psicología Clínica por las Universidades de Aston y de Surrey, Inglaterra. Candidata a doctora en Sistemas de Salud en la Facultad de Medicina, UNAM. Jefa del Departamento de Investigaciones Epidemiológicas del Instituto Nacional de Psiquiatría Ramón de la Fuente Muñiz. Investigadora Nacional Nivel I. Profesora de asignatura de la Facultad de Medicina, UNAM. Ha participado en 65 congresos y simposia; es autora de 48 publicaciones nacionales e internacionales, 11 capítulos en libros, 3 libros y dos manuales; tiene 268 citas a sus trabajos. Su campo de interés es la Investigación Social en salud mental de las mujeres.

María Elena Medina Mora

Doctora en Psicología por la UNAM (1993). Directora de Investigaciones Epidemiológicas y Psicosociales del Instituto Nacional de Psiquiatría Ramón de la Fuente Muñiz. Investigadora Nacional Nivel III. Miembro del Panel de Expertos Asesores de OMS en Adicciones y de la Junta Internacional de Fiscalización de Estupefacientes, JIFE de Naciones Unidas. Profesora de asignatura en las Facultades de Psicología y Medicina en la UNAM. Ha dirigido 75 tesis, participado en 417 congresos y simposia y publicado 270 trabajos de investigación; tiene 1186 citas a sus trabajos. Su campo de interés es la Investigación Social en adicciones y trastornos mentales.

Jazmín Mora-Ríos

Licenciada en Psicología Social por la Universidad Autónoma Metropolitana. Tiene estudios de maestría en Psicología Clínica, UNAM y es candidata al doctorado en Psicología de la Salud en la UNAM. Investigadora Titular "A" de la Dirección de Investigaciones Epidemiológicas y Sociales del Instituto Nacional de Psiquiatría Ramón de la Fuente Muñiz. Ha publicado 42 artículos, capítulos de libro y textos de divulgación científica sobre temas relacionados con las adicciones, la familia y la salud mental. Ha participado en diversos congresos y reuniones de investigación a nivel nacional e internacional. Trabaja las líneas de investigación de pobreza, redes sociales de apoyo y salud mental.

Guillermina Natera Rey

Maestra en Psicología Social por la UIA. Jefa del Departamento de Investigaciones Psicosociales del Instituto Nacional de Psiquiatría Ramón de la Fuente Muñiz. Candidata al doctorado en Antropología de la Escuela Nacional de Antropología e Historia. Investigadora Nacional Nivel 1. Docente en la maestría de Salud Mental Pública, Facultad de Medicina UNAM. Docente y coordinadora de la maestría en Psicología, Módulo Adicciones, Facultad de Psicología, UNAM. Ha publicado más de 140 trabajos de investigación, tiene 495 citas y ha participado en más de 130 foros nacionales e internacionales. La línea de su interés es el consumo de alcohol y otras drogas en la familia, así como la violencia intrafamiliar.

Luciana Ramos Lira

Doctora en Psicología Social por la UNAM. Jefa del Departamento de Investigaciones Especiales en la Dirección de Investigaciones Epidemiológicas y Psicosociales en el Instituto Nacional de Psiquiatría Ramón de la Fuente Muñiz. Investigadora Nacional Nivel I. Estancia pos-doctoral en la Facultad de Psicología de Arizona State University en Tempe, Arizona. Ha publicado más de 50 artículos. Su campo de interés es la violencia de género y la violencia familiar y su asociación con problemas de salud mental y estrés postraumático. Profesora de la maestría en Salud Mental Pública, Facultad de Medicina, UNAM y de la maestría en Victimología del Instituto Nacional de Ciencias Penales.

Eva María Rodríguez

Investigadora Asociada "B" de la Dirección de Investigaciones Epidemiológicas y Psicosociales del Instituto Nacional de Psiquiatría Ramón de la Fuente Muñiz. Cuenta con un diplomado en adicciones y desde 1986 ha desarrollado la línea de investigación sobre prostitución y consumo de drogas. Ha participado en congresos nacionales e internacionales y publicado en revistas nacionales e internacionales.

Martha P. Romero Mendoza

Licenciada y maestra en Psicología Clínica, doctora en Antropología. Investigadora Titular "B" del Instituto Nacional de Psiquiatría Ramón de la Fuente Muñiz. Profesora de la Facultad de Medicina de la UNAM. Su línea de investigación son las adicciones en mujeres. Ha publicado más de 85 artículos de investigación y capítulos de libro. Ha asistido a 97 congresos. Forma parte del Grupo Internacional de Estudios de Género y Alcohol, IRGGA, así como del comité de expertos de la Organización Mundial de la Salud sobre Políticas en Alcohol. Pertenece al Sistema Nacional de Investigadores Nivel II. Ganadora de la Medalla Alfonso Caso 1998 por el Instituto de Investigaciones Antropológicas de la Facultad de Filosofía y Letras, UNAM.

V. Nelly Salgado de Snyder

Directora de Salud Comunitaria y Bienestar Social del Centro de Investigación en Sistemas de Salud del Instituto Nacional de Salud Pública. Doctora en Bienestar Social por la Universidad de California, Los Ángeles. Licenciada y maestra en Psicología Clínica por UAEM y UNAM, respectivamente. Ha investigado los factores que afectan la calidad de vida y la salud física y mental de los inmigrantes mexicanos en Estados Unidos. Ha trabajado con pobladores rurales de México. Cuenta con más de 70 publicaciones. Investigadora Nacional Nivel II. Miembro de la Academia Mexicana de la Ciencia; *Fellow* de la Asociación Americana de Psicología; *Fulbright Fellow* y nombrada *Fulbright New Century Scholar*.

María Teresa Saltijeral Méndez

Licenciatura en Psicología por la UNAM. Investigadora Titular "A" en la Dirección de Investigaciones Epidemiológicas y Psicosociales en el Instituto Nacional de Psiquiatría Ramón de la Fuente Muñiz. Su línea de investigación ha sido principalmente género, violencia doméstica y salud mental. Ha publicado más de 30 artículos y ha participado en numerosos congresos nacionales. Actualmente cursa la maestría en Estudios de la Mujer en la UAM-Xochimilco.

Marcela Tiburcio Sainz

Licenciada en Psicología egresada de la Universidad Nacional Autónoma de México, investigadora asociada de la Dirección de Investigaciones Epidemiológicas y Sociales del Instituto Nacional de Psiquiatría Ramón de la Fuente Muñiz; ha participado en investigaciones sobre el consumo de sustancias y su relación con la salud familiar y la violencia doméstica. Coautora de 19 publicaciones y diversos trabajos presentados en reuniones científicas nacionales e internacionales.

Leticia Vega Hoyos

Licenciada en Psicología. Investigadora asociada "C" de la Dirección de Investigaciones Epidemiológicas y Psicosociales del Instituto Nacional de Psiquiatría Ramón de la Fuente Muñiz. Instrumenta un proyecto de intervención comunitaria de OMS para prevenir el consumo de drogas de trabajadores infantiles y participa en el diagnostico de la explotación sexual comercial infantil de UNICEF y DIF nacional. Ha presentado diversas ponencias en congresos nacionales e internacionales y tiene 14 publicaciones en capítulos de libro y 14 en revistas científicas nacionales e internacionales.

Calmese, Son Sus Nervios, Tómese un tecito...
Primera Edición.
Septiembre, 2002
Impresión y Encuadernación.
Quebecor World Bogotá S.A.
Bogotá, Colombia.